影响世界历史进程的100位名人

金金 ◎ 编著

山西出版传媒集团
北岳文艺出版社
BEIYUE LITERATURE & ART PUBLISHING HOUSE

图书在版编目（CIP）数据

影响世界历史进程的 100 位名人 / 金金编著 . — 太原：北岳文艺出版社, 2013.10
ISBN 978-7-5378-3909-9

Ⅰ.①影… Ⅱ.①金… Ⅲ.①名人—生平事迹—世界 Ⅳ.① K811

中国版本图书馆 CIP 数据核字（2013）第 161121 号

书　　名	影响世界历史进程的 100 位名人
编　　著	金　金
责任编辑	张　丽
封面设计	点滴空间
出版发行	山西出版传媒集团·北岳文艺出版社
地　　址	山西省太原市并州南路 57 号
邮　　编	030012
电　　话	0351-5628696（营销部） 0351-5628688（总编办公室）
传　　真	0351-5628680
网　　址	http://www.bywy.com
E - mail	bywycbs@163.com
印刷装订	三河市华东印刷有限公司
开　　本	710×1000　1/16
字　　数	322 千字
印　　张	22
版　　次	2013 年 10 月第 1 版
印　　次	2020 年 7 月河北第 3 次印刷
书　　号	ISBN 978-7-5378-3909-9
定　　价	38.00 元

前 言

世界历史，就是人类史，指有人类以来地球上历史的总和。世界历史是一个文明与蒙昧交错、苦难与幸福并存发展的漫长过程，包括纵向发展和横向发展两个方面。

纵观世界历史，它经历了上古、中古、近代和现代（正在经历）四个时期，具体表现为原始社会、奴隶社会、封建社会、资本主义社会和共产主义社会（正在经历第一阶段：社会主义阶段）五个阶段。横观世界历史，它由各地相互闭塞到逐步开放、由彼此分散到联系密切，发展成为了整体的世界历史。总体来说，世界历史变得庞大却很精致、复杂却很浓缩，就像"人"长大一样，有血有肉有骨架了。

那么，是哪些因素推动着世界历史由低到高、由窄到宽、由简单到复杂不停向前发展的呢？笼统地说，生产力是社会变革最主要的因素，表现为科学技术对社会的推动；其次，就是人的智力和思维的发展，以及思想的进步对社会起到方向和航舵的作用；再次，就是英雄人物与广大群众的创造力，以及在社会中的实践，这是最直接的作用。更具体地说，影响世界历史进程的因素包括战争、改革、变法、思想、重大事件、民族融合、科学发明、文学著作、地理发现、气候变化、英雄人物等。

为了进一步让人们了解世界历史进程，我们放眼人类文明进程，将影响世界历史发展的各方面因素综合归类、汇编成册——"影响世界历史进程的

100"系列丛书,包括《影响世界历史进程的100位名人》《影响世界历史进程的100次战争》《影响世界历史进程的100篇文选》等。

《影响世界历史进程的100位名人》

在世界历史进程中,英杰伟人指点江山、浓书历史、描绘蓝图,对人类文明的进步起到了非常巨大的作用,我们应该记住他们,效法榜样。本书根据历史人物对历史进程影响的大小、范围、时间的长短等因素,选择了100位伟人,包括政治家、军事家、作家、哲学家、发明家、艺术家、改革家、农民起义领袖等。阅读本书,将让你领略伟人的成功与典范,汲取伟人的品格与智慧,助你学业、事业有成。

《影响世界历史进程的100次战争》

战争是残酷的,但它又与人类文明发展相伴相生。在世界历史发展的长河中,战争始终是一个影响深远的因素。本书精心遴选影响世界历史的100场战争,通过分析解读每场战争的背景、原因、影响等,描绘出人类历史发展的一个粗略轮廓。战争不仅仅带来的是创伤,更重要的是启示后人不要重蹈覆辙。希望你通过阅读本书,能够直面战争的残酷,深刻认识战争的危害,从而坚定维护世界和平与安宁的信念。

《影响世界历史进程的100篇文选》

拜伦说:"一滴墨水可以引发千万人的思考,一本好书可以改变无数人的命运。"经典之作蕴涵着伟大的思想,具有永恒的艺术魅力和深刻的思想内涵,影响和改变着世界历史的进程。本书精心节选世界经典著作中的100篇文章,涉及诗歌、政治、小说、哲学、神学、人类学、经济学、物理学等各个领域的顶级成就。希望你在阅读过程中,能够领略到作者的非凡、伟大之处,从而汲取营养,树立正确的人生观、世界观和价值观。

"影响世界历史进程的100"系列丛书图文并茂、详略得当、信息量丰富,引人入胜、发人深思,是一套全景式再现世界历史发展风貌和人类文明发展足迹的新型图书,可以帮助你系统地了解光辉灿烂的人类文明,深入感悟世界各民族文化的博大精深,近距离地触摸历史。

由于时间仓促,我们首先编辑出版以上三部图书,以后将陆续出版其他图书,力求将"影响世界历史进程的100"系列丛书做成真正的百科式全书系。因限于编辑水平难免疏漏,恳请你的批评指正。

目 录

第一部分　千古帝王

亚历山大大帝 ……………………………………………… 003
阿育王 ……………………………………………………… 007
恺撒大帝 …………………………………………………… 010
查士丁尼大帝 ……………………………………………… 014
彼得大帝 …………………………………………………… 017
乌尔班二世 ………………………………………………… 021
米尼兹 ……………………………………………………… 024
叶卡捷琳娜女皇 …………………………………………… 026
明治天皇 …………………………………………………… 029
秦始皇 ……………………………………………………… 033
成吉思汗 …………………………………………………… 036

第二部分　政治、军事统帅

莫罕达斯·卡拉姆昌德·甘地 …………………………… 041
乔治·华盛顿 ……………………………………………… 044
亚伯拉罕·林肯 …………………………………………… 047
富兰克林·德拉诺·罗斯福 ……………………………… 050
玛格丽特·希尔达·撒切尔 ……………………………… 055

温斯顿·丘吉尔 ······ 059

奥托·冯·俾斯麦 ······ 063

阿道夫·希特勒 ······ 066

夏尔·戴高乐 ······ 070

列　宁 ······ 074

曼德拉 ······ 078

西蒙·玻利瓦尔 ······ 081

汉武帝 ······ 084

李世民 ······ 087

忽必烈 ······ 091

孙中山 ······ 094

汉尼拔·巴卡 ······ 098

奥利弗·克伦威尔 ······ 101

拿破仑·波拿巴 ······ 104

第三部分　起义英雄

斯巴达克 ······ 111

托马斯·闵采尔 ······ 115

贞　德 ······ 118

马丁·路德·金 ······ 121

洪秀全 ······ 124

第四部分　思想圣哲

老　子 ······ 129

孔　子 ······ 132

柏拉图 ······ 135

亚里士多德 ······ 139

伊曼努尔·康德 ······ 143

卡尔·亨利希·马克思 ······ 146

乔尔丹诺·布鲁诺 ······ 150

弗里德里希·威廉·尼采 ······ 153

弗朗西斯·培根	156
摩西	159
耶稣	162
释迦牟尼	165
穆罕默德	168
马丁·路德	171
约翰·加尔文	174
托马斯·阿奎纳	177

第五部分　科技精英

查尔斯·罗伯特·达尔文	183
尼古拉·哥白尼	186
阿尔伯特·爱因斯坦	189
埃德蒙多·哈雷	192
伽利略·伽利雷	195
约翰尼斯·开普勒	199
艾萨克·牛顿	202
阿基米德	205
克里斯托弗·哥伦布	209
斐迪南·麦哲伦	212
威廉·哈维	215
本杰明·富兰克林	218
威廉·康拉德·伦琴	221
詹姆斯·瓦特	224
托马斯·阿尔瓦·爱迪生	227
莱特兄弟	230
贝尔	233
阿尔弗雷德·贝恩哈德·诺贝尔	236
罗伯特·奥本海默	238
斯蒂芬·威廉·霍金	241
蔡伦	244

第六部分　文学、艺术巨匠

- 荷　马 … 249
- 阿利盖利·但丁 … 252
- 威廉·莎士比亚 … 255
- 伏尔泰 … 259
- 约翰·沃尔夫冈·冯·歌德 … 262
- 列夫·尼古拉耶维奇·托尔斯泰 … 265
- 拉宾德拉纳特·泰戈尔 … 269
- 奥诺雷·德·巴尔扎克 … 272
- 亚历山大·谢尔盖耶维奇·普希金 … 275
- 玛克西姆·高尔基 … 278
- 欧仁·鲍狄埃 … 281
- 鲁　迅 … 284
- 列奥纳多·达·芬奇 … 288
- 米开朗琪罗·迪·洛多维科 … 292
- 让·弗朗索瓦·米勒 … 296
- 文森特·威廉·梵高 … 299
- 巴勃罗·鲁伊斯·毕加索 … 302
- 路德维希·冯·贝多芬 … 306
- 约翰·塞巴斯蒂安·巴赫 … 309
- 彼得·伊里奇·柴可夫斯基 … 312
- 沃尔夫冈·阿玛多伊斯·莫扎特 … 315
- 迈克尔·杰克逊 … 318

第七部分　其他人物

- 欧几里得 … 325
- 亚当·斯密 … 328
- 约翰·杜威 … 331
- 西格蒙德·弗洛伊德 … 334
- 皮埃尔·德·顾拜旦 … 337
- 比尔·盖茨 … 340

第一部分　千古帝王

> 读一读
>
> 亚历山大大帝（前356年7月20日~前323年6月10日），欧洲历史上最伟大的军事统帅之一（其他三位是恺撒大帝、汉尼拔、拿破仑），马其顿帝国最富盛名的征服者。

亚历山大大帝

亚历山大，生于马其顿王国首都派拉城，父亲是马其顿阿吉德王朝国王腓力二世，母亲是希腊世界西方蛮国伊庇鲁斯公主奥林匹亚丝。据传说，亚历山大是天神宙斯之子。在他出世之前，母亲奥林匹亚丝梦见过雷电，而派拉城区有一座女神殿失火焚毁，以致人心惶惶，几个占卜师都说是大灾难来临的前兆，但有一人则说："女神殿的焚毁日，已有一个男孩在同日诞生，此儿以后将要灭亡全亚洲。"

亚历山大大帝

亚历山大幼时师从著名学者亚里士多德，学习口才、文学、科学、医学和哲学等方面的知识，并表现出了极大的兴趣和才能。不过，亚历山大更爱军事，喜欢过金戈铁马的生活。16岁时，亚历山大便率领部队镇压马其顿北部的起义；18岁时，亚历山大经喀罗尼亚战役消灭了闻名希腊的底比斯神圣团队，巩固了父王在马其顿的统治地位。

前336年，腓力二世被他的旧友保萨尼阿斯刺杀身亡，20岁的亚历山大被马其顿军队中的重臣兼外交家的安提帕特推举为新国王，称亚历山大大帝。

上台后，亚力山大大帝通过减少税收的政策赢得了马其顿人民和军队的支持。同年末，亚历山大大帝带领军队采取表面议和、却暗渡陈仓的策略，

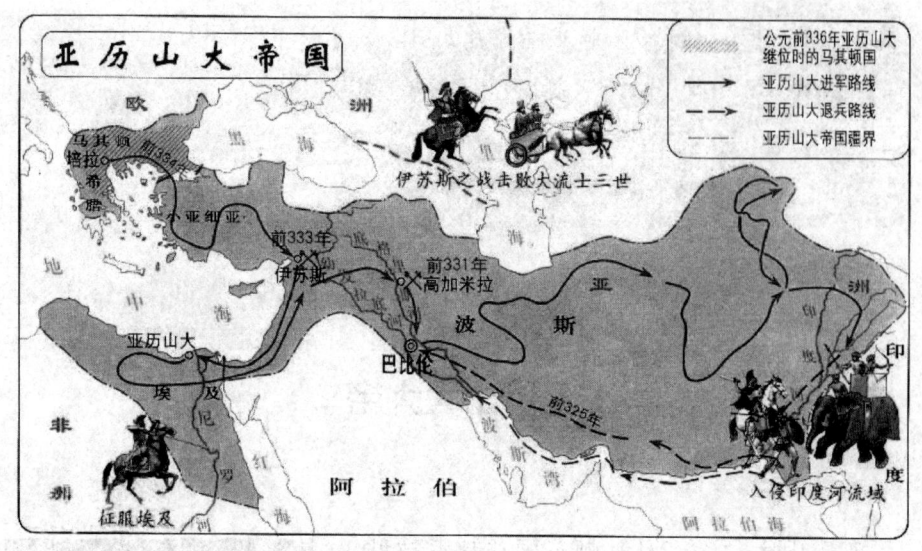

亚历山大帝国

进入原被腓力二世统治的特萨利，他成为特萨利新的世袭统治者。亚历山大大帝之后南下，使得底比斯投降，雅典也再次臣服。至此，亚历山大赢得希腊各同盟的承认。前335年，亚历山大大帝重征马其顿北部色雷斯地区，稳固了他在希腊的地位，也为东征小亚细亚稳固了北部防线。从此，亚历山大大帝开启了马其顿帝国征服世界的时代。

前334年，亚历山大大帝以父亲被波斯人刺杀（亚历山大大帝认为保萨尼阿斯刺杀父亲是波斯国王大流士三世指使）和"解放小亚细亚希腊城邦"为由，出征小亚细亚。

前333年秋季，马其顿军队（3～4万人）和大流士三世的军队（12～13万人），在小亚细亚古城附近的伊苏斯（今土耳其伊斯肯德仑北）进行交战，几乎全歼波斯军，大流士落荒而逃。

前332年，在泰尔围城战中，亚历山大大帝收到大流士的一封书笺，大流士提出为了达成和平协议，他愿把半个波斯帝国割让给亚历山大，但亚历山大大帝没有答应。随后，亚历山大帝大征服埃及，并建立今天埃及著名的港口城市亚历山大市。在那里，年仅24岁的亚历山大大帝被誉为法老，称之为太阳神阿蒙之子。

前331年，经高加米拉会战，亚历山大大帝的4万步兵和7000骑兵击败了大流士的20万步兵和4.5万骑兵，庞大的波斯帝国至此崩溃，大流士逃出战场。

取得高加米拉会战胜利之后，亚历山大大帝趁胜追击。在追击途中，波斯军为了防止大流士三世向亚历山大投降，把他们的国王暗杀了，时年为前330年。其后，柏萨斯成为大流士的继承人。经3年奋战，亚历山大大帝击败了柏萨斯，攻克了整个伊朗东部地区。到这时，亚历山大大帝已经征服了整个波斯世界。但是，亚历山大大帝的征服欲望并没有得到满足。

前327年，亚历山大大帝挥军进入印度河流域。在印度河以东的海达佩斯河，亚历山大大帝和前来抗击的印度国王波拉斯进行了双方最后的一次大战。结果，亚历山大大帝的马其顿军彻底击溃了波拉斯的军队，波拉斯被俘，他的两个儿子和一个孙子都战死在了战场上。因为钦佩波拉斯的勇敢，也为了赢得当地人的拥护，亚历山大大帝在战后并没有杀波拉斯，仍然让他作印度国王，而波拉斯本人也因此对亚历山大死心塌地地效忠。

海达斯佩斯会战后，亚历山大大帝手下的军队已经厌战，他不得不停止远征，于前326年开始带军西归。至此，马其顿帝国版图形成。马其顿帝国横跨欧、亚、非大陆，西起希腊、马其顿，东到印度河流域，南临尼罗河第一瀑布，北至药杀水（今锡尔河）。

前324年，亚历山大大帝带领军队回国。回国后，亚历山大大帝大力整编军队，欲图再开展征服世界的战争。但是，前323年6月初，亚历山大大帝在巴比

亚历山大大帝雕像

伦突然因发热病倒，10天后就去世了，当时他还不满33岁。

亚历山大大帝死后，因为他没有确定继承人，所以部下军官为争夺领地而陷入公开的争斗。最终，亚历山大大帝的帝国被分割为四部分，卡山德统治希腊，吕辛马库斯占据色雷斯，塞琉古一世得到了美索不达米亚和伊朗，托勒密一世分得黎凡特（指地中海东部诸国）和埃及。

·简 评·

亚历山大大帝发动的征服战争无疑是残酷的，但是从长远来看，亚历山大大帝则创下了前无古人的辉煌业绩。亚历山大大帝的征服战争促进了希腊古文化的繁荣和发展、东西方文化的交流和经济的发展，对人类社会文化的进展产生了重大的影响。

小结

亚历山大大帝

国籍：马其顿

身份：军事家、政治家

成就：征服波斯，使马其顿帝国达到极盛时期

> 读一读
>
> 阿育王（约前304年~前232年），又称无忧王，印度历史上最伟大的君王。

阿育王

阿育王，是印度摩揭陀国孔雀王朝第三世王，孔雀王朝开祖旃陀罗笈多王之孙，频头娑罗王之子。他继承并发展了祖父和父亲统一印度的事业，使孔雀王朝成为印度历史上第一个统一的大帝国。他还是一位佛教徒，是印度保护佛教最有力的统治者，后来成为了佛教的护法。阿育王的知名度在印度帝王中无与伦比，他对印度历史的影响同样也是居印度帝王之首。

阿育王一生的业绩可以明显分成两个部分，前半生是"黑阿育王"时代，后半生是"白阿育王"时代。

"黑阿育王"时代

祖父创立了孔雀王朝，并击败了入侵的希腊人；父亲巩固了孔雀王朝，扩展了国土，消灭了16个国家。祖父和父亲的伟大业绩深深影响着年幼的阿育王，他也渴望建功立业。

但是，阿育王并不被父王宠爱，因为他性格狂暴。18岁时，阿育王被任命为阿般提省总督。当时，旦叉始罗城叛乱，父王派他前去征伐，望其战死。没想到，阿育王平定了叛乱，杀人无数，声威大震。前273年，父王病重，阿育王回国争夺王位。传说，他为了坐稳宝座，杀死了99个兄弟。最终，阿育王排除了一切反对势力，于前269年举行了灌顶仪式（即登基仪式）。

即位后，阿育王仍改变不了凶狠嗜杀的作风。传说，他专门挑选最凶恶

阿育王柱

的酷吏去设立"人间地狱"残害百姓。

在这一时期,阿育王发动了一系列统一南亚次大陆的战争,曾征服过湿婆国等。其中,规模最大的一次是前261年远征孟加拉沿海的羯陵伽国的战争。通过这次战争,阿育王基本完成了统一印度的事业,帝国版图几乎包括整个印度次大陆——西北部包括阿富汗、俾路支、信德,与波斯接壤;东部至布拉马普特拉河流域,包括迦摩缕波(今阿萨姆)及孟加拉;北方包括迦湿弥罗(今克什米尔)、尼泊尔低地;南部至迈索尔。但是,这次战争也造成了"人间惨剧",10万人被杀,15万人被掳走,死伤数十万。正是因为在这次战争中目睹伏尸成山、血流成河的场面,阿育王深感痛悔,恻隐之心被唤醒,于是停止武力扩张。随后,他同佛教高僧优波毯多次长谈之后,终于被感召,决心皈依佛门,彻底改变统治策略,开启了"白阿育王"时代。

"白阿育王"时代

阿育王采用佛教作为他的宗教哲学,努力实践"达摩"政策,包括诚实、仁慈和非暴力。他不仅放弃了狩猎,开始食素,更有意义的是他采用了各种人道的政治方针,如建立医院和政治保护区、废除许多粗暴的法律、建筑公路、兴修水利等。他还设立特别的政府官员——达摩官吏——教导人们要虔诚,要相互促进友好关系。由于阿育王特别注重发展佛教,因而佛教在当时声望最高,被誉为国教。不过,阿育王也没有迫害其他教派,相反对婆罗门教和耆那教也予以慷慨捐助。

经过一系列变革措施，阿育王使孔雀王朝进入前所未有的繁盛时期，这一时期也是古代印度历史上空前强盛的时期。由于阿育王强调宽容和非暴力主义，他在民众的欢呼声中统治了长达41年的时间。

· 简 评 ·

阿育王的治国方针"达摩"政策是基于佛教的精神，通过和平的方式实现国家的统一。他的这种政策对印度乃至东方的历史产生了巨大的影响。

小结

阿育王
国籍：印度
身份：孔雀王朝国王
成就：统一印度，使佛教成为国教

> **读一读**　恺撒大帝（前102年7月12日～前44年3月15日），原名盖乌斯·尤利乌斯·恺撒，罗马帝国的奠基者，号称"祖国之父"。

恺撒大帝

恺撒头像

恺撒大帝，生于古罗马名门望族，其直系亲属有多人担任过罗马执政官、大法官等职务。他的父亲曾任罗马行政长官，母亲出身权势很大的奥莱利·科塔家族，外祖父卢西乌斯·奥莱利乌斯·科塔曾在前119年担任过执政官，叔父塞克斯图斯·尤利乌斯于前91年晋升为执政官，姑母茱莉娅嫁给了罗马民主派的领袖马略。生活在这样的家庭环境中，恺撒从小就有非凡的抱负和志向，幻想着权力和荣誉。

为了自己的理想和抱负，恺撒很早便接受了各种各样的教育，包括演讲辩论、哲学、法律、军事等。他博览群书，学业日益长进，具有很高的文学天赋，十几岁就发表了《赫库力斯的功勋》和悲剧《俄狄浦斯》。后来，他写下了我们熟知的具有很高文学和史学价值的《高卢战记》《内战记》等战争回忆录。除文学外，恺撒精通骑马、剑术等，他肌肉发达，体魄非常强健。13岁时，恺撒经姑父提携，当选朱庇特神祭司。

前87年，罗马境内的民主派和共和派发生争斗，共和派领袖苏拉率领数万大军大肆捕杀民主派人士，并宣布马略及其支持者为"罗马公敌"。恺撒是马略的当然支持者，处境非常危险，只好离开罗马。

前78年，苏拉去世，恺撒回到罗马。回到罗马后，恺撒经过努力，先后担任军事保民官、账务官、市政官、祭司长和大法官等。前61年，恺撒出任西班牙行省总督。在西班牙任职期间，他率军征服了许多部落，扩大了罗马的疆域。

前60年，恺撒载誉回国，被选为罗马共和国的执政官。为了巩固自己的地位，抵抗元老院贵族势力，恺撒与庞培、克拉苏组成"前三头同盟"。"三头"中，庞培手握兵权，克拉苏最为富有，恺撒在民众中的声望最高。三人结盟后，势力大增，反对恺撒的声音渐小。

前58年，恺撒的执政官任期期满，恺撒担任高卢（今法国地区）总督，管理阿尔卑斯山南侧的高卢（位于意大利北部）、伊利里可姆（今"塞黑"沿海地区）和纳博尼兹高卢（今法国南部沿海地区）。这时，恺撒统帅4个罗马军团，大约有2万将士。相比庞培和克拉苏，恺撒的实力较弱，于是恺撒刚上任便发动了高卢战争。前58年~前51年期间，恺撒夺取了整个高卢地区，大体上包括今天的法国、比利时以及瑞士、德国、荷兰的部分地区。通过高卢战争，恺撒的实力大大加强，威望也得到进一步加强，罗马民众称他为英雄，但这又增加了元老院政敌的嫉恨，庞培也担心恺撒会威胁到自己。

前49年，元老院向恺撒发出召还命令，命令恺撒回罗马，恺撒回信表示希望延长高卢总督任期，元老院不但拒绝，还发出最终警告，恺撒如果不立刻回罗马，将宣布恺撒为国敌。恺撒气不过，于1月10日至11日的夜晚，率领部队越过意大利北部的卢比孔河，长驱直入抵达罗马城，以表示对元老院的蔑视。这时，庞培倒向元老院一方，宣布保卫共和国。

高卢战争

恺撒遇刺

（前53年，克拉苏死于征服帕提亚的战争中。）于是，罗马内战爆发。这场内战持续了4年，最终以恺撒的彻底胜利结束。庞培兵败后逃往埃及，途中被人刺死。

前45年，恺撒被宣布为终身独裁官。为巩固独裁统治，扩大统治基础，恺撒采取一系列改革措施：对政敌实行宽大怀柔政策，对上层人物也采取宽容态度，对平民百姓则施以恩惠；改组元老院，把元老院的名额增加到900人，其中包括一些非元老出身的奴隶主；向一些行省扩大罗马公民权，使山南高卢、西班牙等地的诸多城市取得罗马公民权；逐步建立官僚机构，增加高级官员的数目，财务官由20人增至40人，市政官由4人增至6人，行政长官由8人增至16人；改进行省的管理制度，提高各行省城市的自治权；改革税制，规定由国家征收直接税；改革历法，制定了通常称为"儒略历"的罗马太阳历。这些改革措施不仅适应了罗马地区和各地的社会经济发展，而且体现了罗马地区和各行省、各地方城市奴隶主的利益，为恺撒称王罗马树立了强有力的正面形象。这也使得一些固守传统的元老贵族派感到恐慌，于是策划谋杀恺撒。

前44年3月15日，以尤斯·卡西乌斯、马可斯·布鲁图斯、德基摩斯·布鲁图斯为首的60多位共和派阴谋者在元老院刺杀了恺撒。据说，他死时身上有23处剑伤，倒在庞培雕像的脚下。恺撒死后，他被列入众神行列，被尊为"神圣的尤利乌斯"。

· 简 评 ·

对恺撒的评论，历来众说不一。有人称颂恺撒是英雄，其后的罗马君主及德意志帝国君主、俄罗斯帝国君主都曾以其名字"恺撒"作为皇帝称号；

有人说他是暴君，实行专制独裁，且对待敌人极为残酷。不过，他的功应该是大于过的，他推行的一系列政治、经济、军事、宗教与思想文化政策，顺应了历史发展的需要，是罗马共和末期社会经济、政治发展的必然结果。

小结

盖乌斯·尤利乌斯·恺撒
国籍：古罗马
身份：军事家、政治家
代表作品：《高卢战记》《内战记》
成就：开创罗马帝国

> 读一读
>
> ●●●●● 查士丁尼大帝（约483年5月11日～565年11月14日），全名为弗拉维·伯多禄·塞巴提乌斯·查士丁尼，东罗马帝国皇帝（即拜占廷帝国皇帝，527年～565年在位），有"法律之父"之称。

查士丁尼大帝

查士丁尼大帝

查士丁尼大帝，色雷斯人，生于一个农民家庭。年轻时，他随叔父查士丁走上罗马的仕途，在战场上经受血与火的考验。后来，查士丁靠卓越的战功被拥立为东罗马帝国皇帝，由于没有后嗣，便将查士丁尼培养为继承人。527年，查士丁尼继位登上皇帝宝座。

查士丁尼生活的年代，昔日罗马帝国的辉煌已不复存在。395年，东西罗马帝国分裂。476年，西罗马帝国被蛮族所灭。查士丁尼是一个虔诚的基督教徒，他从小就立志恢复昔日罗马帝国的全盛局面，并将正统的基督教义传播到这个帝国的每一寸土地。当成为东罗马帝国皇帝后，查士丁尼便开始实践重振罗马的计划，将重建一个政治上、宗教上双重统一的罗马帝国。

为恢复对罗马故土的统治，查士丁尼登位后便发动对外战争，征服周边国家。从527年开始，查士丁尼在东方与波斯萨珊王朝进行了长期战争（527年～532年、540年～561年）。533年，查士丁尼不惜向伊朗纳金求和，以稳定东方，集中全力征服西方。534年，他派贝利撒留攻占北非的汪达尔王国,当年就攻下了其首都迦太基城,灭了这个昙花一现的国家。535年,贝利撒留率军进攻意大利的东哥特王国,于555年将其消灭。555年,贝利撒留还利用西哥特王国的内讧,出兵占领了西班牙的沿海地区。随后,科西嘉、撒丁尼亚、巴利阿利群岛以及达尔马提亚等地,也先后并入东罗马帝国版图。此时,查士丁尼基本占领了古罗马帝国的大部分土地。

在内政方面,查士丁尼花费很大精力进行行政改革,如反对政府腐败等。在他的倡导下,兴建或修复了许多城堡、修道院和教堂,其中包括君士坦丁堡的圣索菲亚大教堂。查士丁尼最大的功绩是编撰了《罗马民法大全》。

《罗马民法大全》中的一页

查士丁尼即位第二年,便成立了罗马法编撰委员会,由著名法学家特里波尼亚领导,通过对400多年来罗马历代元老院的决议和皇帝的诏令进行编辑,终成《查士丁尼法典》。533年,查士丁尼又下令编写《学说汇纂》,其中收录了许多罗马法学家的法学解释。同年《法学阶梯》也被发布,这是一部法学的教科书。565年,《新律》发表,其中收录了《查士丁尼法典》发表后施行的法律。以上四部法律被后人统称为《罗马民法大全》。

《罗马民法大全》代表着罗马法的最高成就,对后世大陆法系民法典的制定有着深远的影响。近代欧洲各国的法律,除了英国自成体系之外,多深受罗马法的影响,并由此影响到亚非美等国家的法律。因查士丁尼的突出贡献,后人称他为"法律之父"。

通过一系列对内对外政策,查士丁尼为东罗马帝国打下了稳固的基础,他统治结束的时候，东罗马帝国已经是地中海沿岸的强权帝国。这个帝国在历史的风吹雨打中延续了近千年之久，后来一度成为亚欧大陆西部文明世界的唯一火种。

● 简 评 ●

作为世界历史上最有影响的帝王之一，查士丁尼当之无愧。虽然他发动的漫长战争将东罗马帝国的国库耗竭，用尽了帝国的资源，但是基本复活了古罗马帝国，成为了古罗马帝国晚期最重要的皇帝之一。尤其是，他的《罗马民法大全》享誉世界，可以说是征服了整个世界。正如德国著名学者耶林所说："罗马曾三次统一世界，第一次是以武力（征服环地中海地区），第二次是以宗教（提倡基督教），第三次是以法律。而这第三次征服也许是其中最为和平、最为持久的征服。"

小结

查士丁尼大帝
国籍：东罗马帝国
身份：皇帝
成就：重振古罗马帝国，编撰《罗马民法大全》

> **读一读** ●●●●● 彼得大帝（1672年6月9日～1725年2月8日），原名彼得·阿列克谢耶维奇·罗曼诺夫，俄国罗曼诺夫王朝第四代沙皇（1682年～1725年在位），被认为是俄国最杰出的沙皇。

彼得大帝

彼得大帝，生于莫斯科。他是沙皇阿列克谢·米哈伊洛维奇和他的第二个妻子维塔利娅·纳利什基娜的独生子。彼得不到4岁时，米哈伊洛维奇就去世了。因为米哈伊洛维奇与第一任妻子生有13个孩子，所以就王位的继承人问题，彼得与同父异母的兄弟姐妹展开了一场漫长的殊死斗争。

1682年刚满10岁的彼得大帝与同父异母的哥哥伊凡五世同时即位。但是即位不久，异母姐姐索菲亚·阿列克谢耶夫娜便发动兵变、上台执政，彼得被迫和母亲逃往莫斯科郊外忍辱偷生。直到1689年8月，索菲亚企图废掉彼得的阴谋失败，被送进修道院，彼得才开始掌握实权，亲自执政。

彼得生活的时代，西欧早已走上了资本主义发展的道路，而僻处欧洲最东部的俄国仍在落后的封建农奴制泥沼中蹒跚而行。同西欧各国相比，俄国几乎还在中世纪时期，封建农奴制的盛行造成了俄国经济的极端落后。为了巩固统治，并使俄国摆脱落后，彼得执政后断然采取措施，向西欧学习。

彼得大帝

1697年~1698年，彼得到英国、荷兰、德国等国作了一次长途旅行。这次旅行为他日后的统治定下了基调。在这次旅行中，彼得以下士的身份，使用化名鲁尤特尔·米海伊洛夫。在旅行期间，他为荷兰的荷兰东印度公司当了一段时间的船长，后又在英国造船厂工作，还在普鲁士学过射击。他非常重视学习西方的先进科学技术，自称是"一个寻师问道的学生"。他走访工厂、学校、博物馆、军火库，甚至还参加了英国议会举行的一届会议，考察了英国的国家制度。总之，他尽了最大的努力学习西方的文化、科学、工业及行政管理方法。

1698年夏，拥护索菲娅的党羽发生叛乱，彼得闻讯紧急回国镇压了叛乱。随后，彼得开始在俄国进行全面改革，实行富国强兵的政策，即现代化、西方化政策。这次改革的主要内容如下：

政治方面，建立完整的中央集权统治，加强工作效率。彼得剥夺了贵族领主杜马会议的职能，代之以参政院，下设11个委员会（实际上相当于西方国家的"部"）负责具体工作；罢黜大教长，代之以宗教院，使教会成为国家政权的一部分；划分行政区域，将全国分为50个省。彼得还颁布了一个"职能表"，将文武官员分成14个不同的等级，所有的官员不管门第出身，都要从最低一级做起，靠功绩晋升。

经济方面，大力鼓励工商业的发展，允许企业主买进整村的农奴到工厂做工，批准外国人在俄国开办工厂。

军事方面，改进军事设备，如制造与购买新式武器，开办各类军事学校，建立正规的陆海军等。

文化教育方面，简化斯拉夫字母，使俄文字母现代化；创办俄国第一家报纸；建立科学院；推行学校教育。

传统习俗方面，彼得也主张实行西方化。彼得颁布法令，规定人人不得蓄胡子（虽然他后来对此项法令做了修改），要求宫廷人员必须穿西装，鼓励吸烟和喝咖啡。彼得还专门出版了一本生活教科书《青春宝典》，其中从品德的培养一直到青年人应该如何做客、工作和居家的行为方式等都有明确的规定。

外交方面，这是彼得最重要的政策。通过对内改革，俄国逐渐变得富有强大，于是彼得开始对外发动战争，以掠夺领土，树立国威。在彼得亲自率领下，俄军先后在南部与土耳其交战，在北部与瑞典交战，并最终取得了胜利。

彼得大帝青铜骑士像

通过战争，俄国吞并的领土大体上包括爱沙尼亚、拉脱维亚和芬兰附近的一片重要领土，虽然征服的领土并不很大但却很重要，因为它给俄国提供了波罗的海上的一个出口，一个"瞭望欧洲的窗口"。战胜瑞典后，彼得还在涅瓦河两岸征服瑞典所获的土地上建立了一座新城市——圣彼得堡（即后来的列宁格勒）。1712年，彼得将首都从莫斯科迁到圣彼得堡。从此，圣彼得堡成了俄国与西欧交往的主要地点。

虽然为了推行国内政策和进行对外战争，彼得不可避免地强行增收赋税、进行一些强压政策，从而树立了许多对手，引起一些叛乱事件（后被镇压下去），但是彼得的现代化、西方化政策给俄国带来变化，还是受到大多数俄国人的拥护。1721年10月，俄国枢密院尊称彼得为"大帝"和"祖国之父"，俄国正式改称"俄罗斯帝国"。至今，彼得被公认为是俄国沙皇中最伟大的沙皇。

· 简 评 ·

彼得大帝是一位站在时代改革前沿的富有开拓精神的伟大君王。他的现代化、西方化改革政策先于欧洲以外其他国家200年。他的先见之明，将俄国带入了一个全新方向，使得落后的俄罗斯一跃而成为欧洲的军事强国，使得落后的农业俄国完成了工业化的大跃进,也使得俄罗斯"从愚昧无知的深渊登上了世界光荣的舞台"。

小结

彼得大帝

国籍:俄罗斯

身份:沙皇、政治家、改革家

成就:推行现代化、西方化政策,使俄罗斯现代化,变为一个强国

> **读一读**
> 乌尔班二世（1035年~1099年），原名欧德·德·拉尼，世俗名奥托·拉普利，罗马教皇，十字军东征的发起者。

乌尔班二世

奥托·拉普利，生于法国马恩河畔的一个贵族家庭。他从小受到良好教育，先后在苏瓦松和兰斯求学，约在1055至1067年任兰斯教区助祭长（在中世纪时，"助祭长"是一个很有权势的职务）。1070年，拉普利进入克吕尼修道院。在修道院，他表现非常出色，深得高级教士希尔德布兰德赏识。1073年，希尔德布兰德当选为罗马教皇，称格利哥里七世。随后，格利哥里七世邀请拉普利到罗马教廷任职。在罗马教廷任职期间，拉普利尽心尽责，对教廷

乌尔班二世

事务兢兢业业。其间，他帮助格利哥里七世镇压了敌对教皇克莱门特三世的反抗势力，威望大增，深得格利哥里七世之心，更被重用，被提升为意大利奥斯提亚枢机主教。格利哥里七世去世后，拉普利经过努力，于1088年3月12日当选为罗马教皇，人称乌尔班二世。

当上教皇后，乌尔班二世继续推行前教皇格利哥里七世的"教权至上"的政策，重申神职不得由世俗王权任命，提出主教应由神职人员和教徒选举产生。为此，他与克莱门特及其后台德皇亨利四世进行了多次斗争，终于在1096年打败了克莱门特，维护了教皇的地位。1098年3月，乌尔班二世在意

大利皮亚琴察宗教会议上通过了他的"改革法"。这些改革大多数条例被后来中世纪最著名的《革拉先教会法规歧异汇编》采纳，成为12世纪教会法典的一部分，在罗马教会沿用数百年。除了这些事件外，乌尔班二世在位期间最大的事件是发动了第一次十字军东征，他也因此"闻名"世界史。

11世纪末，属于突厥族一支的塞尔柱人在小亚细亚崛起，称雄西亚，打败了拜占庭帝国军队，占领了基督教的圣地耶路撒冷。这一消息传到西欧，引起西欧基督教徒的普遍不满。当时，罗马天主教会作为国际神权政治的中心，正有吞并东正教迫使东方穆斯林改宗的企图。于是，罗马教廷利用基督教徒的不满情绪，煽起宗教狂热。

1095年11月28日，乌尔班二世发动了极有煽动性的著名演说"以父为名"，号召逐鹿争雄的西欧各君主王侯停止"私战"，到东方去同异教徒斗争，夺回被突厥人占领的圣地。乌尔班二世还把东方描绘成珠宝满坑、金银遍地，香料、胡椒、陶器、桃杏枣瓜等果品和丝织的奢侈品比比皆是。当时，西欧各封建主因经历长期战乱急于向外扩张寻找财富，遭受封建压迫的农民也迫切希望到东方寻找生路，所以听了乌尔班二世的演说后，与会者热烈鼓掌高声狂呼，积极响应。

1096年，由贫苦农民、无地骑士和亡命徒的组成的队伍最先出征。接着，法、德、英封建主的武装队伍十万人分几路向东方进发。出征的战士身着十字徽号军服，在天主乌尔班前宣誓，终身效忠教皇，不得违背，否则以绝罚论处。乌尔班二世本想亲自出征，但因敌对教皇残余势力依然在顽抗，所以不敢贸然前往，只得向各路十字军派出教皇代表代行督战。

1099年7月，十字军攻陷耶路撒冷。同月19日，乌尔班在罗马去世。临死前3个月，他还在罗马召开宗教会议，再次鼓吹十字军东征。

十字军东征从1096年开始，到1291年结束，前后持续了将近200年，其在世界史上的作用是毋庸置疑的。虽然它给参战国人民带来了深重的灾难，但它为西欧与拜占庭、伊斯兰各国之间的密切往来起了巨大作用，当时拜占庭和伊斯兰各国远比西欧先进。这种往来为欧洲文艺复兴开辟了道路。在十字军东征中的最大受益者是罗马教廷，它利用东征夺取了西欧封建主手中的霸权，同时又从占领的地方夺来大量财富，使得罗马教廷的政治、经济势力在这 200 年间发展到了顶峰。

· 简　评 ·

　　在西欧只有一个人物，他的权威可以超越国界的限制，这就是教皇。只有教皇才能提出一项使所有西方信仰基督教的国家都执行的计划，才有希望使众多的人都服从他的指示。所以说，没有乌尔班二世的领导，没有他激动人心的演讲，十字军东征作为一次大规模的欧洲运动就不会出现。乌尔班二世发动的十字军东征给参战双方人民造成了极大的灾难，他的名字因此受到后人的咒骂，但这也不能湮没他对世界历史所起的深远影响。

小结

乌尔班二世
国籍：法国
身份：教皇
成就：发动第一次十字军东征

> 读一读
> 米尼兹（生卒年不详），也称拿摩，埃及第一个王朝的首任国王。

米尼兹

米尼兹

在人类文明史上，埃及王国所起的作用可谓久驻长存，璀璨辉煌。谈到埃及，自然得说米尼兹。

在米尼兹出生的时候，埃及是一个还未统一的国家，有两个独立的王国，一个位于北方尼罗河三角洲，另一个远在南方的尼罗河流域。由于尼罗河向下顺流入海，河口出现在地图的底部，因此埃及人把北部的三角洲称为"下埃及"，而把南部王国称为"上埃及"。米尼兹就生活在上埃及的一个叫西尼斯的镇上。

一般来说，下埃及比上埃及在政治、经济、文化等方面更为发达。但却是上埃及的米尼兹成功地征服了北方，统一了全国。大约在前3100年，米尼兹征服了北部埃及王国之后，自称"上下埃及国王"，继任的历代国王在数千年中都沿用了这一王号。传说，米尼兹在位的时间长达26年。

在两个王国原来的边界上，米尼兹建立了一个新城市孟斐斯。由于孟斐斯位于中部地区，很适合作为统一后国家的首都。因此，孟斐斯很长时期都作为埃及的首都，它的废墟离今天的开罗不远。

统一的埃及王国建立后，埃及在社会和文化方面迅速发展起来，米尼兹领导埃及人开启了璀璨辉煌的埃及文明。尽管我们对那个遥远的过去所发生的事件了解得非常有限，但是我们看看埃及王国给后世留下的影响则可窥一斑而知全豹：埃及王国建立的一些政治机构和社会机构存在于世长达2000年之久，而相对说来又没有发生什么变动；象形文字的应用得到了迅速发展，建筑和其他技术也是如此；埃及王国建立几百年后，埃及在经济、文化等方面超过了附近地中海国家及其他国家。可以说，自米尼兹以后2000年的大部分时期中，埃及在经济、文化等方面都是当时世界上最先进的国家之一。

埃及象形文字

· 简 评 ·

虽然我们对米尼兹的了解缺乏许多可靠的资料，但是从米尼兹时代的埃及的变化来看，米尼兹确实是埃及历史上最重要的一位领袖，也是世界历史上最有影响的人物之一。

小结

米尼兹

国籍：埃及

身份：政治家

成就：最先统一埃及，建立埃及王国，开创了古埃及文明

> 读一读
>
> 叶卡捷琳娜女皇（1729年4月21日~1796年11月6日），原名索非亚·奥古斯塔·弗雷德里卡，与彼得大帝齐名"大帝"，她建立了人类历史上空前绝后的俄罗斯帝国。

叶卡捷琳娜女皇

叶卡捷琳娜女皇

叶卡捷琳娜，德国人，生于奥得河畔的什切青市（今波兰境内）。她的父亲是德国安霍尔特—策尔布斯特王族一名职业军官，后被封为公爵，封地是安哈尔特—采尔勃斯特公国，母亲是德国霍尔施坦戈多普王族的公主。因为父亲长年在军队服役，所以叶卡捷琳娜自小就在母亲管束下成长。她小时候受到了很好的教育，仅家庭教师就有好几个。

13岁时，一个偶然事件改变了叶卡捷琳娜的命运，使她与同年代贵族小姐有了不一样的命运。1742年，她的远房表哥卡尔·彼得·乌尔里希，即彼得三世，被他的姨妈俄罗斯女皇伊丽莎白选中，成为俄罗斯皇位继承人。于是，卡尔·彼得顿时身价倍增，很多德国公国的适龄公主都梦想嫁给他。身为安哈尔特公爵一家也不例外。因为父亲的关系，叶卡捷琳娜与未来俄罗斯皇位继承人的联姻方案，得到了普鲁士国王腓特烈的支持。1744年，通过挑选，叶卡捷琳娜被女皇伊丽莎白选为卡尔·彼得的未婚妻。1745年，她与卡尔·彼得结婚，并皈依东正教，改名叶卡捷琳娜。

但是，婚后的叶卡捷琳娜并不幸福，因为卡尔·彼得早已另有新欢。结婚8年，她仍然没有生育。叶卡捷琳娜整日幽处深宫，只好靠读书排遣寂寞。起初，她开始漫无目的地读小说，后来无意中读到了伏尔泰的作品，自此开始对政治哲学类书籍感到兴趣。她找来了厚厚的十卷本德国史，坚持每八天必须读完一卷，又通读了四卷本哲学史，还有大量的俄文书籍。一段时间以后，叶卡捷琳娜具备的知识深度，竟然让她读懂了孟德斯鸠艰深的《论法的精神》一书。这些书籍深深影响了叶卡捷琳娜，促使她有了在俄国建立一番政绩的打算。从此，她通过各种手段笼络周围的人，使他们支持拥护她。

1762年，伊丽莎白女皇去世，彼得三世即位。7月9日，叶卡捷琳娜在宫廷近卫军的支持下发动政变，迫使彼得三世退位。9月22日，她在莫斯科加冕，成为俄国女皇。

执政后，叶卡捷琳娜女皇在政治、经济、外交等方面都做了重大调整。在政治上，她强化专制制度，将农奴制推上了发展顶峰，贵族的势力得到大大加强；在经济上，她鼓励发展工商业，取消对贸易的限制，鼓励农副产品出口，使俄国的工商业获得了较为迅速的发展；在文化教育方面，她大搞"开明君主专制"，介绍西方先进的民主和自由思想，并积极举办各类学校，使国民素质得以提高，促使俄国涌现了大量的科学家、教育家、文学家等。

在对外政策方面，叶卡捷琳娜继承了彼得大帝的衣钵，积极推行扩张政策，力图使俄罗斯帝国称霸世界。在位34年，叶卡捷琳娜发动了6次对外战争。她对土耳其发动了两次战争，侵占了黑海沿岸的大片土地；她打败了瑞典，伙同普鲁士、奥地利3次瓜分波兰；她还侵占了立陶宛、白俄罗斯和西乌克兰的大部分土地，置格鲁吉亚为保护国。由此，俄国版图扩大了67万平方千米，为

叶卡捷琳娜女皇雕像

以后俄国称霸欧洲铺平了道路。1789年法国大革命爆发后,她又力图组织反法联盟,积极参与欧洲君主国镇压法国大革命,在俄国历史上开创了干涉欧洲革命的先例,使俄国成为欧洲宪兵。

叶卡捷琳娜的文治武功,让俄罗斯帝国跨进了世界列强行列。叶卡捷琳娜时代的俄罗斯帝国是名副其实的欧洲最强国家之一。其后,俄罗斯在19世纪的强势,很大程度上得益于叶卡捷琳娜时代奠定的基础。因此,俄国人尊奉她为"大帝",俄国贵族把她统治的时期誉为"贵族的黄金时代",并称她为"贵族的女皇"。

· 简 评 ·

不可否认,至彼得大帝以后,俄罗斯还从来没有像叶卡捷琳娜时代一样如此强大。虽然她是一个女人,但她却创造了让男人都为之汗颜的千秋功业,让整个世界对俄罗斯刮目相看。事实上,叶卡捷琳娜不仅创造了俄罗斯新的辉煌,她的名字也注定将与俄罗斯联系在一起,成为不朽的永恒。

小
结

叶卡捷琳娜女皇

国籍:德国、俄罗斯帝国

身份:皇帝

成就:将俄罗斯帝国带入欧洲强国行列

语录:假如我能够活到二百岁,全欧洲都将匍匐在我的脚下

> **读一读**
> 明治天皇（1852年~1912年），名睦仁，日本天皇中最特殊的一个天皇，在位时总揽大权于一身，是神圣不可侵犯的"神人"。

明治天皇

明治天皇，日本第122代天皇。他是孝明天皇的第二皇子，母亲是英照皇太后，但真正的生母是中山庆子，又名典侍庆子。1860年，随着五个兄弟相继早夭，他被定为储君，并赐名睦仁。

在睦仁即位以前，以德川庆喜为首的德川幕府掌管着日本全国的军政事务，实行闭关锁国政策。1854年，美国海军终于打开了日本的国门。德川幕府屈服于列强的炮火，被迫与美国签订《日美亲善条约》。接着，俄、荷、英、法等国也纷纷侵入日本，日本面临着沦为半殖民地的严重危机，令有识之士忧心忡忡。

为了摆脱民族危机，发展民族资本主义，以中、下级武士为核心的倒幕派决心推翻德川幕府的统治，进行变法维新，其代表人物有吉田松阴等。但是，德川幕府害怕变革会危及自己的统治，

明治天皇

第一部分　千古帝王

竭力阻止进步思想的传播。1859年，包括吉田松阴在内的7名志士被处死。随即，倒幕的怒火熊熊燃烧起来，遂成不可阻挡之势。

1866年12月25日，孝明天皇突然去世，15岁的睦仁即位，称明治天皇。与压制倒幕运动的父皇不同，明治天皇早就对幕府把持朝政的行为十分不满，所以他上台后立即组织倒幕派发动政变，掀起倒幕运动，宣布"王政复古"，以剥夺德川庆喜的全部权力。到1868年初，德川幕府终于被推翻，德川庆喜被迫把政权交给了明治天皇。

总揽统治大权后，明治天皇立即组织新政府。1868年4月6日，明治天皇发布具有政治纲领性的《五条誓文》，即"广兴会议，万机决于公论；上下一心，盛行经纶；官武一途以至庶民，各遂其志，人心不倦；破旧有之陋习，基于天地之公道；求知识于世界，大振皇基"。9月3日，明治天皇下诏将江户改称东京。10月23日，改年号为明治。1869年5月9日，迁都东京，并颁布一系列改革措施，史称"明治维新"。

1. 政权机构方面

1869年6月，明治政府强制实行"版籍奉还""废藩置县"政策，250个地方藩主被剥夺了土地和人民的所有权，取而代之的是3府72县，地方长官由中央直接任免。从此，日本建立了中央集权式的政治体制，天皇拥有无限权力。

2. 社会体制方面

废除传统时代的"士、农、工、商"身份制度，将过去的公卿诸侯等贵族改称为"华族"，大名以下的武士改为"士族"，其他从事农工商职业和贱民一律称为"平民"。

为减轻因"版籍奉还"而连带的财政负担，政府通过公债补偿形式，逐步收回华族和士族的封建俸禄。

此外，明治政府颁布《废刀令》《户籍法》等。

3. 经济方面

引进西方近代工业技术；改革土地制度，废除原有土地政策，许可土地买卖，实施新的地税政策；废除各藩设立的关卡；统一货币，并于1882年设立日本银行（国家的中央银行）；撤消工商业界的行会制度和垄断组织，推动工商业的发展，即实行"殖产兴业"。

"殖产兴业"，是明治政府的基本国策之一。在初期，政府利用地税改革得到的财政收入，由国家创办一系列新式的"模范工厂"，同时鼓励私人创办企业，部分上层武士也转化成资本家。后期，政府将许多官营的企业转让给私人资本家经营。日本最早的一批企业巨头，就是在明治时期成长起来的。

4. 教育方面

发展近代义务教育，将全国划分为8个大学区，各设1所大学，下设32个中学区，各有1所中学，每1个中学区下设210个小学区，每一所小学区下设8所小学，总计全国有8所公立大学，245所中学，53760所小学。

教育机关颁布《考育敕语》，灌输考道、忠君爱国等思想。

此外，选派留学生到英、美、法、德等先进国家留学。

5. 军事方面

改革军队编制，陆军参考德国训练，海军参考英国海军编制；颁布征兵令，凡年龄达20岁以上的成年男子一律须服兵役。到1873年时，作战部队动员可达40万人。

此外，明治政府还发展国营军火工业。到了明治时代中、后期，军事预算急剧增加，约占政府经费的30%～45%，实行军国主义、武士道精神。

6. 交通方面

改善各地交通，兴筑新式铁路、公路。到1914年，日本全国铁路总里程已经超过7000公里。

7. 司法方面

仿效西方制度，于1882年订立法式刑法，于1898年订立法、德混合式民事法，于1899年订立美式商法。

8. 宗教方面

政府大力鼓励神道教，宣扬忠于天皇的思想。

经过20多年的发展，至20世纪初，日本内部取得了脱胎换骨的变化，可谓国富军强。基于此，明治政府开始把下一步目标转向对外扩张方面。

明治神宫

1894年~1895年,明治天皇发动中日甲午战争。1904年~1905年,发动日俄战争。这两次战争都取得了胜利。从此,明治天皇越发确立了至高无上的地位。

1912年7月30日,明治天皇因尿毒症去世,享年61岁。明治天皇在位45年期间,日本资本主义迅速发展,并走上了军国主义、帝国主义的道路。1914年,日本政府建立明治神宫,把明治天皇神格化。

· 简 评 ·

一个又小又穷,资源贫乏的偏僻岛国,仅用了半个世纪的时间,便实现了社会、经济、军事等多方面的脱胎换骨,成为了一个世界强权国家。这一切都和明治天皇的改革密不可分。

小结

明治天皇

国籍:日本

身份:天皇、改革家

成就:推翻德川幕府的统治、实行明治维新

> **读一读** 秦始皇（前259~前210年），姓嬴名政，秦朝的创立者，中国历史上第一个皇帝。他被明代思想家李贽誉为"千古一帝"。

秦始皇

秦始皇，秦国庄襄王之子，生于赵国国都邯郸（今河北省邯郸市），汉族（也称华夏族）人。前247年，庄襄王驾崩，嬴政即王位，年仅13岁。由于年少，国政旁落相国吕不韦和太后宠信的宦官嫪毐手中。前238年，嬴政22岁时，在故都雍城举行了国君成人加冕仪式，开始亲理朝政。当年，嬴政清除了吕不韦、嫪毐集团，将军政大权集于一身，并任用李斯、尉缭、王翦等人，加紧准备进行统一战争。

自前230年至前221年，嬴政指挥秦军先后灭了韩、赵、魏、楚、燕、齐六国，建立了中国历史上第一个统一的中央集权封建国家——秦朝，定都咸阳。嬴政认为自己的功劳胜过三皇五帝，于是将尊号改为"皇帝"，自称"始皇帝"，即秦始皇。

秦朝建立后，为了有效管理国家，也为了替子孙万代奠定基业，秦始皇吸取战国时期设置官职的经验，建立了一套相当完整的中央集权制度和政权机构。

秦始皇

1. 皇帝权力至高无上

国家一切重大事务由皇帝裁决。皇帝命为"制",令为"诏",自称为"朕",显示绝对权威。

2. 中央机构

中央设三公、九卿辅佐皇帝执行政务。三公为丞相(掌政事)、太尉(掌军政)、御史大夫(副丞相,掌图籍秘书、监察百官)。丞相、太尉、御史大夫以下,是分掌具体政务的诸卿,有九卿:奉常(掌宗庙礼仪)、郎中令(掌禁卫军)、卫尉(掌宫门卫兵)、太仆(掌皇帝车马)、廷尉(掌刑狱)、典客(掌民族事务)、宗正(掌皇族事务)、治粟内史(掌民政及财赋)、少府(掌山海地泽收入和官府手工业制造)。

此外,中央还有一些比较重要的官职,如博士(掌通古今史)、典属国(掌投降秦朝的少数民族)、詹事(掌皇后和太子事务)等。

3. 地方机构

秦始皇采纳李斯的建议,废除分封制,改行郡县制,全国分为36郡,郡下设县。郡县主要官吏由中央任免。

秦朝这套中央集权的政权机构一直被历代王朝仿效。其中,汉代的"三公九卿",基本上是照搬秦制。

除了建立中央集权制度和政权机构外,秦始皇还进行了经济、文化等方面的统一性措施。主要的有:确立土地私有,统一法律、文字、货币和度量衡;收毁天下兵器,拆除战国时各国的城郭及设防工事;修筑通向全国的交通大道,称驰道;北筑长城,防御匈奴,南戍五岭,抚定百越等等。秦始皇还不断巡行全国,并在各地刻石颂功,宣扬大一统思想。

秦始皇的一系列措施,不仅加强了中央集权,巩固发展了国家的统一,而且促进了中国古代经济的进一步发展,以及以华夏族

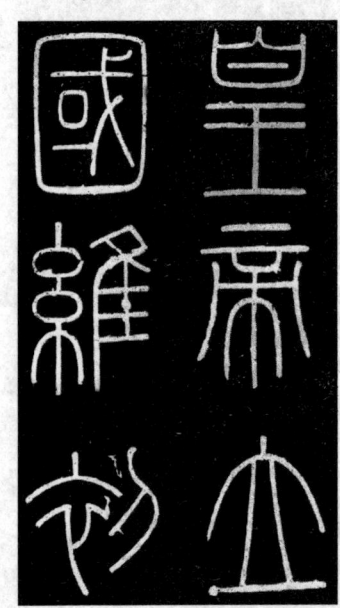

秦篆,也称小篆

为主体的中华民族的第一次民族大融合。从此，中国第一次形成了真正意义上的中国。

但是，秦始皇推行统一的政策极其残暴。他烧毁诗书图籍，严重毁坏文化；他活埋议政的方士及儒生，钳制思想；他实行严刑苛法，租役繁重；他大兴土木，建宫室、修坟墓；他连年用兵，经常役使民力在200万左右，为当时全国总人口的10%。广大人民痛苦不堪，他去世的当年（前210年）就爆发了大规模的农民起义——陈胜、吴广起义。不久，秦朝就灭亡了。

• 简 评

尽管秦始皇历来被很多文学家修饰成暴君——为了权力而不择手段——被人们唾骂，但谁也不可否认他为中国历史发展做出的巨大贡献。秦始皇领导的统一战争，结束了春秋战国以来近五百年诸侯割据混战的局面，给社会带来了一个安定的环境；秦始皇创立的中央集权制度加强了各地区政治、经济、文化联系，奠定了中国两千多年政治制度的基本格局。

小结

秦始皇
国籍：中国
身份：政治家、军事家、改革家
成就：统一中国，建立中央集权制度

> **读一读** 成吉思汗（1162年1月7日~1227年8月25日），本名孛儿只斤·铁木真，蒙古帝国可汗（又称大汗，简称为汗，古代鲜卑、柔然、突厥、回纥、蒙古等民族对最高统治者的称号），尊号"成吉思汗"，世界史上最伟大的统帅之一。

成吉思汗

成吉思汗，蒙古族人，生于宾德尔苏木境内鄂嫩河西岸的德伦宝立德格山地区（今蒙古国肯特省），父亲孛儿只斤·也速该把阿秃儿是当时漠北草原五大部落（蒙古、塔塔儿、克烈、蔑儿乞、乃蛮）之一蒙古部落乞颜氏族的首领。成吉思汗9岁的时候，他的父亲被仇敌塔塔儿部以毒酒毒死。从此，成吉思汗一家陷入苦难的深渊。为免遭仇敌追杀，成吉思汗与母亲、弟弟和几个忠实奴仆开始了四处逃亡的生活。

成吉思汗

在逃亡中，成吉思汗一行人不仅生活困苦，每天靠食野果、草根和野鼠充饥，更要命的是时刻处于危险中，他们经常遭敌对部落袭击。有一次，他们因饥饿走出山林而被俘，所幸乘机逃出，才免遭厄运。虽然这些经历异常艰险，但却使得成吉思汗一天天变得智慧、坚毅和勇敢。

经过数年逃亡和发展，成吉思汗凭着自己超群的智慧和非凡的军事、外交、组织才能，力量不断壮大。1189年，成吉思汗成为乞颜部可汗。此后，他便开始了为父报仇、结束部落战乱、统一蒙古的伟大计划。1206年，成吉思汗统一各部落，被拥戴为蒙古大汗，尊号"成吉思汗"（意为"拥有海洋四方的大酋长"，即天下皇帝），建立蒙古帝国，定都喀喇和林。从此，

蒙古骑兵雕像

蒙古族成为中国北方一个强大、稳定和不断发展的民族。

建国后，成吉思汗遂颁布了《成吉思汗法典》。这是世界上第一套应用范围最广泛的成文法典，它建立了一套以贵族民主为基础的蒙古贵族共和政体制度。此外，他还创建了统一的蒙古文字、建立了护卫军、提倡宗教信仰自由等。最重要的一项政策是，成吉思汗创立了军政合一的千户制，先后任命了一批千户官、万户官和宗室诸王，建立了一个层层隶属、指挥灵活、便于统治、能征善战的军政组织。这些措施有力地促进了蒙古社会、经济、军事、文化等方面的稳定发展，从而为成吉思汗对外发动征服战争奠定了坚实的基础。

在国内实行一系列措施后，成吉思汗为了进一步壮大蒙古帝国，开始发动了征服世界的扩张战争。成吉思汗凭借强大的蒙古骑兵及卓越的军事才能，刮起了强劲的"蒙古旋风"。1209年，成吉思汗迫西夏求和。1217年，成吉思汗迫金国将都城由中都（今北京）迁至南京（今河南开封）。1218年~1227年，成吉思汗灭西辽，亡花剌子模（中亚的一个大国），击溃俄罗斯联军，并于回师途中消灭西夏。这一系列对外战争虽然给交战国人民带来了极大灾难，但却极大促进了中、西方文化等各方面的交流。

1227年8月25日，成吉思汗正欲集中全力攻金，但却在六盘山下清水县（今属甘肃）病逝，年66岁。临终时，成吉思汗立下遗嘱：利用宋金世仇借道宋境，联宋灭金。其子窝阔台和拖雷遵此遗策，于1234年灭金。

1260年，忽必烈自立为蒙古大汗，建都中都（后改为大都，即今北京），1271年改国号为"元"，建立元朝。1279年，忽必烈指挥蒙古大军灭南宋，结束了唐末、五代以来各国并立、相互争夺的局面，统一中国。统一中国后，元朝追封成吉思汗为元太祖。

· 简 评 ·

　　成吉思汗戎马一生，为统一蒙古而战，为统一中国而战，为征服世界而战，他麾下的铁骑，踏遍了欧亚大陆，帝国疆土从里海一直延伸到北京，南面伸展到印度洋和喜马拉雅山，西面到阿斯特拉汗和嘉桑。俄国将军以葛那吉夫说："横览宇内，历年之少，而开拓疆土之广大，如成吉思汗者，千古所未尝见也。"虽然成吉思汗发动的对外战争具有野蛮性、残酷性、侵略性，但它却促进了欧亚大陆间的相互影响。直到今天，成吉思汗的影响并没有因时间的推移而黯淡。现在，成吉思汗的影响仍渗透到政治、军事、经济和文化等各个领域，出现了世界性的"成吉思汗热"。

小结

成吉思汗
国籍：中国
身份：政治家、军事家
成就：建立蒙古帝国
语录：没有铁的纪律，战车就开得不远／你的心胸有多宽广，你的战马就能驰骋多远／在明亮的白昼要像雄狼一样深沉细心！在黑暗的夜里，要像乌鸦一样有坚强的忍耐力

第二部分　政治、军事统帅

> **读一读**
>
> 莫罕达斯·卡拉姆昌德·甘地（1869年10月2日～1948年1月30日），印度最伟大的政治领袖，尊称圣雄甘地。

莫罕达斯·卡拉姆昌德·甘地

莫罕达斯·卡拉姆昌德·甘地，生于印度西部港口城市波尔班达尔一个贵族家庭，他的父亲是当时的土邦首相。甘地从小就受到了很好的教育。19岁时，他留学英国伦敦大学，攻读法律。在英国，甘地接触到了各种思想流派，还阅读了许多宗教方面的书籍，这对他后来形成非暴力抵抗思想影响很大。

1891年，甘地取得律师资格回国。回到印度后，他曾先后在孟买、拉古科特担任律师，但业务毫无起色，倍感苦闷压抑。1893年，当有个来自南非印度人的案子要他处理时，他便义无反顾地踏上了前往南非的历程。

莫罕达斯·卡拉姆昌德·甘地

在南非这个种族歧视根深蒂固、无所不及的英国殖民地，甘地作为有色人种遭遇到了种种歧视与侮辱。强烈的民族自尊心和同胞在此所受的苦难驱使甘地终于走上了领导南非印度人反种族歧视的斗争。经过在南非多年艰苦卓绝的反种族歧视斗争，甘地为南非印度人争取到了基本平等的权利，他从中也试验成功了一种有效的武器——真理与非暴力学说及其实践。

1915年，甘地回到印度。回国后，他积极发表演讲，宣传自己的主张，从事非暴力斗争，试验并发展了非暴力学说。很快，他受到印度资产阶级国大党和很多群众的拥护。

在一战中，甘地对当时英国殖民当局正在进行的一战予以支持，希望以此换取英国的开恩，给予印度自治。但是一战后，英殖民当局的种种作为与以往如出一辙，这使甘地由一个英帝国幻想者变成了不合作者。

1919年，在印度全民反英斗争高涨的形势下，甘地率先发起群众性的抵制殖民政府的立法机构、法院、学校、封号与洋货的非暴力不合作运动，进而推广为全民反帝斗争形式。此时，甘地不合作思想趋于成熟。次年，印度国大党将甘地的非暴力不合作思想定为该党的指导思想，并将争取印度自治定为国大党的现实斗争目标。此后，甘地在国大党内的领导地位逐渐确立。

1922年2月，因运动中出现暴力事件，甘地宣布停止第一次非暴力不合作运动，因此挫伤了反英斗争的士气，从而引起了国大党内的思想混乱。此后，甘地不再领导印度独立运动，转向社会活动，致力于重振民心士气。

1929年12月31日，国大党通过了争取印度独立的决议，并授权甘地领导新的不合作运动。次年3月，为了抗议英殖民政府的食盐公卖制，甘地率领78位志愿队员从德里出发游行达400公里，史称"食盐长征"，从此揭开了第二次非暴力不合作运动的序幕。在运动进行中，英殖民政府一方面与甘地进行谈判，一方面准备趁机镇压群众运动。后来，运动开始松懈，英殖民政府抓住机会残酷地将运动的群众镇压了下去。

二战爆发后，广大群众反英情绪持续高涨，而日本侵略者又迫近印度。在这种形势下，甘地提出了"英国退出印度"的口号，先后发起了两次不合作运动，但都被英国殖民当局镇压了下去。为此，甘地被捕入狱，直到1944年5月获释。

战争结束后，处于内外交困的英国政府慑于印度民族解放运动的压力，答应印度独立的要求。但是，因印度教、穆斯林两教的分歧对立由来已久，加之英国分而治之政策的影响，印、巴分治已成定局。甘地虽为维护印度统一不懈努力，终无回天之力，只好接受分治。1947年8月，巴基斯坦宣布自治。8月15日，印度联邦宣告成立。此后，甘地殚精竭虑，努力平息分治以后的宗教仇杀与混乱，呼吁人们不要再互相仇杀。然而，他却成了教派冲突的牺牲品。1948年1月30日，甘地死在了一位狂热的印度教徒的枪口之下。

· 简 评 ·

甘地领导的非暴力不合作运动，是从宗教的角度团结人民凝聚起民族解放的精神，增强印度人民的自尊心和自信心，从精神领域沉重打击英国的殖民统治。但是，这种实际上以"大爱"的方式回击猛烈的暴力行为，限制了人民的革命运动，必然挫伤士气，丧失革命时机，延长革命过程，对印度民族解放运动产生了一些消极影响。

小结

莫罕达斯·卡拉姆昌德·甘地

国籍：印度

身份：政治家、国大党领袖

成就：领导印度民族解放运动取得胜利，印度取得独立

语录：以眼还眼，世界只会更盲目／欲变世界先变其身

> 读一读
>
> 乔治·华盛顿（1732年2月22日~1799年12月14日），美国独立战争时大陆军总司令，美国第一任总统，被尊称为"美利坚合众国国父"。

乔治·华盛顿

乔治·华盛顿，生于弗吉尼亚州威斯特摩兰县一个大种植园奴隶主家庭。少年时，华盛顿在一所老式的学堂接受过初级教育，学习了一些简单的科目如识字、写算等。11岁时，华盛顿的父亲去世。从此，华盛顿再也没有受过系统、正规的中等和高等教育，但他凭借着顽强的毅力和好学精神，通过自学不断丰富自己。1752年，华盛顿成为了弗农山庄园的主人。不过，他始终渴望着成为一名驰骋疆场、威风凛凛的勇敢军人，以报效国家和人民。

乔治·华盛顿

1753年，法国人开始在当时属于弗吉尼亚州领土的俄亥俄谷地建立许多堡垒，试图阻止英国人继续向西扩张他们在美州的殖民地，并阻挡殖民地内的英国军队。由此，命运为华盛顿提供了一个留名军界的机会。1755年，英军发动远征，试图夺回俄亥俄谷地。作为英属殖民地民兵军官，华盛顿指挥弗吉尼亚地方武装参加此次战争。在战斗中，他英勇战斗，屡立战功，协助英军把法军赶出了北美。但战争结束后，英国却立刻宣布西部土地为王室私产，不准垦殖。这一禁令使华盛顿一下子丧失了3万多英亩土地。从此，他成为英国殖民政策的坚决反对者。

1775年4月18日，莱克星顿的枪声打响，美国独立战争拉开序幕。6月，北美13个英属

弗农山庄园

殖民地代表在费城召开"大陆会议"。在会议中，华盛顿经马萨诸塞州的代表约翰·亚当斯推荐，经过选举无异议被任命为大陆军总司令。随后，华盛顿亲临前线指挥战斗，给英军以沉重打击。1777年10月，美军在萨拉托加大败英军，从而扭转了整个独立战争的局面。与此同时，为了孤立英国，美国又多方展开了外交活动，争取法国等国的援助。1780年，法军和美军两路并进，联合攻击约克镇的英军。1781年9月，英军统帅康沃利斯率部上千余人向华盛顿投降，美国独立战争取得了最后的胜利。1783年3月，英美签署和平协议，英国承认了美国的独立。

独立战争胜利后，华盛顿并没贪恋军功，毅然辞去了总司令的职务，解甲归田，回到弗吉尼亚继续经营自己的种植园，过着平静的半退隐生活。但是，此时的他已经成为许多美国人心目中的英雄，对他顶礼膜拜，要求他重返政坛。于是，华盛顿又再度出山。

1787年，华盛顿主持在费城举行的制宪会议，制定了世界上第一部资产阶级宪法。在宪法得到承认后不久，华盛顿被一致选举为总统。1789年4月30日，华盛顿在纽约举行就职典礼。

任职期间，华盛顿总是冷静地用超人的智慧调解政府内阁中的党派之争，均衡对待联邦党人和共和党人的论争，并把杰出政治家、改革家，如杰斐逊、汉密尔顿等团结在自己周围，使之造福国家。为了确立政府的威信，他对各部官员的选择依照两个条件：第一要受到人们的欢迎和爱戴，第二要在人民中有影响力，二者缺一不可。他为新生国家的巩固做出了巨大贡献。最高法

院、国务院、财政部以及政府其他重要机构都是在华盛顿当政时设立的。

华盛顿连任两届。1797年，他拒绝担任第三届总统。由此，华盛顿开创了总统任职不能长于两届的先例，为美国确立总统内阁制、废除世袭制起了决定性作用。1799年12月14日，华盛顿病逝，举国哀痛。

简 评

作为美利坚合众国的缔造者，华盛顿的名字家喻户晓。他为驱逐英国的殖民统治，建立独立的共和的美国做出了杰出的贡献，是美国历史上的一个伟大的关键性人物。他的无与伦比的军人勇气，政治家的风范，至高的荣誉感和人格魅力，将永放光彩。

小结

乔治·华盛顿

国籍：美国

身份：军事家、政治家、总统

成就：领导美国独立战争，主持制宪会议

语录：自己不能胜任的事情，切莫轻易答应别人，一旦答应了别人，就必须实践自己的诺言／国家之前进在于人人勤奋、奋发、向上，正如国家之衰落由于人人懒惰、自私、堕落／我们最稳当的保证人是我们自己的智慧

> **读一读** 亚伯拉罕·林肯(1809年2月12日~1865年4月14日),第16任美国总统,他废除了奴隶制度,维护了国家的统一,被称为"国家的拯救者"。

亚伯拉罕·林肯

亚伯拉罕·林肯,生于美国肯塔基州哈丁县一个贫苦家庭。父母是英国移民的后裔,以种田和打猎为生。因为家里很穷,林肯小时候没有受到什么学校教育,仅受过18个月的非正规教育,他很早就跟着父母一起劳动了。为了维持家计,年少的林肯当过俄亥俄河上的摆渡工、种植园的工人、店员和木工。但是,林肯勤奋好学,一有机会就向别人请教,或是自己看书学习。

长大后,林肯离开家乡,四处谋生。他先后干过店员、村邮务员、测量

亚伯拉罕·林肯

员和劈栅栏木条等多种工作。在艰苦的劳作之余,林肯始终不忘记学习知识。在青年时期,林肯通读了莎士比亚的全部著作,还读了《美国历史》及许多历史、文学书籍。通过自学,林肯成为了一个博学而充满智慧的人,并深深感受到了美国南方奴隶制度的黑暗。为此,他还到处发表演说,抨击蓄奴制,受到公众的热烈欢迎,树立了良好的印象。

1834年8月,25岁的林肯当选为伊利诺斯州议员,开始了自己的政治生

涯。此后，林肯在友人的帮助下钻研法律，并自学成为一名律师。1847年，林肯又在积极努力下，因反对奴隶制，当选为国会众议员。从此，林肯成为美国政治中举足轻重的人物。

1858年，林肯发表"裂开了的房子"的演说，抨击黑奴制，提出一些有利于公众事业的建议，表达了北方资产阶级的要求，也反映了全国人民群众的愿望，为他赢得了很大的声誉。1860年，林肯成为共和党的总统候选人。11月，选举揭晓，林肯以200万票当选为美国第16任总统，但在奴隶主控制的南部10个州，他却没有得到1张选票。

大选揭晓后，南方11个州先后退出联邦，宣布成立"美利坚诸州同盟"，并制订了新的宪法，选举总统，企图分裂美国。1861年4月，南方叛乱武装首先向北方挑起战争。随即，林肯政府号召民众为维护联邦统一而战。于是，美国南北战争爆发。

战争开始阶段，由于南方种植园主蓄谋叛乱已久，而林肯政府试图以和平的方式解决叛乱，致使战事节节失利。随着战争的深入，林肯认识到，要想阻止国家分裂，真正废除奴隶制，就必须流血牺牲，和平的方式根本解决不了任何问题。为扭转战局，林肯政府于1862年5月颁布了《宅地法》，规定美国公民交付10美元即可在西部得到160英亩的土地，连续耕种5年就可成为其主人。9月，林肯政府又颁布《解放黑人奴隶宣言》，废除了黑奴制，规定叛乱各州的黑奴是自由人。随即，战争形势发生明显变化，许多奴隶纷纷支持并参加北方军队，北方军队由防御开始转入反攻。1865年，南方叛军向北方军队投降，持续4年的内战以北方胜利告终。林肯政府在南北战争中的胜利，为美国资本主义的发展彻底扫清了道路。

1864年，林肯再度当选为总统。对此，南方奴隶主十分仇恨，

林肯遇刺

欲谋刺杀林肯。1865年4月14日晚上，林肯在华盛顿的福特剧院里看戏时，不幸被南方奴隶主收买的一个暴徒刺死。林肯逝世，举国哀痛，他的遗体在14个城市供群众凭吊了两个多星期，有700多万人停立在道路两旁向出殡的队伍致哀，有150万人瞻仰了林肯的遗容。林肯被安葬在家乡橡树岭公墓。

· 简 评 ·

尽管林肯只受过一点非正规的初级教育，尽管林肯担任公职的经验很少，但是他领导了拯救联邦和结束奴隶制度的伟大斗争，为美国资本主义的发展扫除了障碍，促进了美国历史的发展，促使他成了美国历史上最伟大的总统。多少年过去了，林肯一直在美国人民心中享有崇高的地位，人们称赞他为"新时代国家统治者的楷模"。

小结

亚伯拉罕·林肯

国籍：美国

身份：总统、政治家、律师、演说家

成就：颁布《解放黑人奴隶宣言》，废除奴隶制度，维护美国国家统一

语录：给别人自由和维护自己的自由，两者同样是崇高的事业／预测未来最好的方法就是去创造未来／你可以在一时蒙骗所有人，也可以在长时间蒙骗一些人，但不可能在长时间蒙骗所有的人

> 读一读
>
> ●●●● 富兰克林·德拉诺·罗斯福（1882年1月30日~1945年4月12日），美国第32任总统，且是美国历史上唯一蝉联四届（第四届未任满）的总统。他与华盛顿、林肯被评为是美国历史上最伟大的三位总统。

富兰克林·德拉诺·罗斯福

富兰克林·德拉诺·罗斯福，生于美国纽约海德公园一个富豪之家。他的父亲詹姆斯·罗斯福是外交界和商业界的活跃人物，母亲萨拉·德拉诺来自于一个富裕法裔大家族，他是父母唯一的儿子。生活在这样的富裕家庭中，罗斯福从小就受到了很好的教育，他很早便随家庭教师学习拉丁语、法语、德语、书法、算术和欧洲历史。

1900年，罗斯福被哈佛大学录取，攻读政治学、历史学和新闻学。在哈佛，罗斯福当了校刊《绯红报》的出色助理，临毕业时升为主编。其间，他于1902年在白宫招待会上遇到了未来的妻子——美国第26任总统西奥多·罗斯福的侄女埃莉诺·罗斯福。

1904年，罗斯福进入哥伦比亚大学法学院学习法律。次年3月17日，罗斯福在母亲的反对下，还是与埃莉诺·罗斯福结婚。结婚当天，总统西奥多·罗斯福亲自参加了他们的结婚仪式，使

富兰克林·德拉诺·罗斯福

得婚礼现场非常隆重。但是，罗斯福发现，大多数人都是因总统而来，由此激发了他从政的决心。

1907年，罗斯福从哥伦比亚大学辍学，原因是他已通过纽约州律师考试。1908年，他为声誉卓著的华尔街卡特、莱迪亚德和米尔本律师事务所所雇用，主要处理有关公司法的事务。虽然身为律师，但罗斯福却一直在寻找从政的机会。

轮椅上的罗斯福

1910年，罗斯福以民主党人的身份竞选纽约州参议员获胜，从此踏入政坛。1913年～1920年，罗斯福出任海军部助理部长。此外，罗斯福还出任马里兰信用与储蓄公司的副董事长，同时又重操律师业。1921年8月，罗斯福因参加森林灭火后即下海游泳而得了脊髓灰质炎，造成下肢终身瘫痪。但是，高烧、疼痛、麻木以及终生残疾并没有使罗斯福放弃理想和信念，他一直坚持不懈地锻炼，企图恢复行走和站立能力，以重返政坛。

1929年，罗斯福在纽约州长竞选中险胜，得以重返政界。在担任纽约州长期间，美国发生严重的经济危机，罗斯福果断采取措施，建立救济机构，得到了广大人民群众的支持。可以说，纽约是罗斯福培养其进行政治活动和管理国家事务的能力的实验场所。

1932年11月，美国总统选举在严重经济危机的背景下进行，作为民主党总统候选人的罗斯福参加了本次竞选。在竞选期间，罗斯福提出了实行"新政"和振兴经济的纲领。1933年，罗斯福最终以绝对优势击败胡佛（美国第31任总统），成为美国第32届总统。从此，罗斯福开始了蝉联四届的总统生涯，他分别于1933年3月4日～1937年1月20日、1937年1月20日～1941年1月20日、1941年1月20日～1945年1月20日、1945年1

月20日~1945年4月12日在位。就任总统期间，罗斯福作出了为他赢得巨大声誉的突出贡献，一是成功应对经济危机，二是领导美国赢得反法西斯战争的胜利。

1933年首次就职时，美国正值经济大萧条的风暴席卷，银行纷纷倒闭，工业生产水平下降，比1929年下降了56%，失业人数达1300万，农民极为贫困，到处可见的是痛苦、恐惧和绝望。针对严重的经济危机，罗斯福对内积极推行以救济、改革和复兴为主要内容的"罗斯福新政"。

"新政"抛弃了传统的自由放任主义，加强政府对经济领域的干预，实行赤字财政，大力发展公共事业来刺激经济。其具体措施主要包括：维护美国金融资本的私人所有制，同时加强国家对金融制度的管理与控制；建立农业调整总署，提高农产品价格，恢复农业繁荣；向大中企业贷款，刺激商业；建立专门机构，对失业工人提供救济和就业机会；等等。

到1939年，罗斯福实施的新政取得了巨大的成功。从1935年开始，美国几乎所有的经济指标都稳步回升，国民生产总值从1933年的742亿美元又增至1939年的2049亿美元，失业人数从1700万下降至800万。"新政"使美国避免了经济大崩溃，恢复了国民对国家制度的信心，摆脱了法西斯主义对民主制度的威胁，使危机中的美国避免出现激烈的社会动荡，为后来美国参加反法西斯战争创造了有利的环境和条件，并在很大程度上决定了二战以后美国社会经济的发展方向。

罗斯福能成为世界性的历史人物，是与他在反法西斯斗争中作出的巨大贡献是分不开的。

1939年9月，第二次世界大战爆发。二战开始阶段，罗斯福对德、意、日法西斯采取以"中立"为名的绥靖政策，企图用牺牲别国利益的办法来缓和与法西斯德国的矛盾，推动德国去进攻苏联，然而法西斯德国却首先把矛头指向美法，并对美国磨刀霍霍。1940年6月，法国投降、英国危急、美国受到威胁。为了维护美国资产阶级的利益，罗斯福和美国国内的和平主义、孤立主义作坚决斗争，使国会撤销《中立法》，通过《租借法》，使美国可以对反希特勒联盟各国出租武器、粮食等物资，这表明罗斯福在反法西斯斗争

雅尔塔会议"三巨头"：丘吉尔、罗斯福和斯大林（从左到右）

中跨出了一大步。

1941年12月7日，日本突然偷袭珍珠港，太平洋战争爆发。次日，罗斯福在国会发表咨文并对日宣战，美国正式参加第二次世界大战。随后，罗斯福积极开展外交活动，促进反法西斯联盟的形成和扩大。1942年1月1日，在罗斯福倡议下，中、美、英、苏等26国代表在华盛顿签署《联合国家宣言》，国际反法西斯同盟正式成立。从1943年起，同盟国由战略防御转为战略进攻。

为了协调盟国的作战行动和探讨盟国的战后政策，罗斯福曾先后与盟国首脑举行一系列重要会议。1943年，罗斯福与丘吉尔、斯大林在德黑兰举行会议，决定开辟欧洲第二战场。1945年2月，罗斯福在雅尔塔与斯大林、丘吉尔再次会晤，就分区占领德国、对德实施管制、波兰边界划分和政府组成、联合国安理会的表决程序等问题达成协议。同时，罗斯福与斯大林达成秘密协议，同意苏联对日作战条件，确认苏联在中国东北和旅顺、大连享有一些特权。

雅尔塔会议之后，罗斯福因繁重的政治与战争事务使得他的健康状况受到严重威胁，被查患有脑血管硬化症后期。1945年，4月12日，罗斯福在乔治亚州的温泉因突发脑溢血去世。他去世后25天，德国无条件投降。3个月后，日本无条件投降。

· 简 评 ·

罗斯福是一个坚定地维护美国现实利益的总统，虽然他的行为带有实用主义的倾向，但正是这种务实的态度，才使他带领美国走出了经济困境，取得二战的胜利，在内政和外交方面都做出了前所未有的成就。二战结束后，美国的各方面实力都达到了巅峰，成为一个世界超级强国。

小结

富兰克林·德拉诺·罗斯福

国籍：美国

身份：政治家、总统

成就：推行行政，帮助美国克服经济危机；带领美国赢得二战胜利

语录：一个州长不一定是一个杂技演员，我们选他并不是因为他能做前滚翻或后滚翻，他干的是脑力劳动，是想方设法为人民造福

> 读一读
>
> ●●●● 玛格丽特·希尔达·撒切尔（1925年10月13日~2013年4月8日），原名玛格丽特·希尔达·罗伯茨，绰号"铁娘子"，常称撒切尔夫人，英国历史上第一位女首相。

玛格丽特·希尔达·撒切尔

玛格丽特·希尔达·撒切尔，生于英格兰东部林肯郡的格兰瑟姆一个杂货店商人的家庭。撒切尔从小聪明好学，在小学和中学的学习成绩常常名列前茅。1943年，撒切尔考入牛津大学萨默维尔女子学院化学系。此时正值二战时期，民主运动蓬勃发展。受其影响，玛格丽特在政治上也十分活跃，加入了大学的保守党协会，结识了不少保守党的知名人士，还于1946年当选为该校保守党协会主席，这为她日后步入政坛打下了基础。大学毕业后，撒切尔谋得化学师的工作，但心却向往实现政治上的宏伟大志。于是，她开始自修法律，并积极参加居住区保守党支部的活动。

撒切尔夫人

1949年~1950年，撒切尔两度作为保守党的候选人参加竞选，均告失败。但是，她果敢、坚强的精神颇受人们称赞。此后，她又参加了律师资格考试，并顺利通过，从而进入法律界，选择了税务律师的工作。在律师事务所工作期间，她邂逅了丹尼斯·撒切尔，后与其结婚，生下一对孪生儿女。

丹尼斯·撒切尔是一家大公司的总经理，家道殷实，他在经济上给撒切尔参与政治提供了很大帮助。

1959年，撒切尔终于在芬奇莱选区竞选成功，进入下院。从此，她的政治生涯开始一步步走向辉煌。1961年，麦克米伦首相破格提拔撒切尔为年金和国民保险部政务次官。1964年保守党下台后，撒切尔先后任保守党影子内阁的住房和土地、财政和经济、动力和燃料以及教育事务的发言人。1970年，保守党上台，撒切尔进入爱德华·希思内阁，担任教育和科学大臣。1974年，保守党政府安排了两次大选，两次失利，党内对希思首相的不满渐起，要求重新选举党的领袖。撒切尔这时果断参加了竞选，一举获胜，成为保守党历史上的第一位女党魁。

成为保守党领袖后，撒切尔一方面改组影子内阁，拨乱反正，恢复保守党的基本原则；另一方面，频频出访，树立国际政治家的形象。经过一番努力，撒切尔在对工党政府发动了几轮攻势后，终于在1979年率领保守党重夺政权，她也因此出任英国历史上第一位女首相。在1983年和1987年的大选中，撒切尔又获得连任，成为战后任职时间最长的英国首相。

在任职期间，撒切尔大力推行自己的政治哲学与政策主张，通常称为"撒切尔主义"，主要包括：财政上，推行货币主义政策，压缩公共开支，降低税收；经济上，实行大规模私有化政策，减少对经济活动的政府管制；在社会政策领域，努力摆脱"福利国家"色彩，削减、控制与改革社会福利制度。

通过推行撒切尔主义，英国的经济、社会与文化面貌发生了很大的变化：工会力量被削减，彻底失去了左右政局的能力；因政府对经济活动的干预减少，大多数国营企业实现私有化，劳动力市场变得更具弹性，英国经济基本上走出了长期滞胀的"欧洲病夫"局面——自1981年以后，英国年实际增长率达3%以上，仅次于日本；因大力抨击福利制度衍生的"不劳而获"思想，颂扬传统的中产阶级道德，鼓吹通过努力工作创造财富，政府所受褒贬不一；等等。总体来说，撒切尔政府的一系列改革措施取得了巨大成功。1990年撒切尔下台后，继任的保守党梅杰政府以及工党布莱尔政府，依然沿行了她所推行的经济变革，该政策方向一直持续到2008年世界金融危机爆发。

在对外关系上，撒切尔与意识形态相近的美国总统罗纳德·威尔逊·里根结成紧密盟友，深化了"英美特殊关系"。基于此，撒切尔对外高姿态反对共产主义，因此还被前苏联媒体戏称为"铁娘子"。此外，通过1982年的马尔维纳斯群岛战争，撒切尔在一定程度上重塑了英国的大国形象，使英国人重新恢复了自信。

撒切尔夫人会见美国总统里根

在执政后期，撒切尔为了平衡预算，全力推动将地方税改为以人为单位征收的社区收费，即俗称的"人头税"。这项政策在国内引起了强烈的批判，撒切尔的声望由此迅速下滑。与此同时，撒切尔反对深化欧洲一体化进程，这使得保守党内部出现严重分裂，她在党内的威信也越来越小。1990年，撒切尔夫人选择辞任首相和党魁，退为后座议员。

辞任首相后，撒切尔仍十分活跃于政坛。她一方面为保守党献言献策，一方面到世界各地发表演说，树立英国对外友好形象。她还写有两部回忆录，名为《通向权力之路》和《唐宁街岁月》。2002年3月22日，撒切尔遭受几次轻微的中风困扰，身体变得非常虚弱。经医生劝告后，她宣布不再发表任何公开演说。从此，撒切尔开始专心养病，慢慢淡出政治舞台。

2013年4月8日逝世。

简 评

在英国，如撒切尔的政治贡献存在争议，有关撒切尔夫人的评价也趋于两极。赞成的人认为,她拯救了英国经济,使英国摆脱20世纪70年代以来的经济困境。反驳的人认为,撒切尔是十分自负的独裁主义者,她解除英国作为福利国家的地位以及打压本土制造业的行为,使上百万人长期失业,她要为国内的传统产业的衰弱和迅速恶化的贫富差距负责。还有一些中立者认为,英国虽然因撒切尔的政策使经济陷入一段艰难而混乱的时期,但这却是英国经济踏入现代化的必经阶段。

可以说,英国人对撒切尔是爱恨交加。不过,世界上其他国家的人大部分对撒切尔都非常尊重。尤其是,在不少国家的女性心中,撒切尔是20世纪最杰出的女性之一,她证明了女人不但可以做到男人做的事,而且可以完成男人无法做到的事。

小结

玛格丽特·希尔达·撒切尔
国籍:英国
身份:政治家、首相
成就:撒切尔主义

> 读一读
>
> 温斯顿·丘吉尔（1874年11月30日～1965年1月24日），全名为温斯顿·伦纳德·斯宾塞·丘吉尔，英国首相（1940年～1945年、1951年～1955年），20世纪英国最负盛名的资产阶级政治家。

温斯顿·丘吉尔

温斯顿·丘吉尔，生于英格兰牛津郡声名赫赫的马尔巴罗家族。他的祖先马尔巴罗公爵是英国历史上的著名军事统帅，是安妮女王统治时期英国政界权倾一时的风云人物；他的父亲伦道夫勋爵是19世纪末英国的杰出政治家，曾任索尔兹伯里内阁的财政大臣。他的母亲珍妮·杰罗姆是美国百万富翁、《纽约时报》股东之一伦纳德·杰罗姆的女儿。祖先的丰功伟绩、父辈的政治成就以及家族的荣耀和政治传统，为丘吉尔提供了学习的榜样，树立了奋斗目标，也培育了他对国家的历史责任感，成为了他一生不断追求和建功立业的强大驱动力。

与其他典型的贵族子弟一样，丘吉尔在7岁时便被送到寄宿学校，1888年入读哈罗公学。丘吉尔在学校十分顽皮、性格叛逆，学业成绩除了英文科和历史科的表现出色外，其他学科并不太好，因此常受老师责罚。不过，他曾是校内剑击冠军。1892年离开哈罗公学后，丘吉尔经三次考试，进入桑赫斯特皇家军事学校学习骑兵专业。两年后，丘吉

温斯顿·丘吉尔

尔从军校毕业,以陆军中尉的身份被分配到女皇第四轻骑兵团。

1895年10月,丘吉尔利用假期到古巴亲身体验西班牙和古巴人民起义的战争。由于父亲的关系,丘吉尔为英国情报部门收集西班牙军队所使用的枪弹的情报。此外,《每日纪事报》聘请他为随军记者,为该报发稿。一个月后,丘吉尔历经战火,身佩一枚西班牙红十字勋章回到英国。古巴之旅使丘吉尔专情于写作和向往记者忙碌的生活。

1896年,丘吉尔随部队调往印度,参加镇压印度民族起义和苏丹马赫迪起义。在这里,他写出了第一部著作《马拉坎德野战军纪实》,1898年在英国出版。之后,他又相继出版了小说《萨伏罗拉》和《河上之战》。

1899年9月,丘吉尔辞去军职,以《晨邮报》记者的身份前往南非,采访英国与荷兰移民后裔布尔人重新瓜分南非的英布战争。途中丘吉尔被布尔人俘虏,因他携带武器并参加战斗,布尔人拒绝释放他。但是,丘吉尔却大胆地独自一人越狱成功,并在当地一个英国侨民的帮助下逃到了洛伦索—马贵斯(今莫桑比克首都马普托)的英国领事馆。越狱事件使得丘吉尔在英国的声名大噪,也促使他踏入了政坛。1900年,丘吉尔当选为下院议员,加入保守党,从此踏入政坛,开始了漫长的政治生涯。

1906年,丘吉尔首次入选内阁,先后担任了殖民部次官、商务大臣、内政大臣、海军大臣和军需大臣、陆军大臣兼空军大臣、殖民大臣等要职。在任海军大臣期间,丘吉尔大力加强海军实力,以回击德国对英国海上霸权的挑战。一战爆发后,他因达达尼尔海峡战役失利而于1915年11月引咎辞职。之后,任步兵营长赴法国作战。1917年~1931年,丘吉尔先后任军需大臣、陆军大臣、空军大臣、财政大臣等职。1931年1月,他因对保守党领袖的政策不满,退出鲍德温的影子内阁。此后,丘吉尔被排斥在政府公职之外,专心从事写作。

第二次世界大战爆发以后,丘吉尔被张伯伦内阁召回,重新担任海军大臣。1940年5月10日,他继张伯伦任首相,并兼国防大臣,之后迅速把国民经济转入战时轨道。丘吉尔政府拒绝德国的诱和,坚持对德作战,同时争取美、苏作为同盟者参战。1941年7月12日,他与苏联签订《英、苏在对德战争中联合行动的协定》。8月9日，与罗斯福签署《大西洋宪章》。太平洋战争爆发后，丘吉尔与美国缔结一系列条约，其中包括联合使用两国的军事和经济资源、成立联合参谋部等内容。丘吉尔还先后参加了德黑兰会议、雅尔塔会议等国际会议。丘吉尔为世界反法西斯战争的胜利以及战后重建做出了不可磨灭的贡献。

1945年7月，保守党在英国大选失败，丘吉尔辞去首相职务。1946年3月，丘吉尔在美国密苏里州富尔顿发表《和平砥柱》的"铁幕演说"，主张美英联合对抗共产主义，拉开了战后东西方"冷战"的序幕。1948年10月9日，丘吉尔在英国保守党年会上正式提出一个把英美联盟、联合的欧洲、英联邦和英帝国连接在一起的三环外交的总方针。但是，由于战后英国的衰落未能实现。1951～1955年，丘吉尔再度出任首相。在执

政期间，他签订了1954年《巴黎军事协定》，并缔结《东南亚防务条约》，继续对苏采取强硬态度。1953年，丘吉尔被封为爵士，获嘉德勋章，同年因作品《第二次世界大战回忆录》（6卷）获诺贝尔文学奖。1955年4月5日，丘吉尔正式退休，但直到1964年7月一直任下院议员。

1965年1月，丘吉尔因患脑溢血而昏迷，1月24日逝世，享年91岁。1月30日，英国为他举行了隆重的国葬。

• 简 评 •

很多人认为，英国如果没有丘吉尔，第二次世界大战的历史可能就要重

写了。在第二次世界大战期间，丘吉尔坚定地领导英国及英联邦国家人民，并积极往来于世界反法西斯国家之间，使各方力量联合在一起共同抵抗法西斯，为争取世界反法西斯战争的胜利做出了不可磨灭的贡献。

小结

温斯顿·丘吉尔

国籍：英国

身份：政治家、演说家、作家、首相

代表作品：《第二次世界大战回忆录》

成就：带领英国取得第二次世界大战的胜利，1953年荣获诺贝尔文学奖

语录：胜利不是结束，失败不是死亡。真正重要的是敢于继续的勇气／不能爱哪行才干哪行，要干哪行爱哪行

> 读一读
>
> 奥托·冯·俾斯麦（1815年4月1日～1898年7月30日），普鲁士王国首相（1862年～1890年），德意志帝国第一任总理，人称"铁血宰相""德国的建筑师"及"德国的领航员"。

奥托·冯·俾斯麦

奥托·冯·俾斯麦，生于普鲁士勃兰登堡阿尔特马克雪恩豪森庄园。他的家族为传统容克，拥有很多土地及庄园。他的父亲是一位地主，曾当过军官，母亲出生于资产阶级家庭。

俾斯麦幼时受到了良好的教育。8岁时，他被送往柏林小学读书。12岁时，他进入中学，学会了英语、法语、俄语、波兰语、荷兰语，成为了一个多语言的天才，为日后的外交官生涯打下了基础。未满17岁时，他便入读哥廷根大学，后又转入柏林大学攻读法律。

1835年毕业后，俾斯麦当上了一名律师，但是他对从政却产生了浓厚兴趣。随后，他投考政府的官职，当上了一个小书记员。后来，由于失恋、欠债，俾斯麦被迫回到家乡，当上了庄园主，可是他并不满意这种生活。

1848年，欧洲各国爆发了反抗君权独裁的资产阶级民主民族革命，德国也没例外，结果普王被俘。作为王权的坚定维护者，俾斯麦在自己领地上组织

奥托·冯·俾斯麦

了一支军队,准备前往柏林勤王救驾,武力镇压革命。途中,他遇上了威廉亲王的妻子,要求他协助其夫称王,但俾斯麦拒绝了这个请求。后来,腓特烈·威廉四世成功镇压了这场革命。由于俾斯麦在革命中的坚定立场和信念,俾斯麦很快得了国王的赏识和重用。从此,俾斯麦在政界崭露头角,影响力与日俱增。

1851年~1858年,他被任命为普鲁士邦驻德意志联邦代表会的代表,1859年任驻俄公使,1861年改任驻法公使。1862年6月,俾斯麦出任普鲁士的首相兼外交大臣,他的权力达到了一人之下、万人之上的高度。

担任首相后,俾斯麦面对德国境内公国林立,严重阻碍德国发展的现实,决定用武力实现德国统一。他宣称:"当代的重大问题不是通过演说与多数人的决议所能解决的——这正是1848年和1849年的错误——而是要用铁和血。"他信奉"强权胜于真理"的哲学,认定武力是取得政治和外交成就的基石。他的"铁血宰相"的别称也由此而得名。很快地,他便开始筹划三场统一德国的战争。

1864年4月18日,普鲁士军队打败丹麦军队,丹麦放弃石勒苏益格、荷尔施泰因两地,将石勒苏益格划归普鲁士统治,荷尔斯泰因则归属奥地利。

1866年7月3日,普鲁士以29.1万军力在萨多瓦与23.8万奥军进行决战,即萨多瓦会战,最后奥军战败。8月23日,双方签订《布拉格条约》,普鲁士给予奥地利极为宽容的讲和条件,以便于保持对奥的良好的关系。普奥战争结束后,妨碍德国统一的就只剩下在背后控制着南德诸邦的法国了。

1870年9月17日,普法战争爆发。不到一个半月,法国就被击败。1870年底,南德四邦宣布加入北德意志联邦。从此,北德意志联邦扩大为"德意志帝国"。1871年1月18日,威廉一世在法国凡尔赛宫加冕为德意志皇帝,宣告德国的统一,成立德意志帝国。同时,俾斯麦出任德意志帝国的总理。

统一德国后,俾斯麦积极改革内政和外交。对内,他积极发展德国的经济,在政策上为大资产阶级和贵族地主利益服务,但同时也制定了很多保障工人的措施,如建立了世界上最早的工人养老金、健康和医疗保险制度,及社会保险。对外,他不希望德国再有对外战争,以便让德国可以休养生息,培养国力。因此，他采取结盟政策，极力巩固德国在欧洲大陆的霸权地位。1873年，德意志帝国与奥匈帝国、俄罗斯帝国缔结"三帝同盟"。1879年，德奥同盟建立。1887年，德国与俄国签订《再保险条约》。1882年，德国与意大利、奥匈帝国建立三国同盟。这一系列政策使得德意志帝国在一段时期内避免了内忧外患的干扰，而能够较快稳定的发展。

威廉一世在法国凡尔赛宫加冕

1888年3月9日，威廉一世逝世，俾斯麦失去自己最强有力的合作伙伴。随后，俾斯麦与继任的威廉二世在很多问题发生了分歧，最终俾斯麦心灰意冷，于1890年3月18日辞职。

• 简 评 •

通过"自上而下"的王朝战争，俾斯麦终于领导德意志民族完成了统一大业，结束了德国500多年封建割据的四分五裂局面，促进了德国资本主义的发展，他的"铁血"政策深深影响了以后的德国历史。在德国近代史上，俾斯麦是一位举足轻重的人物，同时也是影响世界历史的巨人之一。

小结

奥托·冯·俾斯麦
国籍：德国
身份：政治家、外交家、总理
成就：领导德国完成统一
语录：如果我们不设法成为铁锤，那么我们就将成为铁砧

> **读一读**
>
> 阿道夫·希特勒（1889年4月20日～1945年4月30日），第二次世界大战的主要发动者和头号战犯。

阿道夫·希特勒

阿道夫·希特勒，生于奥地利布劳瑙小镇一个海关文职人员家庭。小时候，希特勒特别喜欢画画，常幻想将来成为一名艺术家，但他父亲坚决要让他成为和自己一样的公务员。为了使父亲让步，希特勒还故意使自己各科成绩一落千丈，唯有绘画一门是"优"等。

阿道夫·希特勒

1903年1月3日，希特勒的父亲死于胸膜出血。1906年，希特勒带着母亲前往维也纳求学，想要在艺术上有所成就。但是，他两次报考维也纳美术学院都未被录取。1907年12月21日，希特勒的母亲因乳癌不治也去世。从此，希特勒一人留在维也纳过着流浪生活，靠出售临摹画或做零工糊口。

在维也纳流浪期间，希特勒受到了极端国家主义、极端民族主义、反犹主义的影响，并大量阅读了他们的小册子。希特勒还注意观察奥地利各政党的活动，他特别注意阅读了奥地利社会民主党的报刊，分析该党领导人的演讲，总结经验，在反复琢磨后得出结论：政党必须与群众运动结合，必须掌握在群众中进行宣传的艺术，否则将一事无成。他发誓要"为德国复兴而奋斗"。

1913年5月，对大德意志民族充满狂热情绪的希特勒，离开维也纳移居慕尼黑，想在这里找到自己的追求。此时，他一方面继续靠卖画为生，另一方面扎进从图书馆借来的一大堆政治书籍中，并特别集中研究了尼采的意志的学说。当第一次世界大战爆发、德皇对俄宣战后，希特勒立即志愿参加了德国巴伐利亚预备步兵团第16团。他先后参加了第一次伊普雷斯战役、索姆河战役、阿拉斯战役与巴斯青达战役等战役，并因作战勇敢获得一枚"一级铁十字勋章"和一枚"二级铁十字勋章"。

一战后，德国战败投降，被迫在凡尔赛和约上签字，希特勒回到慕尼黑，加入了德国工人党。1920年2月，他在德国工人党会议上提出《二十五点纲领》，要求所有日耳曼人在一个大德意志国家内统一起来，建立一个强大的中央集权国家等。为了吸引农民和小资产阶级，这个党纲也提出了一些蛊惑人心的改革措施。同年4月，德国工人党改称民族社会主义德国工人党（即纳粹党，"纳粹"为民族社会主义两词缩写的音译）。1921年，希特勒成为该党党魁。

1923年，希特勒在慕尼黑南郊的比格布劳凯勒啤酒店发动政变，即"啤酒店暴动"。他利用人们对现状的不满，企图首先在巴伐利亚夺取政权，然后向柏林进军，推翻魏玛共和国，撕毁《凡尔赛和约》，建立由他和纳粹党主宰的法西斯主义的德国。结果，政变失败，希特勒被捕入狱。

在狱中，希特勒口授完成《我的奋斗》上篇，在书中鼓吹反动的种族论，仇视马克思主义和民主制度，主张由日尔曼人这一主宰民族通过武力夺取生存空间。《我的奋斗》下篇，又称《第二本书》，由希特勒1928年口授完成，它宣扬日耳曼民族必须用战争取得约为德国双倍的土地才能解决德国的"领土饥荒"。《我的奋斗》一书被看做是法西斯的理论和行动的纲领，是纳粹党的圣经。它为希特勒涂上了一层迷人的色彩，迎合了当时广泛存在于德国的愤懑情绪，因而发行量很大，流传极广。

　　1924年出狱后，希特勒重建纳粹党及武装组织冲锋队，又另建党卫军。自1929年起，希特勒发展了一种恐怖的、法西斯主义的群众运动。他常常在武装的党卫军和冲锋队的簇拥下，召集群众集会，发表蛊惑性演说，同时又指使他的武装党徒打击政敌。结果，在1930年9月的国会选举中，纳粹党一跃成为第二大党。到1932年7月的选举中，纳粹党竟跃升全国第一大党。1933年1月30日，希特勒受命出任德国总理并组织政府。

　　希特勒一上台，就立刻开始实施一党专政的法西斯独裁统治。首先，他大肆搜捕、迫害和屠杀共产党人、犹太人和一切反法西斯主义者。其次，为加强对人民的恐怖统治，他建立了秘密国家警察体系，即所谓的"盖世太保"。1934年8月，总统兴登堡去世，希特勒立即宣布德国总统和总理的职务合并为一，独揽立法和行政大权于一身。1938年，他自任最高统帅，独掌武装部队的最高统帅权。

　　希特勒特别重视军队的组建，他大力重整军备，加速国民经济军事化。1933年10月，法西斯德国退出裁军会议和国际联盟。1935年3月9日，希特勒政府通告重建空军。16日，希特勒宣布恢复普遍义务兵役制。6月18日，希特勒与英国签订海军协定，重建海军。于是，德国的军事力量得到不断加强，这也促使希特勒开始实施他的侵略扩张政策。

　　1937年，德、意、日法西斯联盟形成。同年11月5日，希特勒在柏林总理府召集陆、海、空三军最高将领，举行秘密军事会议，制定出了发动战争的计划。从1938年初起，德军先后吞并了奥地利、捷克斯洛伐克。1939年9月1日，德军大举入侵波兰，导致第二次世界大战全面爆发。随之，德军攻战丹麦、挪威、荷兰、比利时和法国。此后，德军开始征服英国的"海狮计划"和进攻苏联的"巴巴罗沙计划"，这两个计划都未能得逞。尤其是1942年底至1943年初，德军22个陆军师在斯大林格勒被歼灭，接着在1943年夏季的库尔斯克战役中再遭惨败后，德军从战略进攻转向了战略防御，此后便是节节败退。在战争期间，希特勒在欧洲建立起了许多集中营，约有450万~600万犹太人被杀害，其他民族人民死于其屠刀下的也难以胜数。

1944年6月，美、英联军在法国的诺曼底登陆，开辟了欧洲的第一战场，德国失败的命运已成定局。1945年4月，苏军攻入柏林。4月30日，希特勒眼看战争获胜已经无望，举枪自杀，结束了自己罪恶的一生。

· 简 评 ·

尽管有人说希特勒是一位杰出的政治家、思想家、战略家、阴谋家、权术家、野心家、演说家、诡辩家、军事家、画家，尽管他使一战后的德国迅速走向了强大，尽管他曾经占领了大半个欧洲，但最后国破家亡身死，遗臭万年。这说明逆历史潮流而行，是没有好下场的。

小结

阿道夫·希特勒

国籍：德国

身份：政治家、军事家

代表作品：《我的奋斗》

主要事件：挑起第二次世界大战

语录：我们必须咬紧牙关，全力以赴去做一件事情；否则，我们将一事无成／胜者为王，败者为寇。我知道明天全世界的人都会因为我战败而责备我，但那又有什么呢

> **读一读**
> 夏尔·戴高乐（1890年11月22日~1970年11月9日），法兰西第五共和国的缔造者，法国历史上最伟大的人。

夏尔·戴高乐

夏尔·戴高乐，生于法国西北部边境城市里尔。父亲是耶稣教会学校的教师，参加过1870年的普法战争，民族主义和爱国主义情绪非常强烈，这对童年的戴高乐影响很大。因此，戴高乐从小就向往成为一个军人。

小时候，戴高乐并不是一个好学生，顽皮、好斗、不听话、专横、甚至令人讨厌。他的家人常说："只要夏尔一出现，家里就没有平静日子了！"但是，从15岁开始，戴高乐决定报考圣西尔高等军事学院，从此便变得十分好学，而且具有惊人的记忆力，各科成绩很快跃居全班第一名，最终顺利通过了圣西尔高等军事学院的入学考试。1909年，戴高乐考入高等军事学院。

1912年毕业后，戴高乐赴驻阿腊斯的第33步兵团任少尉军官，受到团长贝当的青睐。1914年第一次世界大战爆发后，戴高乐英勇作战，多次受伤，也多次受到表彰。1916年3月，戴高乐在法国东北部都奥蒙指挥一个连队作战时，中弹昏死在阵地上。贝当将军把他列入"阵亡"名单，追授一枚最高荣誉十字勋章。等到戴高乐醒过来后，他成了德国

夏尔·戴高乐

戴高乐在英国广播公司的播音室发表演说，号召法国人民继续抵抗德国法西斯

的俘虏。他曾5次试图越狱未遂，直到1918年11月德国战败投降，才重获自由。

一战后，戴高乐回国先后任圣西尔陆军学校和高级军事学校军事史教授、最高军事法院副院长、贝当元帅办公厅参谋、国防常设委员会最高军事会议秘书等职。他还出版了几部军事理论著作，如《未来的军队》(1934年)。《未来的军队》在法国并未受到重视，却在第二次世界大战中受到敌国德国纳粹坦克部队将军重视研究，并由此制定了"闪电战"。

二战爆发后，戴高乐升为第四装甲师师长，在前线积极阻击纳粹德国对法国的突然袭击。1940年6月5日，总理雷诺改组政府，任命戴高乐为国防和陆军部次长。但这时，升为副总理的贝当和总司令魏刚等投降派在政府中占了上风，当德军逼近巴黎时，他们不组织抵抗，宣布巴黎为"不设防城市"，拱手将巴黎让给了敌人。随后，雷诺政府垮台，贝当出任总理，向德国宣布无条件投降，法军全部解除武装并交出武器。贝当出任总理后，戴高乐仍坚决主张法国同法西斯德国血战到底，由此得罪贝当，于是出走英国，继续领导法国的抵抗运动。

1940年6月18日，戴高乐在伦敦通过广播号召法国人民继续进行反抗德国法西斯的斗争，并发起"自由法国"运动。随后，戴高乐创建并领导法兰西民族委员会（后改称自由法国政府，法兰西民族解放委员会），抗击德国的侵略。同时，他还着手组建"自由法国"武装力量，并以司令的名义宣称接受英国统帅部的统一命令。到 1940 年 11 月，"自由法国"的军队已拥有 3.5 万人，其中有 1000 名飞行员、20 艘军舰和 60 条运输船。

1944 年 6 月，戴高乐根据与英、美同盟国的协议，4 个师的法国远征军参加了在意大利的战斗行动，法国坦克师和美英军队一起在诺曼底登陆。同月，戴高乐担任法兰西共和国临时政府主席。1944 年 8 月，法国第 1 集团军在法国南部登陆，参加了解放祖国的行动。26 日，戴高乐凯旋巴黎。据说，当他来到凯旋门时，欢迎的人们挤满了星形广场和爱丽舍田园大街。

回到巴黎后，戴高乐当选为临时政府总理，着手重建满目疮痍的法国。但是一年过去了，戴高乐对三个政党组成的联合政府非常不满，而自己主张的总统制未能建立，于是在 1946 年 1 月宣布辞职，隐退乡间，暂时停止了自己的一切政治行动。此后，戴高乐开始埋头撰写回忆录，《战争回忆录》于 1947 年写成，它与丘吉尔的《第二次世界大战回忆录》并称为姐妹作。

1958 年 5 月，阿尔及利亚发生军事叛乱，随之引起法国政治危机，国民议会的多数要求戴高乐出来执政。6 月，戴高乐出任总理，提出加强总统权力和行政权力的新宪法，并获得通过。自此，法兰西第五共和国取代第四共和国。并且，法国由议会制过渡到事实上的总统制。12 月，戴高乐当选第五共和国总统。1965 年，他再次当选。

在任总统期间，戴高乐在对内、对外方面，尤其在外交方面，作出了一系列重大决策。他支持发展核武器、制定泛欧洲外交政策、努力减少美国和英国的影响、促使法国退出北约、反对英国加入欧洲共同体、承认中华人民共和国，这一系列政策被称为"戴高乐主义"。1969 年 4 月，戴高乐在关于对地区改革和参议院改革所举行的公民投票中因为失败，被迫辞职。下野后，戴高乐又回到家中，继续写回忆录。直到病逝前，戴高乐仍在写着未完成的《希望回忆录》。

· 简 评 ·

在法国最危难的时刻,为争取祖国的独立和复兴,戴高乐以顽强的毅力和炽热的爱国精神,带领法国人民取得了反法西斯战争的胜利。他是法国人民历来最热爱的国家英雄和领袖。

小结

夏尔·戴高乐

国籍:法国

身份:军事家、政治家

代表作品:《未来的军队》《战争回忆录》

成就:领导法国人民击退纳粹德国的侵略,解放巴黎

语录:到月亮上去不算太远;我们要走的最大距离还是在我们之间/伟人之所以伟大,是因为他们立意要成为伟人

> **读一读**
>
> 列宁（1870年4月22日~1924年1月21日），原名弗拉基米尔·伊里奇·乌里扬诺夫，列宁是他的化名。他是苏联共产党（布尔什维克）和国际共产主义运动的领袖，第一个社会主义国家——苏联的缔造者，被全世界共产主义者认同为"全世界无产阶级和劳动人民的伟大革命导师和领袖"。

列　宁

列宁，生于俄国伏尔加河畔的辛比尔斯克（今乌里扬诺夫斯克）。他的父亲是一位具有民主主义思想的教育活动家，母亲虽然是位家庭妇女，但她品质高尚，为人善良正直，富有智慧。他们夫妻关系亲密，相敬如宾。他们热爱孩子，又很重视孩子的教育。因此，列宁和他的几位兄弟姐妹从小就受到了很好的教育，并具有同样的教养和品德。他们都先后参加了反对沙皇统治的革命斗争活动。

列宁

1887年秋，列宁进入喀山大学法律系学习。然而，不久他因为参加学生运动而被学校开除学籍，并遭到逮捕，被流放到喀山附近的柯库什基诺村监视居住，后因母亲向政府当局申请，改到萨马拉省他姐夫所居住的农村继续被警察公开监视居住。在这段流放时间内，列宁自学了大学法律系课程以及马克思主义著作，特别是《共产党宣言》《资本论》等，他更加相信马克思主义，一生坚信共产主义。

1888年，列宁回到喀山，成为喀

山马克思主义小组的积极分子。1889年,列宁迁居萨马拉,组织了当地第一个马克思主义小组。这时,列宁已经成为一位热情的马克思主义者。1892年,列宁进入彼得堡一家律师事务所从事见习律师,并参加了当地马克思主义者组织的工人小组活动。这一年,他将《共产党宣言》译成了俄

列宁与夫人克鲁普斯卡娅

文,还写下了第一本著作《农民生活中新的经济变动》。此后,列宁由一个革命民主主义者真正转变为一个共产主义者。

1893年,列宁移居彼得堡,为在俄国建立一个无产阶级革命政党做了大量工作。1895年,列宁把彼得堡各马克思主义小组统一起来,建立了工人阶级解放斗争协会,这标志着科学社会主义与俄国工人运动开始结合。这年12月,列宁由于参加革命活动被沙皇政府逮捕,坐了14个月的监狱,随后被流放到西伯利亚。在西伯利亚流放期间,列宁开始使用"列宁"这个化名,写出了《俄国资本主义的发展》一书,对民粹派的错误理论,特别是唯心主义世界观进行了全面批判。他还和另一位革命者克鲁普斯卡娅结成了终生伴侣。

1900年2月,列宁在西伯利亚的流放结束,返回彼得堡。不久,列宁赴瑞士日内瓦大学留学,然后又到斯图加特、慕尼黑、莱比锡、布拉格、维也纳、曼彻斯特和伦敦等地,开始了长达15年的反政府的职业革命生活。

1900年12月,列宁在德国与马尔托夫合作创办了第一份俄国社会民主工党的机关报《火星报》。1902年写成《怎么办?》,批判伯恩斯坦修正主义及其俄国变种经济主义,指出其主要根源在于崇拜工人运动自发性,强调"没有革命的理论,就不会有革命的运动",为建党奠定了思想基础。1903年7月、8月,俄国社会民主工党在布鲁塞尔召开代表大会,会上社会民主工党分为两派——拥护列宁的布尔什维克派和拥护马尔托夫的孟什维克派。大会通过了国际共产主义运动史上第一个以争取无产阶级专政为基本任务的党纲。

1905年,俄国第一次资产阶级民主革命爆发。11月,列宁回到彼得堡直

接领导革命,提出了无产阶级政党在民主革命中的策略。12月,莫斯科武装起义失败,列宁又开始了长达10多年的第二次流亡生活。流亡期间,列宁写下了《唯物主义和经验批判主义》《马克思主义和修正主义》等一系列著作,使马克思主义得到了全面的发展。1912年1月,列宁领导在布拉格举行社会民主党的第六次代表会议,会议决定将孟什维克驱逐出党。从此,布尔什维克成为一个独立的无产阶级革命政党。

第一次世界大战(1914年8月~1918年11月)期间,列宁侨居瑞士。1915年,列宁发表了《论欧洲联邦口号》,科学地提出了"社会主义可能首先在少数或者甚至在单独一个资本主义国家内获得胜利"的重要论点。1916年,列宁在《帝国主义是资本主义的最高阶段》一书中全面分析帝国主义的本质、特征和基本矛盾,揭示它的产生、发展和灭亡的客观规律,指出帝国主义是无产阶级社会革命的前夜。

1917年3月,沙皇政府被推翻。听到沙皇垮台的消息以后,列宁立即返回俄国,积极准备发动武装起义。在列宁的领导下,俄国人民终于取得了十月社会主义革命的胜利。这一伟大胜利开辟了人类历史发展的新纪元。革命胜利后,列宁当选为第一届苏维埃政府主席。随后,他领导人民粉碎了帝国主义的三次武装进攻和国内的叛乱,使苏俄的经济建设逐步走上了正轨。

1922年5月,列宁患了严重的中风,从此直到1924年去世,他几乎完全处于瘫痪状态。1924年1月21日,列宁因脑溢血去世,终年54岁。他去世后,苏联政府和人民为了纪念他,对他的遗体做了认真的防腐保存处理,在莫斯科的红场建造列宁墓并将他的遗体保存在水晶棺内供人永久瞻仰。

十月革命期间,列宁在一个群众集会上发表演讲

· 简 评 ·

列宁的重要性主要在于他是世界上第一个创造性地运用马克思的科学共产主义理论,领导俄国无产阶级取得革命成功,建立了世界上第一个社会主义国家。由于他的影响,共产主义思想迅速传到世界许多地区,并使殖民地半殖民地国家掀起了独立解放斗争的浪潮。

小结

列宁

国籍:俄国、苏联

身份:革命家、政治家、思想家、作家

代表作品:《俄国资本主义的发展》《帝国主义是资本主义的最高阶段》

成就:创建布尔什维克党、缔造苏联

语录:忘记了过去,就意味着背叛/宁要好梨一个,不要烂梨一筐/要学会游泳,就必须先下水/浪费别人的时间等于是谋财害命,浪费自己的时间等于是慢性自杀

> 读一读
>
> ●●●● 曼德拉（1918年7月18日~），全名为纳尔逊·罗利赫拉赫拉·曼德拉，南非首位黑人总统，被尊称为南非国父。他还是1993年诺贝尔和平奖得主。

曼德拉

曼德拉

曼德拉，生于南非特兰斯凯一个大酋长家庭。他是家中长子，被指定为酋长继承人。但他自幼性格刚强，崇敬民族英雄，表示要"以一个战士的名义投身于民族解放事业"，"决不愿以酋长身份统治一个受压迫的部族"。他很早就毅然走上了追求民族解放的道路。

1944年，曼德拉参加了主张非暴力斗争的南非非洲人国民大会（简称非国大）。1948年，他当选为非国大青年联盟全国书记，1950年任非国大青年联盟全国主席，1952年任非国大全国副主席。1952年6月，他成功组织并领导了"蔑视不公正法令运动"，赢得了全体黑人的尊敬。为此，南非当局曾两次发出不准他参加公众集会的禁令，并将他软禁，1956年获释。

1961年6月，非国大决定建立一支武装组织——"民族之矛"，由曼德拉负责筹建工作并担任总司令。次年，曼德拉又为寻求国际社会的支持，访问了英国工党领导人，参观并接受了阿尔及利亚的短期军事训练。但是，8月回国后，曼德拉即被南非白人统治当局逮捕，以"煽动罢工"罪和"非法越境"罪判处5年监禁。1964年6月，他又被指控犯有"企图以暴力推翻政府"，改判为无期徒刑。

曼德拉在宣誓就任南非总统之后，与南非第二副总统德克勒克高举紧紧相握的两只手

在狱中，曼德拉备受迫害和折磨，但他始终未改变反对种族主义，建立一个平等、自由的新南非的坚强信念。与此同时，国际、国内众多支持曼德拉的拥护者也不断呼吁要求释放他。1989年，新上任的德克勒克总统迫于国内外形势，采取了逐步恢复曼德拉自由的方式，并于1990年2月无条件释放了曼德拉。曼德拉终于结束了长达27年的牢狱之苦。

1991年7月，曼德拉当选为非国大主席。同年，民主南非大会召开，揭开了多党制宪的帷幕。1993年，各派一致通过《过渡宪法草案》，南非开始向一个没有种族隔离和歧视的新时代过渡。为此，曼德拉和德克勒克共享了1993年度的诺贝尔和平奖。

1994年南非大选，非国大在首次不分种族的大选中获胜，曼德拉成为南非第一位黑人总统。此后，曼德拉领导政府以和解、稳定和发展为中心，采取温和、务实和稳妥的内外政策，实现了从白人政权向多种族联合政府的过渡，南非政局大体稳定，经济发展势头良好，全面重返国际舞台。

1997年12月，曼德拉毅然辞去非国大主席一职，主动让贤姆贝基，并表示不再参加1999年6月的总统竞选。这一举动震惊国内外。他说："他（姆贝基）比我这老头强。"1999年，曼德拉功成身退。

· 简 评 ·

1994年4月,新南非诞生,标志着非洲大陆反帝、反殖、反对种族隔离的政治解放任务胜利完成,载入了人类历史文明进程的光辉史册。为新南非诞生做出了不朽贡献的是曼德拉,他领导的"非国大"在结束南非种族主义的斗争中发挥了极其重要的作用。曼德拉是20世纪90年代非洲乃至世界政坛上一颗最耀眼的巨星。

小结

曼德拉

国籍:南非

身份:政治家

成就:领导非国大取得反对种族主义斗争的胜利

语录:勇敢的人并不是感觉不到畏惧的人,而是征服了畏惧的人/压迫者和被压迫者一样需要获得解放。夺走别人自由的人是仇恨的囚徒,他被偏见和短视的铁栅囚禁着

> 读一读
>
> 西蒙·玻利瓦尔（1783年7月24日~1830年12月17日），全名为西蒙·胡塞·德·拉·桑迪西玛·特里尼达·玻利瓦尔·帕拉修斯·伊·布兰科，因领导委内瑞拉、秘鲁、哥伦比亚、厄瓜多尔、玻利维亚和巴拿马6个国家从西班牙殖民统治中取得独立，被人们称为"南美解放者"和"南美的乔治·华盛顿"。

西蒙·玻利瓦尔

西蒙·玻利瓦尔，生于委内瑞拉的加拉加斯市，父母是土生的西班牙血统贵族。他的父母除拥有大片种植园和1000多名奴隶外，还有金矿、糖厂、房产以及呢绒商店等。虽然家庭富裕，但他的童年很不幸，他很早就成了孤儿。两岁时，父亲去世；8岁时，母亲去世。此后，他由舅父抚养。

1799年~1806年，玻利瓦尔先后在西班牙、法国、意大利等国家留学，受到了法国启蒙运动思想的影响。他读过约翰·洛克、卢梭、伏尔泰和孟德斯鸠等哲学家的著作。这些都为他以后走上革命的道路奠定了基础。早在欧洲留学时，他就立下誓言："不打碎西班牙殖民者束缚我的祖国的枷锁，我的心将不安宁。我的手将不倦地打击敌人！"1806年，玻利瓦尔回到委内瑞拉，投身于反抗殖民统治、争取民族独立的解放斗争。

1808年，拿破仑·波拿巴率军攻入西班牙，解除西班牙皇家的政治实权，并任命他的胞弟为西班牙政府首脑。这给南美殖民地人民为获得自己的政治独立奋起斗争提供了良好的时机。1810年，委内瑞拉的西班牙总督被解职。从此，委内瑞拉在

西蒙·玻利瓦尔

西蒙·玻利瓦尔纪念堂

玻利瓦尔的领导下开始了反对西班牙殖民统治的独立解放斗争。

在经历了委内瑞拉第一、第二共和国相继失败后,委内瑞拉第三共和国于1818年10月成立。随后,玻利瓦尔吸取革命失败教训,争取广大人民群众对革命的拥护,并制定有效的战略战术,继续向殖民地的西班牙军队发起进攻。

1819年,革命战争终于出现了转折。8月,玻利瓦尔率领2000名革命军翻过安第斯山,经波亚卡战役,出奇制胜,战胜了西班牙军队。玻利瓦尔乘胜追击,占领波哥大,解放了哥伦比亚地区。12月,在玻利瓦尔的倡议下,新格兰纳达(包括现在的哥伦比亚、厄瓜多尔及巴拿马)、委内瑞拉、厄瓜多尔共同成立了"大哥伦比亚共和国",他被选为总统和最高统帅。随后,玻利瓦尔率军横扫委内瑞拉全境。1821年,委内瑞拉获得解放。1822年,厄瓜多尔也获得解放。

解放厄瓜多尔后,玻利瓦尔又指挥军队在1824年~1825年相继解放了秘鲁和玻利维亚(当时称为查科斯)。这时,玻利瓦尔的影响力达到了巅峰。此后,他一直努力为建立一个新南美洲民族联邦政府而四处呼吁。

可惜,南美的离心趋势要比在北美的离心趋势大得多。1826年,玻利瓦尔召开泛美会议时,只有四个国家参加了会议。他的政敌指控他图谋建立强硬的独裁政府,而这时他所解放的国家也发生了动乱,且日益加剧。1828年,还出现了一起暗杀玻利瓦尔的阴谋。1830年,委内瑞拉和厄瓜多尔脱离了共和国。在多重打击下,病弱而心灰的玻利瓦尔于1830年4月宣布辞职,退出政坛。几个月后,玻利瓦尔因肺结核逝世,终年47岁。

· 简 评 ·

毫无疑问,玻利瓦尔是使南美洲从殖民主义统治下获得解放的最为重要的领导人,也是整个拉丁美洲反抗殖民统治的革命运动中最为杰出的领袖。他的一生,为南美洲人民的独立解放,及促进其民主意识形态形成和发展立下了不朽功勋,是拉美人民,也是世界人民抗击殖民侵略的永久榜样。

小结

西蒙·玻利瓦尔
国籍:委内瑞拉
身份:革命家、政治家、军事家
成就:建立大哥伦比亚共和国,领导委内瑞拉、秘鲁、哥伦比亚、厄瓜多尔、玻利维亚和巴拿马等6个国家取得独立解放战争胜利

> 读一读
>
> ●●●● 汉武帝（前156年~前87年），姓刘名彻，汉朝第七位皇帝，是一位富有雄才大略的政治家。

汉武帝

汉武帝，是刘邦的重孙、汉景帝刘启的第十子。他4岁被册立为胶东王，7岁被册立为太子，16岁登基，在位54年。他是中国历史上伟大的皇帝之一，其雄才大略、文治武功，开创了西汉王朝最鼎盛繁荣的时期，使汉朝成为了当时世界上最强大的国家，对中国历史进程的发展产生了深远的影响。

1. 文治

政治方面：颁行"推恩令"，使诸侯王分封诸子为侯，使诸侯王封地被分割，以削弱诸侯王国势力；建立中朝制，即选用一批地位较低的内廷人员参与朝政，削弱相权；设置十三州部刺史，打击地方豪强，加强对地方的控制；京师七郡另设司隶校尉监察。这一系列措施，有效地削弱了诸侯王国的分裂企图，进一步强化了中央集权。

汉武帝

经济方面：颁布"算缗""告缗"令，征收商人资产税，打击富商大贾；采纳桑弘羊的建议，将冶铁、煮盐收归官营，禁止郡国铸钱；设置平准官、均输官，由官府经营运输和贸易；兴修水利，移民西北屯田，实行

"代田法"。这一系列经济政策，大大增强了中央政府的经济实力，既保证了对外用兵的巨额军费，又为集权政治制度打下了坚实的经济基础。

思想文化方面：采纳董仲舒的建议，"罢黜百家，独尊儒术"，使儒学成为中国社会的统治思想，对后世中国政治、社会、文化产生了深远的影响。汉武帝也非常注重人才的开发，他确立了察举制度，开了中国有系统选拔人才制度的先河，对后世影响很大。汉武帝还定音律，置乐府，采集民间诗歌，非常具有开创意义。

2. 武功

汉武帝的武功主要表现在对外关系上。自汉高祖刘邦白登之围困于匈奴之后，汉朝一直对匈奴采取低调的和亲政策，忍气吞声。到汉武帝即位7年后，汉朝国富军强，于是开始讨伐匈奴。前129年，汉武帝派卫青、霍去病征伐匈奴，解除威胁，保障了北方经济文化的发展。同时，汉武帝派张骞出使西域，打通了丝绸之路，加强了对西域的统治，并发展了中西经济文化的交流。在西南，汉武帝派军队消灭了夜郎、南越政权，先后建立了7个郡，使今天的两广地区自秦朝后重归中央王朝版图。在东方，汉武帝于前109年至前108年派兵消灭卫氏朝鲜（今朝鲜半岛），并将其国土分为4郡，分别为：乐浪郡、真番郡、临屯郡、玄菟郡。至此，汉武帝大体奠定了中国今天的版图。

汉武帝的文治武功使西汉的政治、经济、军事、文化等各方面在当时都达到了极盛，整个社会表面上呈现一片灿烂的局面，但是由于汉武帝长年派兵征战——他在位53年，有43年都是在讨伐战争中度过的——过度使用民力，加上祀神求仙、挥霍无度，以致赋役繁重，民不堪命，造成"海内虚耗，户口减半"的凋零局面，社会各种矛盾积累并逐渐尖锐起来。

前99年，齐、楚、燕、赵和南阳等10个地区均爆发了农民起义。前91年，统治集团内部矛盾激化，武帝宠臣江充诬陷太子刘据，致使刘据起兵政变，长安城大乱，死者数万，刘据兵败自杀。此事过后不久，真相大白，汉武帝下令族灭江充家，幡然醒悟。

前89年，汉武帝在对以前所做一切事情反省悔过后，下轮台诏书（史称

"轮台罪己诏"）：自己给百姓造成了痛苦，从此不再穷兵黩武、劳民伤财，要与民更始，休养生息。可惜，汉武帝还没有来得及全面推行与民休息的政策，便于前87年去世了。其后继者昭帝和宣帝坚持执行汉武帝晚年制定的与民休息的政策，因而在西汉中期出现了被后世称颂的昭宣中兴局面。

简 评

电视剧《汉武大帝》片头是这么评价汉武帝的："他建立了一个国家前所未有的尊严，他给了一个族群挺立千秋的自信，他的国号成了一个伟大民族永远的名字。"这样高的评价也许有些夸大，但是汉武帝确实开创了西汉王朝最鼎盛繁荣的时期，这一时期也是中国封建王朝第一个发展高峰，所以如此评价也不为过，即使他犯过许多过错。

小结

汉武帝
国籍：中国
身份：政治家、战略家
成就：开创西汉王朝最鼎盛时期

> **读一读**
> 唐太宗李世民（599年～649年），唐朝第二位皇帝，在位23年，年号贞观。陇西成纪人。中国历史上著名的政治家、军事家。626年玄武门之变夺位登基后，开创了著名的"贞观之治"，使百姓休养生息，各民族融洽相处，国泰民安，被各族人民尊称为"天可汗"，为后来唐朝全盛时期的开元盛世奠定了重要基础。

李世民

李世民生于开皇十八年（599年），早年随父亲李渊进军长安并于618年建立唐朝，他率部征战天下，为大唐统一立下汗马功劳，被封为秦王、天策上将。他率部平定了薛仁杲、刘武周、窦建德、王世充等割据势力，最终统一中国。

626年，李世民发动玄武门之变，杀死了自己的兄弟太子李建成、齐王李元吉二人及二人诸子，被立为太子，唐高祖李渊不久被迫让位，李世民即位。

李世民

626年8月，因唐朝发生玄武门之变，政局不稳，东突厥伺机入侵，攻至距首都长安仅40里的泾阳（今陕西咸阳泾阳县），京师震动。此时，长安兵力不过数万，刚刚即位的唐太宗李世民被迫设疑兵之计，亲率高士廉、房玄龄等6骑在渭水隔河与颉利可汗对话，怒斥颉利、突利二可汗背约。李世民赠予了颉利可汗大量金帛财物，并与之结"渭水之盟"，突厥退兵。629年8月，唐太宗任命李靖、李勣、柴绍、李道宗等为行军总管，出兵征讨东突厥。630年三月颉利兵败被俘，东突厥灭亡。

唐太宗即位后,居安思危,任用贤良,虚怀纳谏,实行轻徭薄赋、疏缓刑罚的政策,并且进行了一系列政治、军事改革,终于促成了社会安定、生产发展的升平景象,史称贞观之治。贞观之治是中国封建时代最著名的"治世"。

唐太宗吸取隋朝灭亡的教训,非常重视老百姓的生活。他强调以民为本,常说:"民,水也;君,舟也。水能载舟,亦能覆舟。"他即位之初,下令轻徭薄赋,让老百姓休养生息。唐太宗爱惜民力,从不轻易征发徭役。

唐太宗善于纳谏和用人,这既是"贞观之治"形成的原因之一,也是"贞观之治"的内容之一。他重用房玄龄、杜如晦、魏征、长孙无忌等能臣。唐太宗在位20多年,进谏的官员不下30余人,其中大臣魏征一人所谏前后200余事,数十万言,皆切中时弊,对改进朝政很有帮助。李世民十分注重人才的选拔,严格遵循德才兼备的原则。他认为只有选用大批具有真才实学的人,才能达到天下大治,因此他求贤若渴,曾先后5次颁布求贤诏令,并增加科举考试的科目,扩大应试的范围和人数,以便使更多的人才显露出来。由于唐太宗重视人才,贞观年间涌现出了大量的优秀人才,可谓是"人才济济,文武兼备"。正是这些栋梁之才,用他们的聪明才智,为"贞观之治"的形成做出了巨大的贡献。

中国封建王朝历来的经济特征是"重农抑商",贞观王朝是中国历史上少有的不歧视商业的历史阶段,不但不歧视,还给商业发展提供了许多便利条件,贞观王朝的商业经济有了迅速和长足地进展,新兴的商业城市象雨后春笋般地兴起。当时世界出名的商业城市,有一半以上集中在中国。除了沿海的广州、福州外,还有内陆的洪州(江西南昌)、扬州、益州(成都)和西北的沙州、凉州。首都长安和陪都洛阳则是世界性的大都会。

自汉开辟的"丝绸之路"一直是联系东西方物质文明的纽带,唐朝疆域辽阔,在西域设立了安西四镇,西部边界直达中亚的石国(今属哈萨克斯坦),为东西方来往的商旅提供了安定的社会秩序和有效的安全保障,结果丝绸之路上的商旅不绝于途,品种繁多的大宗货物在东西方世界往来传递,使丝绸之路成了整个世界的黄金走廊。

唐太宗在位期间国土广大，边界线绵延曲折，地缘形势复杂，并随时间推移而发展变化。

贞观四年（630年），唐太宗遣李靖平定东突厥，俘虏颉利可汗，解除了北边的威胁；九年（635年），平定吐谷浑，俘其王慕容伏允；十四年（640年），又派侯君集平定高昌氏，于其地置西州，并在交河城（今新疆吐鲁番西）置安西都护府。唐太宗对东突厥降众及依附于突厥的各族执行比较开明的政策，受到他们的拥戴，因而被尊为"天可汗"。十五年（641年）送文成公主和亲于吐蕃的赞普松赞干布，发展了汉、藏两族间的经济文化交流。

纵观这一时期唐与周边所发生的诸多地缘关系，既有与唐军事利益攸关的，也有与唐政治、外交利益攸关的，还有与唐经济利益攸关的，更多的则是几种利益兼而有之，错综复杂。唐太宗比较成功地处理了与突厥、吐蕃、高昌及西域诸国、高句丽、新罗、百济等国之间的关系。

唐太宗最初立长子李承乾为太子，后来又爱重第四子魏王李泰，李承乾由此产生了夺嗣之惧，企图发动政变刺杀李泰，没有成功，被废为庶人。唐太宗为防止身后发生兄弟仇杀的悲剧，贬魏王李泰，改立第九子晋王李治为太子，即以后的唐高宗。

贞观二十三年（649年），唐太宗得了痢疾（一说是服用丹药暴病），医治最终无效，驾崩于终南山上的翠微宫含风殿，享年50岁。他在位23年，初谥文皇帝，庙号唐太宗，647年加谥文武圣皇帝，749年加谥文武大圣皇帝，754年加谥文武大圣大广孝皇帝，葬于昭陵（位于今中国陕西省礼泉县东北50多里山峰上）。

简评

唐太宗李世民是中国古代历史上的一位伟大政治家、军事家，卓越的领袖、影响中华乃至世界进程的杰出人物，他为古代中国做出了巨大贡献，因此受到人们的崇敬。在李世民统治期间，唐朝国力强盛，他能任用贤能，从善如流，视民如子，不分华夷，是中国人千年称颂的好皇帝。

小结

李世民

国籍：中国

身份：政治家、军事家

成就：开创了"贞观之治"的盛世

语录：以铜为镜，可以正衣冠；以古为镜，可以知兴替；以人为镜，可以明得失。

> **读一读**
> 孛儿只斤·忽必烈（1215年~1294年），蒙古族，元朝的创建者。蒙古尊号"薛禅汗"。孛儿只斤·忽必烈建立了幅员辽阔的统一多民族国家元朝。他在位期间，建立行省制，加强中央集权，使得社会经济逐渐恢复和发展。忽必烈是蒙古民族光辉历史的缔造者，是蒙古族卓越的政治家、军事家。

忽必烈

忽必烈生于1215年9月23日。他生活于蒙古帝国的黄金时代，出生之时，蒙古人开始开疆扩土；他长成之时，蒙古大军已经把疆域远远地扩张到了北方和西方。

1251年，忽必烈受命总领漠南汉地军国庶事。早在藩王时期他就思"大有为于天下"，并热心于学习汉文化。忽必烈曾先后召僧海云（宋印简）、僧子聪（刘秉忠）、王鹗、元好问、张德辉、张文谦、窦默等人，问以儒学治道。他任用汉人儒士整饬邢州吏治；立经略司于汴梁，整顿河南军政；屯田唐、邓等州。他依靠一批汉人儒生幕僚的帮助，几年内，在中原若干地区内建立起统治秩序，并搜罗和培养了一批治国人才。同时，他还奉蒙哥之命，领兵发动了灭亡大理国和侵掠南宋的两次战争。

1252年六月，忽必烈去曲先脑儿（蒙哥驻夏之地）进见蒙哥汗。蒙哥命忽必烈率军征云南。1253年，忽必烈率领大军在六盘山度夏。秋天，大

忽必烈

军经过临洮进入藏族地区，到达忒剌（今四川松潘）地方。1254年初，忽必烈军包围了大理城。大理军民出城迎战失利。段兴智和高祥弃城逃走，大理城陷。

1257年，蒙哥汗去世了，遗留下三个弟弟：忽必烈、旭烈兀和阿里不哥。旭烈兀自1256年成为波斯汗后，由于远离蒙古高原，而没有要求继承大汗位。剩下的只有忽必烈和阿里不哥。阿里不哥准备在蒙古召开库里勒台，以确保他被举为大汗。而忽必烈抢在他之前行动。他率军从武昌北上，在中原的开平上都府（位于今察哈尔和热河之间的多伦诺尔附近）建大本营。1260年6月4日，他在此被他的军队拥立为大汗，当时他44岁。经过了数年与阿里不哥的争战之后，忽必烈的大汗地位得以巩固。

自从1206年成吉思汗建国以来，都是以族名为国名，称大蒙古国，而没有像北魏和辽、夏、金那样建立国号。忽必烈称汗后，于1271年11月正式建国号为"大元"，并于次年在"大都"建都。

忽必烈在位期间简化并整合了行政管理系统。他废除了自唐朝起就设立的门下省和尚书省，但保留了中书省，六部也并入中书省，该机构全权负责行政事务。由于只有一个机构负责，行政管理进行得更顺畅。忽必烈在进入中原之初将中书省的派出机构——行中书省进驻各地，统管军民事物，以后成为最高一级行政区划。从此，地方政治制度进入划省而治的阶段。行省置丞相、平章、右丞、左丞、参知政事等官，总管钱粮、兵甲、屯种、漕运，以及一切军国大事。后来行省逐渐成为最高地方行政区名称，对后世影响很大。

蒙古家族内部的最高权力斗争结束之后，忽必烈继续进行征讨周边国家地区的行动。在攻打南宋的战争中，忽必烈幸运地得到两位杰出将领：伯颜和阿术，还得到回鹘人阿里海牙的支持。1276年2月4日，元军攻陷南宋首都临安（今杭州），俘虏5岁的宋恭帝和谢太皇太后以及南宋宗室和大臣，灭南宋，元朝成为全国性政权。

包括南宋在内，西夏（今甘肃、宁夏省）、金朝（今俄罗斯远东地区、中国黑龙江、辽宁、内蒙古诸省）、西辽（今吉尔吉斯斯坦/新疆、中亚）、吐蕃（今西藏、四川西部、缅甸、越南北部）的今中国全境第一次落入突厥—蒙古族征服者手中。这是5世纪的拓跋氏突厥人和12世纪的女真氏通古斯人都没有实现的事业，忽必烈最终完成了。尽管这位游牧民的后代忽必烈征服了中国，然而，他本人已经被中国文明所征服。因此，他能够认识到其政策始终如一的目标：成为真正的"天子"，使蒙古帝国成为中国帝国。

忽必烈在晚年遭遇了一连串打击。他最钟爱的妻子察必于1281年先他去世。五年之后，他最喜爱的儿子真金，也是他亲自选定的皇位继承人英年早逝。或许由于这些个人悲剧的刺激，他开始酗酒，并且毫无节制地暴饮暴食。他的体重迅速增加，越来越肥胖，并被因酗酒而引起的疾病折磨得痛苦不堪。与此同时，他的一些政策也遭到了失败。1294年2月18日忽必烈病逝。

简 评

忽必烈建立元朝，实现大统一，具有进步作用。在他统治期间，统一的多民族国家进一步发展，今天的新疆、西藏、云南、东北地区、台湾及南海诸岛都在元朝统治范围之内；民族大迁徙，形成民族融合新高潮；实行行省制度，加强对地方控制，对后世影响深远。

小结

忽必烈

国籍：中国

身份：政治家、军事家

成就：建立大一统的多民族统一国家元朝

> **读一读** 孙中山（1866年11月12日~1925年3月12日），本名孙文，谱名德明，字载之，号日新，又号逸仙，幼名帝象。他是中国近代民主主义革命的先行者，中华民国和中国国民党创始人，三民主义的倡导者，中华民国尊其为国父。

孙中山

孙中山，生于中国广东香山县（即中山市）翠亨村一个农民家庭。从青少年时代起，孙中山受到广东人民斗争传统的影响，便向往太平天国的革命事业。因此，他耗尽毕生精力改造中国民生，在历史上建立了不可磨灭的功勋，在政治上也为后继者留下了珍贵遗产。

1879年，孙中山随母赴檀香山。随后，在长兄孙眉资助下，孙中山先后在檀香山、广州、香港等地比较系统地接受西方式的近代教育。学习期间，孙中

孙中山

山在1883年~1885年的中法战争中目睹了清政府的卖国、专制和腐败，开始产生反清和以资产阶级政治方案改造中国的思想，并经常发表反清言论。

1894年，孙中山到天津上书直隶总督、北洋大臣李鸿章，提出"人能尽其才，地能尽其利，物能尽其用，货能畅其流"的改革主张，但被置之不理。于是，孙中山回到檀香山，在华侨中宣传革命。同年11月24日，他在檀香山建立兴中会，提出了"驱逐鞑虏，恢复中国，创立合众政府"的主张。此后，他在海外16年，先后5次环游世界，在华侨中广泛宣传革命，建立革命

组织。

1905年8月,中国第一个资产阶级民主革命政党——中国同盟会在东京成立,孙中山被一致推举为总理。在同盟会机关报《民报》的发刊词里,孙中山首次提出了"民族、民权、民生"三大主义,即三民主义的政治纲领。此后,以孙中山为首的革命党人,积极发动武装起义。

孙中山先后领导的起义有黄冈起义、七女湖起义、防城起义、镇南关起义、钦州起义、河口起义、广州新军起义、黄花冈起义、广州起义、惠州起义等,起义均失败。起义虽然失败,却唤醒了中国人民,敲响了清王朝的丧钟,并为1911年辛亥革命爆发提供了宝贵的成功经验。

1911年10月10日,武昌起义爆发,孙中山在美国闻讯,立即在欧美各国开展外交活动,争取各国的支持,并于同年12月25日回到上海。12月29日,在南京举行的17省代表会议上,孙中山被推举为中华民国临时大总统。

1912年2月12日,清朝宣统帝(溥仪)被迫宣布退位,孙中山领导的辛亥革命结束了清政府长达260多年的君主专制制度,建立了共和国。随后,孙中山制定和公布一系列改革和进步的法令,并颁布带有资产阶级共和国宪法性质的《中华民国临时约法》。

但由于受到帝国主义、封建主义的强大压力与革命党本身的涣散无力,孙中山被迫在清帝退位后的第二天便辞去临时大总统职,让位于袁世凯,4月1日正式解职。此后一年多,孙中山积极宣传民生主义,号召实行平均地权,提倡兴办实业,还亲自担任全国铁路督办,力图筹借外资修筑铁路干线。但因

1915年,孙中山与宋庆龄在东京结婚

中山陵园

政权落在袁世凯手中，孙中山的努力并未取得成果。

1913年3月，袁世凯刺杀国民党代理理事长宋教仁，孙中山主张武力讨袁。7月发动二次革命，失败后出亡日本。1914年7月，孙中山在东京成立中华革命党，被推举为总理。

1917年7月，因段祺瑞为首领的北洋军阀解散国会和废弃《临时约法》，孙中山联合西南军阀，在广州建立军政府，被推举为大元帅，进行护法战争。但孙中山在军政府内备受军阀、政客的排挤，不得不于1918年5月辞去大元帅职务，经日本赴上海。第一次护法战争的失败使孙中山认识到南北军阀都是一丘之貉。从1918年~1920年，孙中山完成过去已着手撰写的《建国方略》，对以往的革命经验进行总结，提出了改造和建设中国的宏伟计划。

1919年10月，孙中山把中华革命党改组为中国国民党。1921年5月，孙中山在广州就任非常大总统，成立正式政府。1922年，孙中山接受中国共产党和苏俄的帮助，提出联俄、联共、扶助农工的三大政策。1924年1月，孙中山主持召开了中国国民党第一次全国代表大会，通过党纲、党章，重新解释了三民主义，同时创办黄埔军官学校，训练革命武装干部。

1925年3月12日，孙中山因患肝癌在北京逝世。他写下遗嘱，"革命尚未成功，同志仍须努力"，要求继任者继续革命唤起民众，"联合世界上以平等待我之民族"共同奋斗。1929年6月1日，根据孙中山生前遗愿，其陵墓永久迁葬于南京紫金山中山陵。

· 简 评 ·

孙中山全心全意为改造中国而耗费了毕生的精力,真是鞠躬尽瘁,死而后已。虽然他领导的革命在生前确实没有成功,未能看到祖国的独立和富强,但是他对中华民族在精神上的巨大影响,始终激励着中国人民为祖国的独立和富强而斗争。中华民族继承孙中山遗志,终于革命成功,令全世界瞩目。

小结

孙中山

国籍:中国

身份:革命家、政治家

代表作品:《建国方略》

成就:建立共和体制、建立中国国民党、出任中华民国临时大总统

语录:世界潮流,浩浩荡荡,顺之者昌,逆之者亡/国家之本,在于人民/要立志做大事,不要立志当大官

> **读一读**　汉尼拔·巴卡（前247年~前182年），北非古国迦太基名将，有"迦太基雄狮"之称。

汉尼拔·巴卡

汉尼拔·巴卡，迦太基人（也称布匿人），父亲是迦太基将领米尔卡尔·巴尔卡。汉尼拔从小就经受着战火的锻炼，他的童年正处于第一次布匿战争时期（前264年~前227年）。在第一次布匿战争中，汉尼拔的父亲不敌罗马军队，迦太基失去了利帕里群岛，并向罗马支付大量的赔款，元气大伤。此后几年，罗马人又占领了撒丁岛与科西嘉岛。国土被人侵占，迦太基人心中充满了复仇的

汉尼拔·巴卡

意志，期望有朝一日打败罗马、报仇雪耻。汉尼拔更甚，他在9岁时便发誓，终生与罗马誓不两立。

25岁时，汉尼拔成为迦太基驻西班牙部队的最高统帅。虽然年轻，但他已经成长为一个意志坚强、富有军事谋略的著名军事家。上任后，汉尼拔便积极准备对罗马的战争。

前219年，汉尼拔为迫使罗马人首先向迦太基宣战，首先率军攻占与罗马结盟的西班牙城市萨贡托。萨贡托城遭到突然袭击后，急忙派使者前往罗马求援。罗马元老院向汉尼拔发出警告，汉尼拔反而责备罗马干涉萨贡托内政。前218年，罗马向迦太基宣战。第二次布匿战争正式开始。

罗马人本打算兵分两路：一路从西西里进攻迦太基本土；一路从西班牙登陆，以牵制汉尼拔的军队。但是，汉尼拔却冒着极大的危险，率领9万步兵、1.2万骑兵，及37只战象翻越比利牛斯山，穿过敌对高卢人的领土，避开罗马派进高卢军队的拦截，在冬季成功跨过阿尔卑斯山，进入意大利北部。罗马军队措手不及，作战计划全部被打乱了。

前217年，汉尼拔在特拉西梅诺湖北岸设下埋伏，重创罗马军，统帅弗拉米尼随军阵亡。此战后，费边·马克西穆斯任罗马执行官，他一反罗马尚武的传统，命令军队与汉尼拔军保持距离，限制其行动，但避开任何与其正面交锋的机会，意在消耗汉尼拔军队的士气、耐心与补给能力。汉尼拔多次尝试着引诱费边进行对决，但费边始终不就犯，汉尼拔也再也没有什么好办法取得进展。不过，费边消极避战的策略在罗马极不受欢迎，他的政敌更公开指责他胆小懦弱，他的声望严重受挫，不久之后任期届满，退位。

前216年，汉尼拔与罗马军队进行了一场举世闻名的战役——坎尼战役。在这场战役中，汉尼拔运用了新月形战术。在战斗初期，汉尼拔将军队部署成中锋凸起的阵形，引诱罗马军集中攻打中锋。不久，汉尼拔的中央步兵在人数占优的罗马步兵的进攻下假装后退，让罗马军涌入迦太基军阵形中部，迦太基军的两翼则呈反抄其左右两翼之势。至此，迦太基军阵形变成了凹陷的弦月状，将罗马主力包围在其中，中锋在此时由退转攻，开始了顽强的反击。迦太基优势的骑兵在击溃罗马骑兵之后，转头猛击罗马步兵的后方，汉尼拔成功地以较少的兵力彻底包围了人数为其两倍以上的罗马军。结果，罗马军彻底惨败。

据不同资料的估计，罗马人在坎尼战役中死亡与被俘虏的人数大约有5～7万人。死亡者名单上包括了罗马执政官鲍鲁斯（另一执政官发罗逃回罗马），前任两位执政官，两位财务官，29名军团司令官中，以及80位元老院议员等。此战成为古罗马历史上最惨痛的败北，也是全球史上在单日中伤亡最严重的战役之一。坎尼战役也成为了古代军事史上以少胜多的光辉范例。

坎尼战役后，罗马人终于明白费边的睿智，从此再也不与汉尼拔正面交锋，改回使用被动的消耗战。至此，战争陷入僵局。

卢浮宫的汉尼拔雕像

前204年，罗马将军斯奇比奥率军在北非登陆，迦太基本土受到威胁，汉尼拔的军队此时供给不足，又陷入孤军作战，于是率援军返回非洲。

前202年，汉尼拔和罗马远征军在扎马展开大战，最终失败。战后，迦太基向罗马求和，签订了条款苛刻的和约。

前196年，汉尼拔当选为迦太基最高行政官，实行了许多重大改革。但这些改革措施遭到贵族寡头们的强烈反抗。他们向罗马政府告密，诬陷汉尼拔准备发动新的反罗马战争，准备用汉尼拔来换取罗马人的欢心。于是，汉尼拔连夜逃走，但罗马政府仍穷追不舍。前183年，在无路可逃的情况下，汉尼拔在异国他乡服毒自尽了。

● 简 评

在意大利境内，汉尼拔的军队可谓无往不胜，但是因为没有迦太基政府持续的经济资助和军队援助，以及罗马政府在战争后期实行消耗策略，他最终只能选取回到迦太基，即使没有罗马军队进攻迦太基。尽管如此，汉尼拔仍不失一位伟大军事家的美誉。

小结

汉尼拔·巴卡

国籍：迦太基

身份：军事家

成就：在坎尼战役中获胜

> 读一读
>
> 奥利弗·克伦威尔（1599年4月25日～1658年9月3日），17世纪英国资产阶级革命的功勋人物，他率领议会军击溃王军，镇压王党叛乱，处死查理一世，建立了共和制。

奥利弗·克伦威尔

奥利弗·克伦威尔，生于英国的一个农业小镇亨延顿。他的父亲是小镇上的一个中等乡绅，是个清教徒（指要求清除英国国教中天主教残余的改革派）。生长在这样的家庭环境中，克伦威尔从小就受到了清教徒思想的影响。

1616年，克伦威尔进入剑桥大学。第二年，父亲病故，克伦威尔辍学回家帮助母亲料理农庄。1620年，克伦威尔同伦敦一个商人的女儿结婚，从此全力以赴经营农业。

奥利弗·克伦威尔

1628年3月，国王查理一世召开第三届议会。作为亨延顿的代表，克伦威尔有幸参加了这次议会，成了下院中一名议员，从此他的道路发生了根本上的变化。在议会中，克伦威尔看到了反动派领袖，感受到了议会和国王间的激烈斗争，清教徒思想更加深化。

在4个月后的第二次会议上，克伦威尔终于按捺不住，请求发言。他的发言简短有力，猛烈抨击了受宫廷保护的天主教，主张保卫清教徒的利益。这次发言产生了很大影响，下院多数议员拒绝服从国王命令，并且通过《三项决议》提案，反对天主教，反对国王任意征税。国王查理一世惊恐万状，迅速调集军队强行解散议会。

解散议会后,查理一世开始了11年漫长的独裁统治。为了加强独裁统治,查理一世和议会针锋相对,终于在1642年向议会宣战,英国内战爆发。克伦威尔毅然加入了议会军并组建了一支"铁骑军"。铁骑军纪律严明、英勇善战,屡屡获胜,令王军闻风丧胆。因战功赫赫,克伦威尔逐渐被议会重用,并升任为议会军的统帅。

1644年7月2日,议会军和王军决战于马斯顿荒原。克伦威尔率领2万名步兵和7000名骑兵分三路发起冲锋,重挫王军,大获全胜,取得了决定性胜利。但是,由于议会内部矛盾重重,有人竟私下和国王谈判。结果,查理一世利用议会军内部的矛盾,两次大败议会军。

为了进一步作战,克伦威尔决定改组议会军。1645年1月,议会通过《新军法案》,授权克伦威尔建立一支2.1万人的军队,称为"新模范军"。1645年6月14日,克伦威尔率新模范军在英格兰中部的纳斯比村大败王军。这一战,克伦威尔彻底击溃了查理一世的王军。

1648年8月,国王查理一世被抓获。次年1月30日,查理一世以叛国罪的名义被判死刑,送上了断头台。从此,英国的封建君主制度被推翻了,资产阶级革命取得胜利。5月19日,英国宣布为共和国。

共和国建立后,为了铲除王党分子,树立国威,克伦威尔继续进军。他分别于1649年对爱尔兰作战、1650对苏格兰作战,并最终取得胜利,克伦威尔的声威达到了顶点,远震国外。1654年2月16日,克伦威尔就担任英格兰、苏格兰、爱尔兰护国主一职举行了庄严的登基仪式,开始了将近4年的护国主生涯。

在执政期间,同治军表现出杰出的军事才能一样,克伦威尔也表现出了杰出的治国才干。在内政方面,他对王党分子实行"既往不咎"的政策,改变了粗暴的法律制度,扶持

议会将查理一世送上断头台

文化教育事业，提倡宗教信仰自由等，行政井然有序；在外交方面，他同荷兰签订了《航海条例》，也同瑞典、丹麦缔结了有利的商约。虽然政府的财政赤字仍然没有得到解决，但已经有所缓和。

1656年9月，议会加冕克伦威尔为国王。1657年6月26日，克伦威尔登上了国王的宝座，但从这时起，他的健康状况每况愈下。次年9月3日，克伦威尔因病去世。克伦威尔的时代过去了，但以他为领导的资产阶级革命的伟大功绩光耀史册。

· 简 评 ·

在17世纪，欧洲许多国家都在朝着更强大的君主专制主义的方向发展，而民主共和政体却在英国取得胜利。随后，这种政治体制作为榜样对法国启蒙运动、法国革命和最终在西欧建立的民主政体都起到了巨大的影响作用。而这一切，无不与克伦威尔有关。

小结

奥利弗·克伦威尔
国籍：英国
身份：军事家、政治家
成就：击败王党，促进英国共和国成立；征服爱尔兰和苏格兰

第二部分　政治、军事统帅

> **读一读**
>
> 拿破仑·波拿巴（1769年8月15日~1821年5月5日），法兰西第一共和国执政、法兰西第一帝国及百日王朝皇帝，是欧洲历史上最伟大的四大军事统帅之一（其他三位是亚历山大大帝、恺撒大帝、汉尼拔），被公认为"战争之神"。

拿破仑·波拿巴

拿破仑·波拿巴，生于法国科西嘉岛的阿雅克肖城，他的家族是一个意大利贵族世家。1770年科西嘉岛被卖给法国，拿破仑的父亲被法王承认为法国贵族。拿破仑从小受到了很好的教育，10岁时被父亲送往布里埃纳军校接受文化教育。1784年，拿破仑以优异的成绩毕业，然后进入法国皇家陆军学院，专攻炮兵学。

拿破仑·波拿巴

拿破仑在陆军学院学习将近两年，他在1785年9月通过毕业考试，并被授予少尉军衔。其间，他阅读了许多启蒙思想家的著作，受到启蒙运动思想的影响。其中，卢梭的思想对他的影响最大。通过对启蒙运动思想的深刻理解，拿破仑认识到封建统治者的独裁统治严重阻碍了人类历史的发展，森严的等级制度是制造人类极不平等的现实的祸根，所以人们应彻底打败、清除封建统治，建立一个自由、平等、和谐、幸福的人类新社会。这种叛逆思想，成了青年拿破仑奋斗、追求的指导原则，也成了他为之不懈努力的远大理想。

1789年法国大革命爆发后，拿破仑于1790年被派回科西嘉，任务是同科西嘉的保王党进行斗争，不允许他们对法国大革命进行任何破坏。回到科西嘉，拿破仑针对保王党内部顽固分子企图破坏革命的行为，采取果断有力的

拿破仑的骑兵

措施予以打击。1793年，拿破仑率领军队夺回被保王党人占据的重镇土伦，成功击败进攻法国以援助波旁王朝的英国舰队。此战使拿破仑一举成名，法国革命政府破格授予他准将军衔，拿破仑此时仅24岁。从此，拿破仑在军队和政界中开始崭露头角。

1795年，拿破仑荣升为陆军中将兼巴黎卫戍司令。同年10月，他指挥6000士兵平定了近3万人的保王党部队，取得重大胜利，声名大振。次年，他被任命为法国意大利方面军总司令，与第一次反法联盟作战。最终，拿破仑以他超凡的军事才华（他主张将火炮集中使用，以及充分发挥骑兵的机动作用）迫使奥地利求和，意大利成为法国的附属国，粉碎了第一次反法联盟。取得意大利之役的胜利后，拿破仑的威信越来越高，他成为法国人民的新英雄。

1798年，拿破仑出任东方军团司令，远征埃及和叙利亚。次年，因法国国内保皇派势力渐渐上升，而欧洲反法联盟又再一次形成，拿破仑只好带兵返回巴黎。10月，回到法国的拿破仑被当做救星受到人们欢迎。11月9日，拿破仑发动政变，成立临时执政府，任第一执政。此后，拿破仑在政治、教育、司法、行政、立法、经济等方面进行了重大改革，其中最著名的是制定《拿破仑法典》（也称《民法典》）。

《拿破仑法典》是一部典型的资产阶级民事法典，分3篇35章2281条，在1804年正式实施。它捍卫了资产阶级革命成果，打击了封建残余势力，体

现了法国大革命的原则，大多数条款由拿破仑亲自参与讨论。这部法典在拿破仑的军队占领的国土曾强迫实施，因此它在历史上流传甚广，欧洲资本主义国家的所有法律几乎都借鉴了这部法典。当拿破仑战败被流放到圣赫勒拿岛时，他曾说："我真正的光荣并非打了四十多次胜仗，滑铁卢一战抹去了关于这一切的记忆。但是，有一样东西是不会被人们忘却的，它将永垂不朽——那就是我的《民法典》。"直到今天，《拿破仑法典》依然有重要影响。

1802年8月，拿破仑修改共和八年宪法，改为终身执政。1804年11月6日，公民投票通过共和十二年宪法，法兰西共和国改为法兰西帝国，拿破仑·波拿巴为法兰西人的皇帝，称拿破仑一世。

成为共和国执政后，拿破仑又与欧洲各个封建君主国组织的反法同盟进行了多次交战，先后粉碎第二、三、四、五次反法联盟，削弱了欧洲大陆的封建势力，保卫了法国大革命的胜利果实。1807年，法军在波兰大败俄国军队，拿破仑一世与亚历山大一世签订和平条约，从此法国在欧洲大陆的霸主地位得到了确立，其控制地区从比利牛斯山延伸到涅曼河，从北海延伸到亚得里亚海，拿破仑兼任意大利国王、莱茵联邦的保护者、瑞士联邦的仲裁者，并分别封他的兄弟约瑟夫、路易、热罗姆为那不勒斯、荷兰、威斯特伐利亚国王。

1812年，因亚历山大一世拒绝与法国合作抗英，拿破仑率领由12种不同语言的官兵组成的大军进攻俄国。结果，拿破仑的军队几乎被全歼，最后回到法国的只有两万人。次年，英国、俄国、普鲁士、奥地利组成第六次反法同盟。1814年3月31日，巴黎被同盟军占领。4月11日，拿破仑宣布无条件投降。13日，拿破仑在巴黎枫丹白露宫签署退位诏书。退位后，拿破仑被流放到地中海上的一个小岛厄尔巴岛。随之，路易十八回到法国，重新成为法国国王，波旁王朝复辟。

1815年2月26日，拿破仑从

圣赫勒拿岛

厄尔巴岛潜回法国，夺得政权。从夺回政权到再次战败，拿破仑这次执政只有约一百天的时间，史称"百日王朝"。拿破仑夺得政权后，欧洲各国迅速组成第七次反法同盟。6月18日，拿破仑的军队在比利时滑铁卢被英国威灵顿公爵带领的反法盟军击败，史称"滑铁卢战役"。7月15日，拿破仑正式投降。此后，拿破仑被囚禁在大西洋的圣赫勒拿岛，直到去世。

· 简 评 ·

作为法国大革命时代杰出的政治家和军事统帅，拿破仑纵横驰骋欧洲战场20多年，一生指挥大小战役50多次，赢得35次胜利，创造了世界军事史上的许多奇迹，并建立了庞大的帝国体系。拿破仑是法国历史上的一代天骄，法国人视他为奇迹的创造者，是其心中永远的英雄。

小结

拿破仑·波拿巴

国籍：法国

身份：军事家、政治家

成就：颁布《拿破仑法典》，缔造法兰西帝国

语录：不想当将军的士兵不是好士兵／一切都是可以改变的，不可能只有庸人的词典里才有／在我的字典中，没有"不可能"这样的字眼

第三部分　起义英雄

> 读一读
>
> 斯巴达克（约前120年~前70年），杰出的奴隶领袖。

斯巴达克

斯巴达克，希腊东北部的色雷斯人。罗马入侵希腊时，他在与罗马军队交战中被俘，被卖为角斗士奴隶。

在罗马，每年都要举行争斗比赛，身体强壮的奴隶被送到角斗士学校培训，然后在大剧场或公开场所彼此角斗，或与野兽搏斗。而奴隶主贵族则在观看角斗时得到快乐。在比赛中，角斗士们受着密切的监视，一举一动都受到严格的限制，他们的脚上还戴着沉重的枷锁。他们的命运是注定死亡，因为他们随时可能在竞技场上丧生，他们实际上是缓期执行的死刑犯人。

因为斯巴达克聪明、体格健壮，他的主人便把他送往卡普亚城一所角斗士学校参训，想把他训练成一名出色的角斗士。在角斗士学校，斯巴达克以他的勇敢和智慧，成了角斗士们的精神领袖。他利用一切机会劝说角斗士们为自由而死，而不应成为罗马贵族取乐的牺牲品。

前73年的一个深夜，卡普亚城角斗士学校角斗士的铁窗内突然发出可怕的惨叫。3名卫兵急忙赶过去，隔着铁窗厉声问道："干什么？找死啊！还不老实睡觉！"一名角斗士伸

斯巴达克雕像

第三部分 起义英雄

了脑袋说："打死人了。高卢人打死了我们的伙伴。他被我们制服了，你们看该怎么处理他？你们不管我们就勒死他。"卫兵拿着油灯一照，果然是死了一个人，另一个人正被几个人反扭着手。卫兵说："把他交给我们吧。把死人也抬出来。"边说边开了门。刚开门，角斗士们迅速击倒3名卫兵，拔出他们身上的短剑，冲出牢门。随后，沉重的铁门被一扇扇打开，角斗士们在斯巴达克的带领下，挥舞着镣铐向屋外冲出，爆发起义。

起义后，斯巴达克在维苏威火山上建立了根据地，不断使队伍发展壮大。斯巴达克大量收容了逃亡奴隶、角斗士、破产农民，以及从罗马军团逃出的士兵，至前72年初，起义军已增至6万人。在进军阿普利亚和卢卡尼亚时，起义军总兵力增长到了12万。随着队伍的壮大，起义军多次打败了罗马军，领地也得到了扩展，从坎帕尼亚扩展到了意大利南部阿普利亚、卢卡尼亚、布鲁蒂乌姆地区。

为了进一步提高起义军的战斗力，斯巴达克仿照罗马军队的形式改编军队，除步兵军团外，还有骑兵、侦察兵、通信兵和小型辎重队。至于武器，除从敌人手中夺取外，还自己制造。对士兵的训练、宿营和行军，斯巴达克都制定了严格的制度。

起义军的声势越来越大，罗马元老院很是震惊。前72年，元老院派执政官楞图鲁斯和盖利乌斯率两支军队讨伐斯巴达克。

在与罗马军交战过程中，起义军内部产生了分歧。大部分奴隶，包括斯巴达克，主张离开意大利，冲出阿尔卑斯山，向北发展，或打回家乡。而参加奴隶起义的贫民则不愿离开意大利。这种分歧使3万起义军离开了主力，他们在加尔加诺峰下（阿普利亚北部）被罗马军队全部歼灭（死亡2万人）。起义军力量虽已削弱，但斯巴达克利用罗马军兵力分散作战的弱点，仍将罗马军队击溃。随后，部队准备继续向北进军。

但是，当知道越过阿尔卑斯山有不少困难，而队伍现在士气正胜，且兵力得到了恢复，斯巴达克便改变策略挥师南下。闻讯斯巴达克起义军南下，罗马元老院惊恐万状，担心起义军攻打罗马，急派统帅克拉苏率兵4万人进行征讨。

前72年秋,起义军在意大利布鲁蒂乌姆半岛(今卡拉布里亚)集结,企图乘奇里乞亚海盗船渡过墨西拿海峡。但海盗不守诺言,没有向斯巴达克提供船只。后来,起义军想利用自造木筏渡过海峡,因为遇到风暴也未能实现。与此同时,克拉苏在起义军军营后面构筑了一道防线,切断了起

斯巴达克起义

义军去意大利的退路。为冲破克拉苏的防线,起义军用土和树木填平了壕沟,强攻筑垒。但是突破防线后,起义军损失了兵力约三分之二。

前71年春,斯巴达克试图奇袭意大利南部主要港口——布林的西,乘船渡海直奔希腊,然后到色雷斯(今保加利亚和土耳其欧洲部分)。罗马元老院力图粉碎起义军,派格奈乌斯·庞培和玛库斯·路库鲁斯两支军队分别从西班牙和色雷斯驰援克拉苏。

为了阻止罗马军队会合,斯巴达克决定与克拉苏举行总决战。他以急行军率军北上,迎击克拉苏。在阿普利亚省南部一场激战中,斯巴达克全军6万人被击溃,斯巴达克在奋战中也英勇牺牲了。战后,约5000人逃往北意大利,后被庞培歼灭,6000名俘虏被罗马军钉死在罗马至卡普阿沿途的十字架上。

此后,流散在各地的起义军,尽管没有统一的领导,但在意大利许多地区仍坚持战斗若干年。

斯巴达克领导的这次奴隶大起义,极大地动摇了罗马奴隶制基础。这次起义后,奴隶主被迫对剥削奴隶和经营田产的方式作出了某些改变,并开始改变控制奴隶的方法和对奴隶的态度。他们尽量收买不同种族的奴隶,避免把同族的奴隶集中使用,提防他们联合在一起。奴隶主开始把土地分成小块,交给奴隶耕种,奴隶可以分享一部分收成,奴隶在这样的方式下开始演化为"隶农"。另外,还有的奴隶主释放了一些奴隶。

· 简 评 ·

  斯巴达克起义的意义远远超出了起义的本身，它沉重地打击了奴隶主统治阶级，加剧了罗马奴隶制的经济危机，加速了罗马政权由共和制向君主制的过渡。斯巴达克在起义中表现出的英勇斗争精神和卓越的军事才能，在人民群众争取社会解放斗争史上留下了不可磨灭的印迹。斯巴达克不愧是"伟大的统帅，古代无产阶级的真正代表"（马克思语），"最大一次奴隶起义中的一位最杰出的英雄"（列宁语）。

小结

斯巴达克
国籍：希腊
身份：角斗士奴隶
成就：领导了古代规模最大的一次奴隶起义

> **读一读** 托马斯·闵采尔（1490年~1525年5月27日），德国宗教改革的激进派领袖、德国农民战争的杰出领袖。

托马斯·闵采尔

托马斯·闵采尔，生于德国哈茨的施托尔堡的一个工人家庭。在他很小的时候，父亲就被当地伯爵处死了，这使他对贵族统治阶级早就有着深仇大恨。

托马斯·闵采尔

闵采尔生活的那个年代，德国农民在黑暗中过着每一天。当时，德国境内有7个大诸侯、200多个中小诸侯，以及上千个独立的帝国骑士，天主教会占有全国三分之一的地产，他们都骑在农民头上作威作福，农民过着饥寒交迫、牛马不如的生活，毫无生存保障和人身权利。农民若稍作反抗，立即就会招致割耳、割鼻、挖眼、断肢、斩首、车裂、火焚、夹火钳、四马分尸等悲惨的下场。

面对深重的苦难，农民要想过人的生活，唯一的出路就是拿起武器反抗。闵采尔对农民的疾苦有着切肤之感，他冒着被杀头的危险，到处宣传自己的革命主张。在1521年发表的《布拉格宣言》中，闵采尔提出用暴力实现社会变革，建立没有私有制和阶级差别、由普通人掌权的千年太平天国的理想社会。"千年太平天国"的政治内容主要包括以下几个方面：

其一，主张整个世界发生一次大动荡、大变革。由平民百姓起来革命，推翻各种统治势力。

其二，废除私有制度，实行一切财产公有。没收教会、诸侯、僧侣的财产，取消一切徭役、地租、捐税、特权以及财富不均，消灭私有制和剥削。

其三，实行一切财富共同占有，产品平均分配。实现人人完全平等、人人有义务劳动。

其四，在政治体制上实行人民民主政权。一切权力交给民众，废除一切国家官僚。人民通过民主选举参与国家管理。政府官员必须接受人民监督，不能擅用职权。

显然，闵采尔的政治蓝图充满着理想色彩和新阶级的革命内容。在他的大力宣传和鼓动下，广大农民、城市贫民、矿工、纺织工等开始组成各种秘密团体，积极策划反抗封建贵族和教会的斗争。

到了1524年，全国性的农民大起义终于爆发了。1524年夏，德国南部土瓦本地区爆发大规模农民起义，3500人的农民武装，在不到一年时间里就发展到了3～4万人。1525年3月，弗兰克尼地区又爆发了规模更大的农民起义。但是，由于起义队伍不纯、各自为战，不久就被封建领主各个击破了。其间，闵采尔直接领导了萨克森和图林根地区爆发的农民起义（1525年2月），起义最坚决。他带领起义军攻占了米尔豪森城，建立起了革命政权——永久议会，自己被推选为主席。随后，闵采尔制定建立"千年太平天国"的措施：没收教会的财产；贵族与农民订立的一切契约全属无效；废除封建特权等。

在闵采尔的号召下，起义农民到处焚烧城堡、寺院，惩办罪恶的封建领主，声势越来越大。封建贵族和教会对壮大的起义军很是痛恨，他们不甘心，相互勾结，拼死反扑。

1525年5月，闵采尔率领的部队与菲力浦率领的贵族部队在弗兰肯豪森进行决战。当时，闵采尔手下只有8000人，且武器装备很差，而菲力浦则有好几万人的部队，且全副武装。结果，尽管起义军进行殊死搏斗，也没能改变失败的命运，起义军损失5000人，闵采尔则不幸被俘。

被俘后,刽子手对闵采尔施用了各种酷刑,但闵采尔宁死不屈,义正辞严:"如果我会投降,上帝也会向你们投降!"闵采尔终于英勇就义,当时年仅35岁。

闵采尔死后,起义军连遭重创,战斗力越来越弱。5月25日,米尔豪森城陷落,各地农民被残杀的达10万人以上。此后,起义军再也无力反抗。

德国陶瓷章:托马斯·闵采尔

· 简 评 ·

闵采尔要求建立接近共产主义社会的理想超出了时代的要求,超出了当时的物质条件和大多数农民、平民的直接要求,缺乏实现的物质基础,必然失败。但是,他的思想具有很强的革命性,为当时德国人民反封建提供了强大思想武器,加速了宗教改革的步伐,使他成为近代社会主义的先驱者之一。

小结

托马斯·闵采尔

国籍:德国

身份:农民战争领袖

代表作品:《布拉格宣言》

成就:领导德国农民战争

第三部分 起义英雄

> **读一读**
> 贞德（1412年1月6日～1431年5月30日），法国民族英雄，被称为"奥尔良的少女"和"圣女贞德"。

贞 德

贞德，生于法国东北部一个叫栋雷米的农村。她的父母出身农民，经营着一座农场。贞德生活的年代，法国正经历英法百年战争(1337年～1453年)，屡屡遭败。她的村庄也曾遭受英军几次袭击，其中一次还使村庄起了大火。目睹敌人欠下的累累血债和祖国人民遭受的苦难，贞德很小的时候便下定决心要保家卫国，要把拯救祖国作为自己的神圣职责。

传说，贞德13岁时在耳边听到上帝的声音，叫她去见王太子，即威廉七世，由她担负起抗击英国入侵者、拯救法兰西的光荣使命。每当敌人猖獗、法国危急之时，上帝就在她身边呼喊，而且喊声越来越响。贞德下定决心要去说服王太子。

贞德

16岁的时候，贞德来到邻近小城求见领主，说明上帝要她尽快去见王太子，她是上帝派来拯救法兰西的。一时间，人们纷纷流传贞德是"圣女"下凡。远近乡亲无不信以为真，更为她的爱国热情所感动，决定帮助她去完成救国的神圣使命。大家替她购买了盔甲、武器和战马，小城的领主还派人护送她去南方求见王太子。历经种种困难，贞德终于在什农城见到了王太子，并说服太子给了她一支军队，去解救当时正在被围的奥尔良城。

1429年4月22日，王太子任命贞德为军队总指挥，随后组成一支数千人的军队急赴奥尔良城。4月29日，贞德高举圣旗、跃马领先，指挥部队冲破敌军的层层包围，于晚上8时许进入城内，将武器、弹药和粮食送到了奥尔良军民手中，城内军民手持火把夹道欢迎，5000军民于是得救。这次解围战役的胜利，使奥尔良城内外的法国军民士气大振、斗志昂扬。贞德也因此战而威名大震，人们称她为"奥尔良的少女"。

奥尔良战役胜利后，贞德继续抗战。1429年6月27日，她率军北上，连克数城，收复大片失地。7月16日，贞德率军光复兰斯，并且于27日促使王太子查理在历代君王加冕的地方——兰斯大教堂加冕为王，称查理七世。查理七世成功加冕，法国人有了新的君王，法国军民抗战爱国激情迅速增强。顿时，赶走英国人、光复法国，成为全民族的光荣义务。此时，贞德更是信心百倍地投入新的战斗，她的威名遍及整个法国。但是，贞德的

兰斯大教堂

威望却引起了一些贵族和大臣的妒忌和恐慌，他们害怕自己的地位被动摇、利益被侵夺，于是就想方设法孤立、暗算、陷害她。

1430年春，兰斯西北面的军事重镇贡比涅告急，贞德率军救援，结果不幸失败。于是，贞德只好带领余部撤退回兰斯。但是，当她快到兰斯城内时，蓄谋陷害她的守城贵族却故意拉起吊桥，关闭城门。进退无路之际，贞德终因寡不敌众而被俘。

被俘后，贞德视死如归，决不背叛法国。1431年5月30日，贞德被绑赴鲁昂广场，在火刑柱上被活活烧死，死时仅19岁。

贞德死了，但她的精神不死。她的爱国献身精神唤醒了法国人民，更加燃起了法国千万民众救亡图存的熊熊烈焰，为收复失地而奋勇杀敌。1436年，即贞德就义后5年，巴黎光复。1453年10月，英军投降，百年战争以法国的胜利而宣告结束。

· 简 评 ·

贞德在法国历史上树立起了第一面爱国主义旗帜，成为了法国和世界被压迫民族反抗侵略、拥护祖国统一的楷模。她的不朽功绩和伟大的爱国主义精神，有着深远而广泛的影响，将被历史永久铭记。

小结

贞德
国籍：法国
身份：民族英雄、军事家
成就：领导奥尔良战役胜利，促使法国民族爱国运动高涨
语录：为了法兰西，我视死如归

> **读一读**
>
> 马丁·路德·金（1929年1月15日~1968年4月4日），美国著名民权运动领袖，他是将"非暴力"和"直接行动"作为社会变革方法的最为突出的倡导者之一。

马丁·路德·金

马丁·路德·金，生于美国南方佐治亚州的亚特兰大。马丁的祖父和父亲都是牧师。受他们影响，马丁从小就接触了神学，并对其产生了浓厚的兴趣。他的名字就是为敬仰伟大的宗教改革家马丁·路德而起的。

马丁先后就读于宾夕法尼亚大学、哈佛大学和波士顿大学的神学院。1955年，他从波士顿大学获得神学博士学位。在此前一年，他还成为了亚拉巴马州蒙哥马利的德克斯特大街浸信会教堂的一名牧师。在对神学的认识和探究中，他特别接触了圣雄甘地在社会改革方面的非暴力思想，受其影响很深，很是赞同。据说，他被人欺负，从不还手。

1955年12月5日，在历来歧视黑人的蒙哥马利市发生了一件惊人的事情：一名黑人妇女因不给白人让座，被判蹲监狱2年。此事让有同样遭受白人歧视经历的马丁义愤填膺，于是他与一些有影响的黑人商人和牧师决定行动起来。他们组成了"蒙哥马利争取改善黑人待遇协会"，马丁被选举为协会会长。此后，他们发起了长达1年的公共汽车抵制运动，要求黑人拒乘公共汽车24小时，并要求公共汽车

马丁·路德·金

公司礼貌服务和保证乘客乘车到达目的地。斗争最后获得胜利：1956年12月，美国最高法院宣布阿拉巴马州公共汽车公司实施的种族隔离规定违反宪法精神，并在该州通过了第一个公民权利法案。

因公共汽车抵制运动的胜利，马丁的名声大噪，他一跃成为全国的知名人士。其他各州黑人群众纷纷响应他，在公共汽车、商店和其他公共设施里展开反对种族隔离的活动。人们到处要求马丁在他们的组织中挂一个名，并以非暴力方式指导他们的行动。1956年，南方60多个抗议团体联合起来，成立了黑人牧师组织"南方基督教领袖大会"，马丁当选为首任主席。这个组织负责制订行动计划，并开办了一所专门训练非暴力战士的学校。

1960年1月31日，在北卡罗来纳州的格林波罗市，一位叫裘瑟夫·迈克乃尔的黑人大学生来到一家连锁店的吧台买酒，遭到拒绝，理由是"我们不为黑人服务"，"入座运动"由此开始。在此运动中，黑人进入拒绝为黑人服务的地方，礼貌地提出要求，得不到就不离开。为此，许多大学生得不到服务，就坐在那里做作业、读书、研究学问。不到两个月，运动就扩大到了美国南部50多座城市。虽然有许多大学生在"入座运动"中被捕，但马丁早已向他的同胞发出了号召——"把监狱填满"。

1963年，马丁组织了争取黑人工作机会和自由权的"向华盛顿进军"的示威游行。并且，他还在8月28日发表了著名演讲《我有一个梦想》，迫使美国国会在1964年通过《民权法案》，宣布种族隔离和歧视政策为非法政策。在1964年，马丁还获得了诺贝尔和平奖金。这年他35岁，是这项奖金最年轻的获得者。

1965年1月，马丁在阿拉巴马州组织群众示威以争取黑人选举权。这场斗争吸引了许多主张自由主义的白人参加进来，最终促使该州通过了选举权法案。

1968年4月，田纳西州的孟菲斯市发生了清洁工人罢工事件，马丁赶去声援。但很不幸，4月4日，马丁在一家汽车旅馆的阳台被一名刺客开枪正中喉咙致死，年仅39岁。他的死令众多黑人十分悲痛，由此触发了席卷美国180个城市的黑人抗暴运动。

自从马丁去世以来，美国黑人在某些方面的权益有了很大进展。如获得中学文凭的黑人增加了一倍，获得高等教育文凭的黑人增加了两倍；通过选举担任领导职务的黑人从1469名增加到了6000多名；许多大城市，从洛杉矶到芝加哥，从费城到底特律，都是由黑人当市长；2008年，奥巴马首任美国第一位黑人总统等等。由此可见，马丁发动的黑人民权运动功绩卓著。

· 简 评 ·

作为一个受人歧视的黑人，马丁不畏威胁和谩骂，为黑人谋求平等，在美国发动了民权运动，功绩卓著，闻名于世。迄今为止，美国有三个以个人纪念日为法定假日的例子，分别为亚伯拉罕·林肯纪念日、乔治·华盛顿纪念日和马丁·路德·金纪念日（每年1月份的第三个星期一）。而马丁·路德·金是唯一一位非美国总统而享有此殊荣的人。

小结

马丁·路德·金
国籍：美国
身份：牧师、民权运动领袖
代表作品：《我有一个梦想》
成就：领导美国黑人民权运动

> 读一读　洪秀全（1814年~1864年），中国太平天国农民运动领袖。

洪秀全

洪秀全

洪秀全，生于广东花县（今广州花都区）福源水村人，汉族客家人。幼时，洪秀全熟读"四书五经"，渴望考取功名、光宗耀祖。但是，他屡试不中，参加四次乡试都落选了。

其间，洪秀全翻阅基督徒梁发的《劝世良言》一书，受基督教的教义"平等思想"的启发，认为自己是受上帝之命下凡诛妖，于是，他一气之下抛开了孔孟之书，不再做儒生，索性把家里的孔子牌位换成了上帝的牌位。从此，洪秀全逢人便宣传他所理解的基督教教义，创立拜上帝会，撰《原道救世歌》，主张建立远古"天下为公"的盛世。

洪秀全宣传说："人心太坏，政治腐败，天下将有大灾大难，唯信仰上帝入教者可以免难。入教之人，无论男女尊贵一律平等，男曰兄弟，女曰姊妹。"洪秀全尊上帝耶和华为天父，自称天父次子，下到人间来替天行道。

最初，洪秀全在广州附近传教，但未取得很大成功。不过，他没有灰心，转至广西，继续传教，信徒日增。1845年~1846年间，洪秀全写下了《原道醒世训》《原道觉世训》《百正歌》等作品，宣传基督教思想，这也为太平天国起义作好了思想舆论准备。随后，他陆续制订拜上帝会的规条及仪式。

拜上帝会兴起与地方政府的矛盾日渐加深。于是，洪秀全决定带领教徒反清。1851年1月，洪秀全带领教徒在金田宣布起义。同时，洪秀全称自己为天王，建太平天国。

起义不到一年，太平军便控制了广西一带。1852年，太平军离开广西进入湖南。1853年，太平军攻占南京，改名天京，定都于此。此后，洪秀全退居幕后，军政大事由军师负责，南王冯云山、西王萧朝贵已死，大权便落在军师东王杨秀清手上。

定都天京后，洪秀全制定了一些有益的措施。例如：制定严厉刑罚来禁止鸦片的买卖；对清朝签订的丧权辱国的不平等条约一概不认可；第一次为妇女参加考试设立女科，选取了女状元、女进士等，把妇女地位推上历史顶峰。其中，最主要的是1853年冬颁布的《天朝田亩制度》。它是以解决土地问题为中心的、全面的农民革命斗争纲领和社会改革方案。纲领内容的完备性和深刻性，使太平天国革命达到了中国历代农民革命所能达到的最高思想境界。它规定"凡分田照人口，不论男妇，算其家口多寡，人多则分多，人寡则分寡"。洪秀全还主张把"四书五经"列为禁书，杨秀清不同意，借"天父下凡"迫洪秀全让步，后者只好同意"四书五经"在修改后可以刊印流传，然而直至太平天国灭亡仍未曾刊行。也是由此，洪秀全与杨秀清的矛盾日渐加深，致使发生"天京事变"。

1856年，杨秀清以"天父下凡"为由迫洪秀全封他为"万岁"。洪秀全知道北王韦昌辉、翼王石达开及燕王秦日纲对东王不满，便密诏三人诛杀东王。9月2日，韦昌辉与秦日纲率军突袭东王府，杨秀清及其家人被杀，东王部属、他们的家人及其他军民共2万多人也被杀。石达开抵达天京后，责备韦昌辉滥杀，二人不欢而散，石达开当夜逃出城外。未能捉住石达开，韦昌辉尽杀翼王府中石达开的家属。于是，石达开从安庆起兵，声讨韦昌辉，求天王杀北王以谢天下，受到天京以外的太平军的支持。情急之下，韦昌辉、秦日纲等率军攻打天王府，终不敌被杀。天京事变告一段落。事后，太平天国由盛转衰，开始走下坡路。

天京事变后，洪秀全重振政权，一方面提携英王陈玉成、忠王李秀成等新晋将领抵御清军，一方面让军师干王洪仁玕总理朝政。1859年，洪秀全颁布了洪仁玕写的《资政新篇》，倡导向西方学习，进行经济、政治和文化改革。《资政新篇》是先进的中国人最早提出的在中国发展资本主义的方案，具有鲜明的资本主义性质。

但是，太平天国已走在末路，难以挽救。洪秀全为了笼络人心及分散诸王权力开始滥封王爵，致使内政混乱。至于干王只是徒有虚名，所以即使有好的政策也无实施的力度。更重要的是，英国因洪秀全拒绝与其平分中国的阴谋，而支持清政府镇压太平军。1862年，陈玉成英勇就义，太平军形势急转直下。随后，天京附近据点逐一陷落，太平军陷入围困中，岌岌可危。1864年6月1日，洪秀全病逝天京。随之，天京城陷。至此，中国历史上农民起义的最高峰——太平天国运动以失败告终。

● 简　评 ●

太平天国运动被人认为是中国几千年农民战争的最高峰，其与洪秀全的巨大贡献是分不开的。洪秀全在动员和组织千百万农民投入反对清王朝封建统治的斗争方面确实起到了很大的作用，以致中国民主革命先驱孙中山愿作"洪秀全第二"，足可见其对后世的深远影响。

小结

洪秀全

国籍：中国

身份：农民运动领袖

代表作品：《原道醒世训》《原道觉世训》《百正歌》

成就：创立拜上帝会、建立太平天国

第四部分　思想圣哲

> **读一读**
>
> 老子（约前571年~前471年），又称老聃、李耳，字伯阳，中国古代伟大的哲学家、思想家和道家学派创始人，被唐朝帝王追认为李姓始祖。

老 子

老子，生于楚国苦县历乡曲仁里（今河南鹿邑太清宫镇）。相传，老子母亲理氏怀他81年才生出，他一生下就白眉、白发、白胡子，所以理氏给他取名叫"老子"。

老子生活在春秋时期，与孔子同时，但比孔子略早。孔子听闻老子博学多才，在周游列国时曾到洛邑向老子问礼。

老子曾任周王室的柱下史（御史），掌管王室图籍。

晚年，老子乘青牛西去，在函谷关（今

老子

河南灵宝）写成了五千言的《道德经》（又称《道德真经》，或称《老子》《老子五千文》）。

传说，当年函谷关总兵尹喜见到老子骑青牛而来，便拜老子为师，辞官随老子沿秦岭终南山神仙路西行，昼行夜宿。一天，他们来到盩厔（今陕西省西安市周至县），观此处依山傍水（此楼南山田峪河）、峰峦起伏，遂在此驻足，并结草为楼修行说经。沿传至今，世称楼观台。楼观台为国家首批重点文物保护单位，国家AAAA级旅游景区，内存历代文人骚客墨迹碑石三百余座。史称道教发源地。老子羽化后葬于距此八公里的西楼观。此处现存老子墓。

《道德经》分上、下两册，共81章，前37章为上篇道经，第38章以下属下篇德经，全书的思想结构是：道是德的"体"，德是道的"用"。《道德经》含有丰富的辩证法思想，其与古希腊哲学一起构成了人类哲学的两个源头，老子因此被尊为"中国哲学之父"。老子的思想被庄子所传承，并与儒家及后来的佛家思想一起构成了中国传统思想文化的内核。道教出现后，老子被尊为"太上老君"；从《列仙传》开始，老子就被尊为神仙。

《道德经》以"道"解释宇宙万物的演变，以为"道生一，一生二，二生三，三生万物"，"道"乃"夫莫之命（命令）而常自然"，因而"人法地，地法天，天法道，道法自然"。"道"为客观自然规律，同时又具有"独立不改，周行而不殆"的永恒意义。

《道德经》中包括大量朴素辩证法观点，如认为一切事物均具有正反两面，"反者道之动"，并能由对立而转化，"正复为奇，善复为妖"，"祸兮福之所倚，福兮祸之所伏"；认为世间事物均为"有"与"无"之统一，"有、无相生"，而"无"为基础，"天下万物生于有，有生于无"；等等。

《道德经》中有大量的民本思想："天之道，损有余而补不足，人之道则不然，损不足以奉有余"；"民之饥，以其上食税之多"；"民之轻死，以其上求生之厚"；"民不畏死，奈何以死惧之"等等。

《道德经》不仅仅是作为一本哲理书影响中国哲学，它还具有一定的文学性，对后世文学的影响也不小。此书是语录体韵文，语言精练，多排比对偶之句。例如："祸兮，福之所倚；福兮，祸之所伏"，"民之饥，以其上食税之多，是以饥；民之难治，以其上之有维是以难治；民之轻死，以其上求生之厚，是以轻死"，修词凝练，音节铿锵，理虽玄远，文实多姿。其修辞比况，多为后世文士所取法。

现在，老子的著作、思想早已成为世界历史文化遗产的宝贵财富。《道德经》现有640多种各种不同文字的版本，发行量仅次于西方世界的《圣经》。在德国，每个企业职工人手一册《道德经》；在中国，《道德经》有670种不同的注本。据《中国文物报》2002年7月5日报道，两千多年来，为《道德经》作注者达三千余家。凭借仅仅 5000 余言的《道德经》，老子被美国《纽约时报》列为全世界十大古今作家之首。

为了纪念老子，2011 年 3 月 18 日，老子圣像在河南省灵宝市函谷关揭幕。老子圣像高 28 米，重 60 吨，为紫铜锻造贴金，总投资 2588 万元。函谷关是老子著述《道德经》之处，也是中国历史上建置最早的雄关要塞，目前已建成为一个融军事文化和老子文化为一体的人文景区。

• 简 评

老子的哲学思想和由他创立的道家学派，不但对中国古代思想文化的发展作出了重要贡献，而且对中国两千多年来思想文化的发展产生了深远的影响。

小结

老子
国籍：中国
职位：史官
代表作品：《道德经》
成就：辩证法思想、创立道家学派

> 读一读
>
> 孔子（前551年9月28日～前479年4月11日），名丘，字仲尼，中国古代伟大的思想家、文学家、教育家，儒家学派创始人，居联合国教科文组织评出的"世界十大文化名人"之首。

孔 子

孔子

孔子，春秋时期鲁国人，生于鲁国陬邑昌平乡（今山东曲阜市东南的鲁源村）。孔子3岁的时候，父亲叔梁纥病逝，与母亲过着贫困的生活。年轻时，孔子想走仕途，曾做过小官，但总是郁郁不得志。于是，他开始教书育人。约在50岁时，他在鲁国担任要职，但又很快被反对派逼下台。随后，他携弟子四处游说和讲学，晚年返回鲁国，专心教学。前479年，与世长辞。

孔子的一生中完成了《易》《诗》《书》《礼》《乐》《春秋》六经。他的学说成为历代儒家学生的必修之课。孔子死后，他的学生将其言语整理编撰成《论语》。他的思想和学说对后世产生了极其深远的影响。

1. 政治思想

孔子的政治思想核心是"礼"与"仁"。在治国的方略上，他主张"为政以德"，认为用道德和礼教来治理国家是最高尚的治国之道。他建议统治者将德、礼施之于民。这实际上已打破了传统的礼不下庶人的信条，打破了贵族和庶民间原有的一条重要界限，体现了人道主义精神和礼制精神（现代意义上的秩序和制度）。

2. 经济思想

孔子的经济思想最主要的是重义轻利、"见利思义"的义利观与"富民"思想。孔子所谓的"义",是一种社会道德规范,"利"指人们对物质利益的谋求。在"义""利"两者的关系上,孔子把"义"摆在首要地位,要求人们在物质利益的面前,首先应该考虑怎样符合"义"。

孔子的富民思想虽然带有一定保守性,只是指责和批评,但不乏其爱民思想。例如:"因民之利而利之",即对民众有利的事情才去做;赋税要轻一些,徭役的摊派不要耽误农时;为政者不要过于奢侈,要注意节俭;等等。

3. 教育思想

孔子的教育思想极为丰富。他提倡"有教无类",创办私学,广招学生,打破了奴隶主贵族对学校教育的垄断,把受教育的范围扩大到了平民,顺应了当时社会发展的趋势。他主张"学而优则仕",即学生如果学习了还有余力,就应该去做官。他的教育目的是要培养从政的君子,而君子必须具有较高的道德品质修养,所以孔子强调学校教育必须将道德教育放在首要地位。

孔子道德教育的主要内容是"礼"和"仁"。其中"礼"为道德规范,"仁"为最高道德准则。"礼"是"仁"的形式,"仁"是"礼"的内容,有了"仁"的精神,"礼"才真正充实。因此,在道德修养方面,孔子提出树立志向、克己、践履躬行、内省、勇于改过等内容。

"学而知之"是孔子教学思想的主导思想。在主张不耻下问、虚心好学的同时,他强调学习与思考相结合("学而不思则罔,思而不学则殆"),同时还应学以致用,将学到的知识运用于社会实践。

孔子的教学方法多种多样。他最早提出启发式教学。他说:"不愤不启,不悱不发。"就是说,教师应该在学生认真思考,并已达到一定程度时恰到好处地进行启发和开导。在教学实践中,孔子最早采用了因材施教的方法。孔子通过谈话和个别观察等方法了解和熟悉学生的个性特征,然后在此基础上,根据各个学生的具体情况,采取不同的教育方法。

孔子非常热爱教育事业,毕生从事教育活动。他不仅言教,更重身教,以自己的模范行为感化学生。他爱护学生,学生也很尊敬他,师生关系非常融洽。据史记载，孔门弟子3000，达者72人。被后世尊为"亚圣"的孟子是他孙子孔伋的再传弟子。他为中国古代的教育事业及现代教育事业做出了卓越的贡献。

4. 美学思想

孔子的美学思想核心为"美"和"善"的统一，也指形式与内容的统一。孔子提倡"诗教"，即把文学艺术和政治道德结合起来，把文学艺术当作改变社会和政治的手段，陶冶情操的重要方式。孔子认为，一个完人，应该在诗、礼、乐修身成性。孔子的美学思想对后世的文艺理论影响巨大。

孔子对于中国的影响毋庸置疑，他被后世尊称"至圣"（圣人之中的圣人）"万世师表"。其实，他的影响也是世界性的。美国诗人、哲学家爱默生认为"孔子是全世界各民族的光荣"。英国历史学家、哲学家汤恩比博士说，拯救21世纪人类社会的只有中国的儒家思想和大乘佛法。孔子如此受人敬仰，我们更是应加倍努力将他的思想和理论精华不断发扬光大。

简评

柳翼谋在《中国文化史》中写道："孔子者，中国文化之中心也。无孔子则无中国文化。自孔子以前数千年之文化，赖孔子而传；自孔子以后数千年之文化，赖孔子而开。"可以说，孔子就是中国的代言人。

小结

孔子

国籍：中国

身份：教育家、思想家、文学家

代表作品：《易》《诗》《书》《礼》《乐》《春秋》

成就：开创儒家学派

语录：三人行，必有我师焉／知之为知之，不知为不知，是知也

> ●●●● 柏拉图（约前427年～前347年），原名亚里斯多克勒斯，全部西方哲学乃至整个西方文化最伟大的哲学家和思想家之一。

读一读

柏拉图

柏拉图

柏拉图，出生在雅典一个贵族家庭，年轻时结识了著名的哲学家苏格拉底，苏格拉底成了他的良师益友。前399年，苏格拉底被控告为不信上帝和腐蚀雅典青年而遭受审讯，被判处死刑。苏格拉底的死使柏拉图对现存的政体完全失望，于是开始游历四方。他曾到埃及、小亚细亚和意大利南部从事政治活动，企图实现他的贵族政治理想，结果失败了。前387年，柏拉图返回雅典，创办了一所学校——柏拉图学园。从此，他便开始执教，传授哲学学说和撰写哲学论著。他一生著述颇丰，其思想主要集中在《理想国》（又译作《国家篇》）和《法律篇》中。柏拉图最著名的弟子是亚里士多德。他和老师苏格拉底、学生亚里士多德并称为古希腊三大哲学家。

在哲学上，柏拉图继承了苏格拉底的唯心主义，成为了西方客观唯心主义的始祖。他的哲学总思想是：在现实世界之上，还有超经验的理性世界。理念是第一性的，现实是第二性的；现实是理念的派生，是它贫弱的模拟和极不完备的影子。现实世界变动不居，只有理念世界才是永恒真实的客观存在。这正是精神第一、物质第二的客观唯心论。柏拉图认为任何一种哲学要能具有普遍性，必须包括一个关于自然和宇宙的学说在内。柏拉图试图掌握有关个人和大自然永恒不变的真理，因此发展了一种适合并从属于他的政治见解和神学见解的自然哲学。柏拉图的哲学思想具体表现为政治思想、教育观和爱情观三个方面。

1. 政治思想

在《理想国》中，柏拉图设计了一幅正义之邦的图景：国家规模适中，以站在城中高处能将全国尽收眼底，国人彼此面识为度。

柏拉图将理想国中的公民分为治国者、武士、劳动者3个等级，分别代表智慧、勇敢和欲望3种品性。治国者依靠自己的哲学智慧和道德力量统治国家；武士辅助治国，用忠诚和勇敢保卫国家的安全；劳动者为全国提供物质生活资料。在这样的国家中，治国者均是德高望重的哲学家，只有哲学家才能认识理念，具有完美的德行和高超的智慧，明了正义，按理性的指引去公正地治理国家。治国者和武士没有私产和家庭，因为私产和家庭是一切私心邪念的根源。劳动者也绝不允许拥有奢华的物品。

理想国还很重视教育，因为国民素质与品德的优劣决定国家的好坏。柏拉图甚至设想在建国之初就把所有10岁以上的人遣送出国，因为他们已受到旧文化的熏染，难以改变。柏拉图认为，全体公民从儿童时代开始就要接受音乐、体育、数学到哲学的终身教育。

关于法律，柏拉图在《政治家篇》中首次明确论述了法律的作用并以法律作为划分政体的标准。后来，在《法律篇》中，柏拉图进一步发挥了关于法律的作用的思想。从理想出发，他推崇哲学王的统治，"没有任何法律或条例比知识更有威力"；从现实出发，他强调人类必须有法律并且遵守法律，否则他们的生活将如同最野蛮的兽类。

2. 教育观

柏拉图是西方教育史上第一个提出完整的学前教育思想并建立完整的教育体系的人。从理念先于物质而存在的哲学思想出发，柏拉图在其教育体系中强调理性的锻炼。他要求3～6岁的儿童都要受到保姆的监护，会集在村庄的神庙里，进行游戏、听故事和童话。7岁以后，儿童要开始学习军人所需的各种知识和技能，包括读、写、算、骑马、投枪、射箭等。从 20～30 岁开始，那些对抽象思维表现特殊兴趣的学生要继续深造，学习算术、几何、天文学与和声学等学科，锻炼思考能力，开始探索宇宙的奥妙。30 岁以后，未来的统治者要进一步学习辩证法，以洞察理念世界。这样，经过 5 年后，"他"就可以成为统治国家的哲学王了。

关于体育教育，柏拉图主张心身和谐发展，强调"用体育锻炼身体，用音乐陶冶心灵"。柏拉图对妇女体育也很重视。他认为："做女孩的应该练习各种跳舞和角力；结婚以后，便要参加战斗演习、行营布阵和使用武器因为一旦当所有的军队出动去打敌人的时候，她们就能保卫儿童和城市"柏拉图丰富的体育思想对后世体育的发展有深远的影响。

3. 爱情观

柏拉图式爱情，也称"精神恋爱"，即追求心灵沟通，排斥肉欲，是建立在理性精神上的纯洁恋爱。

柏拉图才思敏捷，研究广泛，著述颇丰。以他的名义流传下来的著作有 40 多篇，另有 13 封书信。主要有：《伊壁鸠鲁篇》《政治家篇》《理想国》《法律篇》《苏格拉底之死》等。这些著作大多是用对话体裁写成，人物性格鲜明，场景生动有趣，语言优美华丽，论证严密细致，内容丰富深刻，达到了哲学与文学、逻辑与修辞的高度统一，不仅在哲学上而且在文学上都具有极其重要的意义和价值。

柏拉图的思想和他的著作，启蒙着整个西方的文明。在后世哲学家和基督教神学中，柏拉图的思想保持着巨大的辐射力。罗马时期的新柏拉图主义直接来自柏拉图哲学，并通过它们使柏拉图哲学影响了整个中世纪。近、现代的西方唯心论和唯理论哲学，也大都和柏拉图哲学有千丝万缕的联系。

· 简 评

有的哲学史家认为，直到尼古拉、布鲁诺、黑格尔等哲学家在吸收柏拉图哲学有益成分并经过不断发展以后,西方哲学才逐渐摆脱了柏拉图思想的控制。由此,柏拉图对西欧以后哲学发展的影响可见一斑。

小结

柏拉图

国籍:希腊

身份:哲学家

代表作品:《政治家篇》《理想国》《法律篇》

语录:真理可能在少数人一边／良好的开端,等于成功的一半／只要有信心,人永远不会挫败

> **读一读**
>
> 亚里士多德（前384～前322年），世界古代史上最伟大的哲学家、科学家和教育家之一。他被恩格斯称为"最博学的人"。

亚里士多德

亚里士多德，出生于希腊的一个殖民地——色雷斯的斯塔基拉。他的父亲是马其顿王的御医。18岁时，亚里士多德被姐姐送到雅典的柏拉图学园学习，此后20年间亚里士多德一直住在学园。

在柏拉图学园中，亚里士多德的表现很出色，柏拉图称他是"学园之灵"。但亚里士多德可不是个只崇拜权威，在学术上唯唯诺诺而没有自己的想法的人。有记载说，在学园学习期间，亚里士多德就在思想上跟老师有了分歧。他曾经隐喻地说过，智慧不会随柏拉图一起死亡。柏拉图去世后，由于学园的新首脑比较赞同柏拉图哲学中的数学倾向，令亚里士多德无法忍受，便离开了雅典。此后，他开始游历各地。

前341年，亚里士多德接受马其顿的国王腓力浦二世的聘请，成为13岁的亚历山大大帝的老师。此后，亚里士多德一边教学，一边潜心学术研究。腓力浦二世去世后，亚里士多德回到雅典。在亚历山大的资助下，他建立了自己的吕刻（昂）俄斯学园，开始招生教学。亚里士多德非常重视教学方法，他反对刻板的教学方式，经常带着学生在花园林荫大道上一边散步、一边讨论学术

亚里士多德

第四部分 思想圣哲 139

柏拉图（左）和亚里士多德（右）

问题，因此后人把亚里士多德学派称作"逍遥学派"。亚历山大大帝死后，雅典人开始奋起反对马其顿对希腊的统治。亚里士多德因与亚历山大大帝关系密切逃到加尔西斯避难，次年病逝。

亚里士多德一生勤奋治学，从事的学术研究涉及逻辑学、修辞学、物理学、生物学、教育学、心理学、政治学、经济学、美学、博物学等，并写下了大量的著作。他的著作是古代的百科全书，据说有400~1000部，主要有《工具论》《形而上学》《物理学》《伦理学》《政治学》《诗学》等。他的思想对人类的发展产生了深远的影响。

1. 哲学

亚里士多德是伟大的具有唯物主义思想的哲学家，他虽然是柏拉图的学生，但却抛弃了老师所持的唯心主义观点。柏拉图认为理念是实物的原型，它不依赖于实物而独立存在。亚里士多德则认为万物是形式和质料的和谐统一。"质料"是事物组成的材料，"形式"是事物的个别特征。这一理论表现出亚里士多德自发的辩证法思想。

亚里士多德在哲学上最大的贡献在于创立了形式逻辑这一重要分支学科。亚里士多德认为分析学或逻辑学是一切科学的工具。他是形式逻辑学的奠基人，他力图把思维形式和存在联系起来，并按照客观实际来阐明逻辑的范畴。这种思维方式自始至终贯穿于他的研究、统计和思考之中。

2. 天文

亚里士多德认为，运行的天体是物质的实体，地球是球形的，是宇宙的中心；地球和天体由不同的物质组成，地球上的物质是由水、气、火、土四种元素组成，天体由第五种元素"以太"构成。

3. 物理

亚里士多德反对原子论；不承认有真空存在；物体只有在外力推动下才运动，外力停止，运动也就停止；自由落体运动的物体重的比轻的落得快（此结论后被伽利略推翻）。

4. 生物

在达尔文之前，没有一个人比亚里士多德对人们了解生物界作出的贡献更多。他的生物学知识很广博，知识来源也很广泛。他对500多种不同的植物、动物进行了分类，至少对50多种动物进行了解剖研究。生物学史的各个方面几乎都得从亚里士多德开始。

5. 教育

亚里士多德认为理性的发展是教育的最终目的，主张国家应对奴隶主子弟进行公共教育，使他们的身体、德行和智慧得以和谐地发展。

亚里士多德为其哲学学校设立了"百科全书"式的课程。他主张学生在德、智、体、美等方面全面发展，且在不同时期各有所侧重——幼儿期，以身体发展（体育）为主；少年期，以音乐教育为核心，以德、智、美为主要内容；高年级时，要学习文法、修辞、诗歌、文学、哲学、伦理学、政治学以及算术、几何、天文、音乐等学科。但不管怎样，重心都应放在发展学生的智力上。

在教学方法上，亚里士多德重视练习与实践的作用。如在音乐教学中，他经常安排儿童登台演奏，现场体验，熟练技术，提高水平。

在师生关系上，亚里士多德告诫学生，不应是对导师一味言听计从、唯唯诺诺，而是在继承的基础上敢于思考、坚持真理、勇于挑战。正如他所说："吾爱吾师，吾更爱真理。"

6. 政治

亚里士多德的《政治学》是古希腊思想家最重要的政治学论著。全书在对100多个城邦政制分析比较的基础上，从人是天然的政治动物这一前提出发，系统论述了什么是对公民最好的国家。《政治学》被公认为西方传统政治学的开创之作，它所建立的体系和一系列政治观点，对西方政治思想的发展产生了深远的影响。

亚里士多德著述之多，其思想、贡献之博大，真是令人震惊。称亚里士多德为一位最伟大的、百科全书式的哲学家、科学家、教育家和思想家，确实不足为过。

简 评

亚里士多德对世界的贡献无人可比。亚里士多德集中、古代知识于一身，在他死后几百年中，没有一个人像他那样对世界知识有过系统考察和全面掌握。他的著作是古代的百科全书，他的思想曾经统治过全欧洲，改变了几乎全西方的哲学家。

小结

亚里士多德

国籍：希腊

身份：哲学家、科学家、教育家和思想家

代表作品：《工具论》《物理学》《形而上学》《伦理学》《政治学》

语录：幸福在于自给自足之中／吾爱吾师，吾更爱真理

> **读一读** 伊曼努尔·康德(1724年4月22日~1804年2月12日),德国古典哲学的创始人。他被认为是对现代欧洲最具影响力的思想家之一,也是启蒙运动最后一位主要哲学家。

伊曼努尔·康德

伊曼努尔·康德,生于东普鲁士首府柯尼斯堡(今俄罗斯加里宁格勒)的一个马鞍匠家庭。他终身未娶,生前一直过着深居简出、单调刻板的学者生活,从生前到去世,从未踏出过出生地半步。

据说,康德的生活十分有规律。他生活中的每一项活动,如起床、喝咖啡、写作、讲学、进餐、散步,时间几乎从未有过变化,就像机器那么准确。每天下午3点半,康德都会准时出现在柯尼斯堡一条栽种着菩提树的小道上,开始他那著名的散步,以至当地的居民在满怀敬意与他打招呼时,总是趁机校正自己的钟表。只有一次,康德错过了散步时间,因为读卢梭的《爱弥尔》入迷而忘了时间,忘了自己。

就是这样一个生活枯燥乏味而近乎呆板的人,给人类哲学思想史带来了一场革命,其思想光芒在当时以及他死后,让全世界为之瞩目。康德的"三大批判"构成了他的伟大哲学思想体系,即《纯粹理性批判》(1781年)、《实践理性批判》(1788年)和《判断力批判》(1790年)。

伊曼努尔·康德

《纯粹理性批判》要回答的问题是：我们能知道什么？这个问题研究的是人类如何认识外部世界的问题。康德的回答是：我们只能知道自然科学让我们认识到的东西，哲学除了能帮助我们澄清使知识成为可能的必要条件外，就没有什么更多的用处了，自从柏拉图以来的形而上学问题其实是无解的。

《实践理性批判》要回答的问题是伦理学的问题：我们应该怎样做？康德的回答是：我们要尽我们的义务。什么叫"尽义务"？康德提出了著名的"（绝对）范畴律令"："要这样做，永远使得你的意志的准则能够同时成为普遍制订法律的原则。"他认为，人在道德上是自主的，人的行为虽然受客观因果的限制，但是人之所以成为人，就在于人有道德上的自由能力，能超越因果，有能力为自己的行为负责。

《判断力批判》要回答的问题是：我们可以抱有什么希望？康德给出的答案是：如果要真正做到有道德，我们就必须假设有上帝的存在，假设生命结束后并不是一切都结束了。此外，在《判断力批判》中，康德关心的问题还有人类精神活动的目的、意义和作用方式，包括人的美学鉴赏能力和幻想能力。

看了"三大批判"的介绍，你是不是觉得非常晦涩难懂？其实和你一样，许多读者在读了康德的著作后都觉得茫然不知所云。曾经，有一个读者对康德抱怨说："读你的书，十个指头都不够用，因为你写的句子太长了，我用一个手指按住一个从句，十个指头用完了，一句话还没有读完！"但是，艰深的语句埋不住康德思想的光辉，康德的哲学正如他所说的，是哲学领域内的"哥白尼式的革命"。看看他的身后，叔本华、黑格尔、费希特、马克思、尼采他们都深受康德的影响。

除了"三大批判"外，康德的主要著作还有：《自然通史和天体论》（1755年），提出了太阳系起源的星云假说；《论永久和平》（1795年），宣传自由主义，提出议制政府与世界联邦的构想；《人类学》（1798年），一般认为其是对其整个学说的概括和总结；等等。

› 简 评 ·

康德与他的哲学具有划时代的意义。有人把他的哲学比作蓄水池,前人的思想汇集于此,后人的思想则从中流出来;也有人将他的哲学比作一座桥,想入哲学之门就得通过康德之桥。康德是世界哲学发展史上"无法回避"的一座高峰。

小结

伊曼努尔·康德

国籍:德国

身份:哲学家

代表作品:《纯粹理性批判》《判断力批判》《实践理性批判》

成就:德国古典哲学的创始人

语录:自由即自律/没有目标而生活,恰如没有罗盘而航行/我是孤独的,我是自由的,我就是自己的帝王

> 读一读
>
> 卡尔·亨利希·马克思（1818年5月5日~1883年3月14日），马克思主义即科学社会主义的创始人，全世界无产阶级和劳动人民的伟大导师。

卡尔·亨利希·马克思

卡尔·亨利希·马克思

卡尔·亨利希·马克思，生于德国特利尔市一个犹太族律师家庭。他从小勤奋好学，善于独立思考。中学时代，受法国启蒙思想和法国革命的影响，马克思有了为人类谋幸福的崇高理想。中学毕业后，马克思进入波恩大学，后转入柏林大学学习法律。在大学，马克思除了学习法律，他还把更多的时间放在在研究哲学上，主要钻研黑格尔哲学，属于青年黑格尔派。1841年大学毕业时，马克思写了论文《德谟克利特的自然哲学和伊壁鸠鲁的自然哲学的差别》，获得博士学位。这篇论文贯穿了战斗的无神论精神。

大学毕业后，马克思担任《莱茵报》主编。在马克思影响下，《莱茵报》日益倾向革命民主主义。1843年，马克思在《莱茵报》上发表了一篇批评俄国沙皇的文章，引发俄国沙皇尼古拉一世的不满，普鲁士（即德国）国王接到沙皇的抗议后下令查禁《莱茵报》，马克思因此失业。在此期间内，马克思认识了弗里德里希·冯·恩格斯。恩格斯是富家子弟，十分欣赏马克思的主

马克思与燕妮

张,经常出钱赞助马克斯的活动与生活。马克思做学问思考认真、严谨,但生活随性,经常拖延要交给报社的文稿,恩格斯就常协助马克思的工作并代笔部分文章。同年6月19日,马克思还与等了他7年之久、生于德国贵族家庭的燕妮·冯·威斯特法伦结婚。

离开《莱茵报》后,马克思夫妇迁居巴黎。在巴黎,马克思着手研究政治经济学、法国社会运动及法国历史。随着研究的深入,马克思的哲学思想最终从唯心主义转向唯物主义、从革命民主主义转向共产主义。这些思想体现在1844年发表的《论犹太人问题》和《〈黑格尔法哲学批判〉导言》两篇文章中。这年9月,恩格斯拜访马克思,两人一拍即合,他们关于无产阶级解放斗争的理论完全一致。从此,他们开始了伟大的合作,并结成了深厚的友谊。

1884年,马克思和恩格斯合写《神圣同盟》,着重批判青年黑格尔派的唯心主义观点、提出了人民群众在历史上的革命作用的唯物主义原理。1845年,马克思在写了《关于费尔巴哈的提纲》,阐明了实践在社会生活和人的认识中的作用,指出实践是检验人的思维的真理性的标准。1846年,马克思同思格斯合写《德意志意识形态》,系统地阐明了唯物主义历史观。1847年初,马克思《哲学的贫困》中,阐述了无产阶级经济斗争的纲领和策略。

在为无产阶级创立科学世界观的同时,马克思还注意把这些理论与无产阶级革命运动结合起来。1846年初,马克思和恩格斯建立布鲁塞尔共产主义通讯委员会，在工人中传播科学社会主义理论。1847年1月，马克思和恩格斯应邀参加德国工人秘密组织的正义者同盟，并担任布鲁塞尔区部和支部的领导人。6月，正义者同盟更名为共产主义者同盟。11月，马克思与恩格斯为共产主义者同盟起草同盟纲领。这就是1848年2月正式发表的科学共产主义的纲领性文件——《共产党宣言》，简称《宣言》。

《宣言》分析了阶级斗争在社会历史中的作用，揭示了资本主义必将为社会主义所取代的客观规律，阐述了无产阶级是资本主义掘墓人的历史使命。《宣言》还说明了共产党的性质和特点，规定了它的基本任务和奋斗目标，驳斥了各种对共产主义的诬蔑，批判了种种冒牌社会主义和空想社会主义。《宣言》的发表，标志科学共产主义的诞生，开创了科学社会主义和无产阶级革命运动相结合的新纪元。

1848年，资产阶级革命席卷整个欧洲，但结果失败了。革命失败后，马克思被许多国家驱逐，先后流亡法国、普鲁士、英国等国，遭统治者长期监视。因到处流亡，马克思曾自称是"世界公民"。在伦敦，马克思度过了一生中最困难的日子。在5年时间里，马克思因为经济和债务问题，精神焦虑，受疾病所苦，情绪不佳，4个孩子有3个夭折。但在这期间，马克思写出了他的最重要的著作《资本论》（第一卷）（1861年开始写，1867年出版）。在书中，马克思提出了著名的剩余价值理论。

1864年9月28日，第一个无产阶级群众性组织——国际工人协会，即第一国际在伦敦成立，马克思受邀承担了为协会起草《成立宣言》和《章程》的任务，并担任主要领导人之一。此后，马克思把全部心血都倾注到了《资本论》的创作中。1883年3月14日，马克思在伦敦寓所辞世，尚未完成《资本论》的后两卷由恩格斯根据他留下的草稿编辑出版。

马克思的一生是伟大的一生。他和恩格斯共同创立的马克思主义学说，是指引全世界无产阶级和劳动人民为实现共产主义伟大理想而进行斗争的理论武器和行动指南。马克思的名字永存史册，他的学说永放光芒。

> 简 评

　　写马克思传记的作家弗朗西斯·惠恩认为，20世纪的历史是"马克思的遗产"。这样的评价并不为过。无论是政治、经济、社会、哲学等各方面的思想和主张，还是教育、文学、考古等各领域的理论研究，马克思对19世纪中后期以及至今的人类社会都产生了巨大、深刻的影响。直至今日，信仰马克思主义的人依然遍布世界各地，马克思主义在各国的产业工人、中产阶级和左翼知识分子中拥有很大的影响力。不知人类社会是否会进步到共产主义阶段，但是不可否认马克思对人类文明和社会发展做出的不可磨灭的卓越贡献。

小结

卡尔·亨利希·马克思

国籍：德国

身份：政治家、哲学家、经济学家、革命理论家

代表作品：《共产党宣言》《资本论》

成就：创立马克思主义

语录：不学无术，在任何时候，对任何人，都无所帮助，也不会带来利益

> **读一读**
> 乔尔丹诺·布鲁诺（1548年~1600年），原名菲利普·布鲁诺，科学真理的殉道士。

乔尔丹诺·布鲁诺

乔尔丹诺·布鲁诺

乔尔丹诺·布鲁诺，生于意大利那不勒斯附近诺拉城的一个普通农民家庭。他幼年丧失父母，家境贫寒，10岁进了多米尼修道院，15岁就成为了一名修道士。

在修道院，布鲁诺攻读神学，同时他还刻苦钻研古希腊罗马语言文学和东方哲学。他还经常参加当时的一些社会活动，与一些人文主义者交往甚密。在当时强大的人文主义思潮影响下，布鲁诺阅读了不少禁书，其中对他影响最大的是哥白尼的《天体运行论》和当代著名哲学家特列佐的著作。他被哥白尼的学说所吸引，开始对自然科学发生了浓厚的兴趣，逐渐对宗教神学发生了怀疑。随后，他写了一些批判《圣经》的论文，并从日常行为上表现出对基督教圣徒的厌恶。

布鲁诺信奉哥白尼学说，其言行触怒了教廷，被指控为异教徒，并革除了他的教籍。1576年，布鲁诺为了逃避审判，不得不离开修道院，四海为家。此后，他长期漂流在瑞士、法国、英国和德国等国家，曾在日内瓦、图卢兹、巴黎、伦敦、维登堡等城市居住过。尽管如此，布鲁诺始终不渝地宣传科学真理。他到处作报告、写文章，时常出席一些大学的辩论会，用他的笔和舌头毫无畏惧地积极颂扬哥白尼学说,无情地抨击官方经院哲学的陈腐教条。他几度被反对者围攻,甚至被逮捕,但依然坚持自己的观点,毫不动摇。

在主要著作《论无限宇宙及世界》中,布鲁诺提出了宇宙无限的思想,他认为宇宙是统一的、物质的、无限的和永恒的,在太阳系以后还有无以数计的天体世界。人类所看到的只是无限宇宙中极为渺小的一部分,地球只不过是无限宇宙中一粒小小的尘埃。

布鲁诺进而指出,千千万万颗恒星都是如同太阳那样巨大而炽热的星辰,这些星辰都以巨大的速度向四面八方疾驰不息。它们的周围也有许多像我们地球这样的行星,行星周围又有许多卫星。生命不仅在我们的地球上有,也可能存在于那些人们看不到的遥远的行星上

布鲁诺通过哲学思辨得出的宇宙无限性观念,在思想史上具有无比的重要性。整个近代的宇宙论革命,就是从封闭的世界走向无限的宇宙。哥白尼的宇宙体系是一个有限的体系,它依然保留了天球的概念。相比之下,布鲁诺超前于时代太多了,他所描述的与无数太阳系并存的无限宇宙图景,差不多300年后才得到科学界的公认。所以,布鲁诺的思想使与他同时代的人感到茫然,为之惊愕!大多数人认为布鲁诺的思想简直是骇人听闻。甚至,连当时被尊为"天空立法者"的天文学家开普勒也无法接受。至于罗马宗教裁判所,对他是又恐惧又仇恨,极欲将之逮捕。

1592年,罗马教廷收买布鲁诺的朋友,将他诱骗回国,并逮捕了他,把他囚禁在宗教判所的监狱里,接连不断地审讯和折磨他竟达8年之久。

在监狱里,宗教裁判所对他威胁利诱,软硬兼施,妄图迫使他就范,公开声明改变自己的观点。但是,布鲁诺没有屈服。他自勉说:"如果愚昧无知者的法庭吓唬你,企图消灭你的珍贵事业,你一定要坚贞不屈,不要失掉勇气,甚至也不要退步。"他始终坚信,真理一定会战胜邪恶。

有一次审讯的时候,主教规劝布鲁诺:"只要你公开表示认罪和忏悔,不但可以免除对你的火刑,还可以在罗马教廷中给你安排一个令人羡慕的高位。"布鲁诺嗤之以鼻,大声呼喊:"收起你们这一套吧!我没有罪,也根本没有做过需要忏悔的事情!"主教露出了凶相,狂怒地吼道:"你坚持异端邪

说,执迷不悟,等待你的就是火刑!"布鲁诺镇定自若地说:"在真理面前,我半步也不会退让!"

罗马教廷终于绝望了,他们决定处以布鲁诺极刑,将他活活烧死。1600年2月17日,通往罗马的鲜花广场的街道上站满了群众,布鲁诺被绑在广场中央的火刑柱上,他向围观的人们庄严宣布:"黑暗即将过去,黎明即将来临,真理终将战胜邪恶!"最后,他高呼:"火,不能征服我,未来的世界会了解我,会知道我的价值。"刽子手用木塞堵住了他的嘴,然后点燃了干柴。布鲁诺在熊熊的烈火中英勇地就义了。

布鲁诺死后,罗马教廷害怕人们抢走他的骨灰来纪念他,匆匆忙忙把他的骨灰连同泥土收集起来,抛洒在台伯河里。1889年6月9日,在鲜花广场上,人们为纪念布鲁诺为真理而呐喊、为科学而献身的行为,为他树立了一尊铜像,永远纪念他的勇气和功绩。

简 评

布鲁诺的一生是与旧观念决裂、同反动宗教势力搏斗,百折不挠地追求真理的一生。他的伟大正在于此。布鲁诺以生命捍卫并发展了哥白尼的日心说,使人类对天体、对宇宙有了新的认识。布鲁诺"虽死在一时,却活在千古"。

小结

乔尔丹诺·布鲁诺

国籍:意大利

身份:思想家、自然科学家、哲学家

代表作品:《论无限宇宙及世界》

成就:宣扬日心说与宇宙无限

语录:为真理而斗争是人生最大的乐趣/真理终将战胜邪恶

> **读一读**
>
> 弗里德里希·威廉·尼采（1844年~1900年），西方现代哲学的开创者、"超人"哲学大师。

弗里德里希·威廉·尼采

弗里德里希·威廉·尼采，生于德国萨克森州勒肯镇附近洛肯村的一个乡村牧师家庭。5岁时，父亲死于脑软化症。数月后，年仅两岁的弟弟也夭折了。亲人接连离去，使得这个本应天真烂漫、无忧无虑的孩子变得越来越孤独、忧郁、内向，铸成了他一生的性格。父亲死后第二年，尼采随同母亲和妹妹迁居瑙姆堡，与祖母和父亲的两名未婚姊妹共同生活。从此，尼采便生长在一个完全女性的家庭里。

弗里德里希·威廉·尼采

10岁时，尼采就读于瑙姆堡文科中学，对文学与音乐极感兴趣。14岁时，尼采进入普夫达中学，受到了极好的古典文学教育。1864年，尼采中学毕业，进入波恩大学攻读神学和古典语言学。但第一学期结束，他便不再学习神学了，对古典文学的兴趣则与日俱增，并跟随经典语文教师李谢尔思去了莱比锡大学。

在莱比锡大学期间，他偶然在一个旧书摊上购得叔本华的《作为意志和表象的世界》一书，欣喜若狂。他觉得叔本华好像专门为他写了这本书一样。他每日凌晨2点上床，6时起床，完全沉浸在这本书中，心中充满神经质的激动。也就是在此时，受叔本华哲学思想的影响，他的哲学意识开始觉醒了。

后来，他被认为是叔本华唯意志论的继承者。

1869年，年仅25岁的尼采被聘为瑞士巴塞尔大学古典语言学教授。从此，尼采非凡的事业成功迈出了第一步。此后的十年是尼采一生中相对愉快的时期，也是他的哲学思想开始形成的时期。

1872年，尼采发表了第一部专著《悲剧的诞生》。这是一部杰出的艺术著作，充满浪漫色彩和美妙的想象力。在这部哲学著作中，尼采一生的主要哲学思想初步形成。尼采哲学的主题是生命的意义问题，他对这个问题的解答是：靠艺术来拯救人生，赋予生命以一种审美的意义。

进入19世纪80年代，尼采迎来了创作的黄金时期。他深居简出，几乎每年都出一本新书。他写出的书有《查拉图斯特拉如是说》《道德系谱》《瓦格纳事件》《偶像的黄昏》《反基督徒》《看啊，这人》《尼采反驳瓦格纳》等。虽然尼采的作品往往一开始很少会引起读者的反响和欢迎，但他却并不气馁，依然不停地写作，致使身心健康受损。

1889年1月，尼采终于支持不住，晕倒在都灵街头，并从此瘫痪在床，精神失常。1900年8月25日，尼采在魏玛与世长辞，享年55岁。

如他的作品一样，尼采的哲学思想在他生活的时代也没有引起人们的重视，直到20世纪后期才激起人们研究他的狂热。后来的生命哲学、存在主义、弗洛伊德主义、后现代主义都深受其哲学思想影响。尼采最有名的哲学论述是"上帝死了"和"超人哲学"。

1. "上帝死了"

尼采自称是非道德主义者和反基督徒，他猛烈批判基督教的道德及其所崇尚的美德。他认为，欧洲人两千年来受基督教伦理的约束，精神生活以信仰上帝为核心，本能受到压抑，人的一切都依附于上帝，要使人获得自由，必须杀死上帝。"一声断喝——上帝死了"是尼采对上帝最无情无畏的批判。尼采还认为，基督教的衰落有其历史必然性，它从被压迫者的宗教，转化为统治压迫者的宗教，它的衰落是历史的必然。他借狂人之口说，自己是杀死上帝的凶手，指出上帝是该杀的。

2."超人哲学"

尼采所谓的超人,是人生理想的象征,是他追求的理想目标和人生境界。尼采对现代人和现代生活感到很失望,他梦想改善人,造就新的人,即超人。超人不是具体的人,是一个虚幻的形象。超人具有大地、海洋、闪电那样的气势和风格。尼采认为,超人还没有现实地存在,它是未来人的理想形象;超人给现实的人生提出了价值目标;超人是人的自我超越。尼采倡导人们扩张自我,成为驾驭一切的超人。

此外,尼采还提出了一系列批判现代理性的学说以及强力意志学说等。总体来说,尼采的哲学思想都带有批判性的风格,他对人生价值的积极肯定,引发了人们对人生意义人生价值的思考,重新定位人生;对工具理性和工业文明的否定性批判,开启了现代非理性主义思潮。但是,尼采的批判性论述存在着一定的片面性,反映了正在形成的垄断资产阶级的利益。对此,我们应该有所辨别。

• 简 评 •

臧克家有首诗写道:"有的人活着,他已经死了;有的人死了,他还活着。"尼采应该说就是后一种人,在他生活的年代能够理解他的人寥寥无几,可怕的孤寂始终包围着他,但是他死后却给欧洲古典哲学注入了新鲜血液并开辟了古典语言学的崭新时代。在尼采之后,传统的哲学体系解体了,哲学由非存在转变为存在,从天上回到了地上,由神奇莫测、玄而又玄转变为引起亿万人心灵的无限共鸣。

小结

弗里德里希·威廉·尼采
国籍:德国
身份:哲学家、文学家
代表作品:《悲剧的诞生》《查拉图斯特拉如是说》《偶像的黄昏》

> **读一读**
>
> 弗朗西斯·培根（1561年1月22日~1626年4月9日），意识到科学及其方法论的历史意义以及它在人类生活中可能扮演的角色的第一人，第一个提出"知识就是力量"的人，马克思称他是"英国唯物主义和整个现代实验科学的真正始祖"。

弗朗西斯·培根

弗朗西斯·培根

弗朗西斯·培根，生于英国伦敦一个官宦世家，是伊丽莎白女王的掌玺大臣和大法官（王国最高法律官职）古拉斯·培根爵士的幼子。培根的母亲是一位颇有名气的才女，她精通希腊文和拉丁文，是加尔文教派的信徒。良好的家庭教育使培根各方面都表现出异乎寻常的才智。

1573年，年仅12岁的培根进入剑桥大学三一学院深造。在大学的学习中，培根对传统观念和信仰产生了怀疑，开始独自思考社会和人生的真谛。

3年后，培根作为英国驻法大使的随员去巴黎工作，1579年因父亲病逝回国。在法国工作期间，培根接触到不少新的事物，汲取了许多新的思想，这对其世界观的转变产生了极大的影响。回国后，培根一面攻读法律，一面四处谋职。1582年，21岁的培根取得了律师资格。此时，培根在思想上更为成熟，他决心把脱离实际、脱离自然的一切知识加以改革，并且把经验和实践引入认识论，以实现"复兴科学"的伟大抱负。

1596年，培根被聘为伊丽莎白女王的特别私人法律顾问，但是由于与伊丽莎白女王政见不合——其理由之一是在议会中果敢地反对女王坚决支持的某项税务法案，始终不被重用。直到1603年伊丽莎白女王去世，詹姆士一世继位，培根因力主苏格兰与英格兰的合并，受到詹姆士的大力赞赏，因此平步青云，扶摇直上。从1604年起，培根先后被任命为詹姆士的顾问、副检察长、首席检察官、枢密院顾问、掌玺大臣、英格兰的大陆官等。1621年，培根被授封为奥尔本斯子爵。至此，培根达到了他仕途的顶峰。然而，也是在这一年，培根跌入了人生的低俗。

1621年，培根被国会指控贪污受贿，被高级法庭判处罚金4万英磅，监禁于伦敦塔内，终生逐出宫廷，不得任议员和官职。虽然后来罚金和监禁皆被豁免，但培根却因此身败名裂。从此，培根远离政事，专门从事科学和哲学研究，并著述立说，重拾"复兴科学"的宏愿。

培根的主要著作有：处女作《论说随笔文集》（1597年），培根在书中将自己对社会的认识和思考，以及对人生的理解，浓缩成许多富有哲理的名言警句，受到广大读者的欢迎；《论学术的进展》（1605年），这是以知识为研究对象的一部著作，是培根声称要以知识为其领域，全面改革知识的宏大理想和计划的一部分，培根在书中猛烈抨击了中世纪的蒙昧主义，论证了知识的巨大的作用，提示了知识不能令人满意的现状及补救的办法；《伟大的复兴》（1620年），这是培根未完成的一部巨著，其中最著名的部分是《新工具论》。《新工具论》是培根最重要的哲学著作，它提出了培根在近代所开创的经验认识原则和经验认识方法，它与亚里士多德的《工具篇》是相对立的。

培根在哲学上最大的贡献在于，提出了唯物主义经验论的一系列原则，制定了系统的归纳逻辑，强调实验对认识的作用。他认为，世界是不以人的意志为转移的客观存在，人的知识（认识）只有通过感性经验从客观外界获得。他说："人是自然界的仆役和解释者，因此他所能做的和所能了解的，就是他在事实上和思想上，对于自然过程所见到的那么多。"这是一种相当彻底的唯物主义反映论。

在方法论方面，培根首次总结出科学实验的经验方法——归纳法，对近代科学发展起到了很好的指导作用。

· 简 评 ·

弗朗西斯·培根是近代自然科学的鸣锣开道者，是除旧立新的思想革新者。他阐述了科学的目的、性质，发展科学的正确途径，首次总结出科学实验的经验方法——归纳法，对近代科学发展起到指导作用；他对经院哲学的科学观和传统逻辑思维方式的批判为自然科学的发展扫清了道路；还有，他那渊博的学识连同精彩的文笔与科学和技术产生了共鸣。

小结

弗朗西斯·培根

国籍：英国

身份：唯物主义哲学家

代表作品：《新工具论》

语录：读史使人明智，读诗使人灵秀，数学使人周密，科学使人深刻，伦理学使人庄重，逻辑修辞使人善辩，凡有所学，皆成性格

> 读一读
>
> 摩西（生卒不详），天主教称为梅瑟，伊斯兰教称为穆萨，是在《旧约圣经》的《出埃及记》等书中所记载的前13世纪时犹太人的先知和民族领袖。

摩 西

据《圣经》记载，摩西出生在埃及一个犹太家庭。在他出生前，埃及国王因恐惧移居到埃及的犹太人即以色列人对自己造成威胁，下令以色列人的新生儿，女孩可以存活，男孩都要丢进河里。摩西出生后，母亲为保其性命就取了一个蒲草箱，抹上石漆和石油，将他放在里头，把箱子搁在河边的芦荻中。后来，他被来洗澡的埃及公主发现，带回宫中，收为养子，得以存活。

摩西

长大后，摩西有一次去看望自己受苦的同胞，失手杀死了一名殴打犹太人的士兵。为了躲避埃及法老的追杀，摩西逃到了米甸，并娶祭司的女儿西坡拉为妻，生有一子。

一天，摩西受到上帝的感召，回到埃及。他带领居住在埃及的犹太人，离开奴役他们的埃及人，返回故乡巴勒斯坦。在回乡的路上，摩西带领他的族人在西奈山下祈祷，请求上帝耶和华为他的族人指出一条道路，得到了上帝峭壁上刻出的《十诫》，即《摩西十诫》。《摩西十诫》是《圣经》中的基本行为准则，是以色列人一切立法的基础，也是西方文明核心的道德观。

摩西十诫石碑

十诫译文

第一条：我是耶和华——你的上帝，曾将你从埃及地为奴之家领出来，除了我之外，你不可有别的神。

第二条：不可为自己雕刻偶像，也不可做什么形象仿佛上天、下地，和地底下、水中的百物。不可跪拜那些像，也不可事奉它，因为我耶和华——你的上帝是忌邪的上帝。恨我的，我必追讨他的罪，自父及子，直到三四代；爱我、守我戒命的，我必向他们发慈爱，直到千代。

第三条：不可妄称耶和华——你上帝的名；因为妄称耶和华名的，耶和华必不以他为无罪。

第四条：当记念安息日，守为圣日。六日要劳碌做你的工，但第七日是向耶和华——你上帝当守的安息日。这一日，你和你的儿女、仆婢、牲畜，及你城里寄居的客旅，无论何工都不可做；因为六日之内，耶和华造天、地、海，和其中的万物，第七日便安息，所以耶和华赐福与安息日，定为圣日。

第五条：当孝敬父母，使你的日子在耶和华——你上帝所赐你的土地上得以长久。

第六条：不可杀人。

第七条：不可奸淫。

第八条：不可偷盗。

第九条：不可做假见证陷害人。

第十条：不可贪恋他人的房屋；也不可贪恋他人的妻子、仆婢、牛驴，并他一切所有的。

从此，摩西成为犹太人的最高领袖，被子民当作神敬仰。

● 简 评 ●

　　当然,《圣经》中的传说不免带有神话色彩,但是摩西的历史功绩却不可置疑。作为一个政治人物,摩西成功带领犹太人离开埃及。作为一个宗教领袖,《圣经》的前五卷皆为摩西所作,他制订的犹太法律,包括《十诫》在内,成为犹太人的行为准则,他在犹太教、基督教、伊斯兰教和巴哈伊信仰等宗教里都被认为是极为重要的先知,受众人敬仰。历史上,没有谁能像摩西这样拥有如此多的追随者和崇拜者。

小结

摩西
国籍：以色列
身份：传教者
代表作品：《旧约圣经》前五卷
成就：犹太人的领袖

> 读一读
>
> 耶稣（前6年12月25日~前30年4月7日），基督教创始人，被基督教徒认为是犹太教旧约里所指的救世主——弥赛亚。

耶 稣

耶稣，犹太人。关于他的出生地，传统基督教神学观点认为他生于巴勒斯坦地区的伯利恒，而历史学观点认为他生于以色列加利利地区的拿撒勒。他的父亲是约瑟夫，母亲为玛利亚。

耶稣的童年在拿撒勒度过。12岁时，耶稣随父母到耶路撒冷参加逾越节（犹太人的新年），朝拜圣殿，第一次接触了犹太教。第二年，犹太人在伯利恒以"上帝以外没有王"的旗号举行起义，遭到统治者残酷镇压，年幼的耶稣耳儒目染，痛苦的记忆时时在鞭策着自己，无法忘记。长大后，耶稣曾在拿撒勒以做木匠为生。

27年，耶稣的表哥约翰以先知的身份在约旦河下游向犹太人宣告民族灾难的根源是人们背离了上帝的道，必须悔改，接受洗礼，以免遭到上帝的惩罚。人们被约翰的言论所信服，纷纷聚到约翰活动的地方，接受洗礼，聆听教诲。耶稣深受感染，也接受了洗礼。他坚信上帝的恩许会拯救以色列，会使犹太人获得民族解放。也就是在这时，一种拯救民族同胞的责任感从耶稣心底升起，他希望自己能够成为

耶稣

上帝拯救以色列的弥赛亚。从此，耶稣在约翰的支持下，开始四处传播福音（基督教指耶稣的话及其门徒传布的教义）。

耶稣通过研究传统的律法和先知的言论，赋予它们以新的含义，传道于人们：要把上帝摆在第一位，超越生命和家人；要宽恕别人，要爱自己的仇敌；要能够辨别是非，包括先知所说的话；不要自满，不要攀比，不要议论别人；富人不要爱财，穷人要相信上帝的安排；要清心、虚心，这样才能够幸福。很快，耶稣的名字传遍四方，他的主张得到了下层民众的热烈支持。传说，耶稣宣传的福音使聋子听到了声音，失明者见到了光明。

耶稣被钉死在十字架上

渐渐地，耶稣的身边逐步形成了新的教派，即耶稣基督。不久，耶稣在众多门徒中选出12位助手（西门、安德烈、雅各、约翰、马太、腓力、马多罗买、多马、达人、西皮大雅各、西门分锐党、犹大），帮他传教，并发动、组织、领导民众。

耶稣的影响力越来越大，这引起了设在以色列各省执政掌权的罗马官员和犹太领袖（宗教律法师）的注意，及犹太宗教领袖（祭祀长和法利赛人）对耶稣基督的嫉恨。于是，他们决定联合起来，欲置耶稣于死地。他们收买了耶稣的门徒犹大，以30块钱的价钱和他串通，将耶稣拘捕了。前30年4月7日，耶稣以煽动民众罪被判处钉死在十字架上，随即押往以色列髑髅地的刑场。据圣经记载，耶稣死后被安葬于髑髅地附近的一个墓室。3天后，耶稣复活，并回到加利利与众门徒见面，并于40日后升天。

为了纪念耶稣，基督教徒设立了多个节日。例如：圣诞节（12月25

第四部分 思想圣哲 163

日），纪念耶稣的诞辰；复活节（3月21日~4月25日，每年春分月圆后的第一个礼拜日），纪念耶稣的复活；受难日（复活节前的礼拜五），纪念耶稣被钉死在十字架上；等等。

· 简　评 ·

耶稣是人类发展史上最有影响力的宗教领袖，他创立的基督教成了当今世界范围的最具影响的宗教，成为统治欧洲几百年的宗教。俄国大文豪陀思妥也夫斯基说："我相信不会有人比耶稣更可爱、更有深度、更仁厚、更纯洁。虽不情愿，但不可不承认：'从来没有人能与耶稣相比，将来也不会有人能比得上他。'"耶稣的伟大，可见一斑。

小结

耶稣
国籍：以色列
身份：传教者
主要成就：创立基督教
语录：我是世界的光。跟从我的，就不在黑暗里行走，必要得着生命的光

> 读一读
>
> 释迦牟尼（前565年～前486年），原名乔达摩·悉达多，成佛后被称为释迦牟尼，也称释迦牟尼佛、如来佛祖，佛教创始人。

释迦牟尼

释迦牟尼，释迦族人，生于古印度迦毗罗卫国（今尼泊尔南部）。据佛教记载，农历的四月初八是释迦牟尼诞辰日。释迦牟尼本为迦毗罗卫国太子，父为净饭王，母为摩耶夫人。

少年时代，释迦牟尼接受婆罗门教的传统教育，兼习兵法与武艺，是一个骑射击剑的能手。16岁时，释迦牟尼与表妹耶输陀罗结婚，后生有一子名罗睺罗。这一时期，他过着奢华而舒适的生活。

释迦牟尼佛像

19岁时，释迦牟尼驾车出游，先后在东、南、西三门的路上遇着老人、病人和死尸，亲眼看到那些衰老、清瘦和凄惨的现象，非常感伤和苦恼。后来，他在北门外遇见一位出家修道的沙门（出家修行的人），听沙门说出家可以解脱生死病老的道理，便萌发了出家修道的想法。29岁时，他不顾父王的多次劝阻，放弃太子身份和王宫的安逸生活，毅然离开妻儿，出家修道。

离家之后，释迦牟尼先到王舍城郊外学习禅定，后又在尼连禅河畔的树林中独修苦行，每天只吃一餐，后来七天进一餐，穿树皮，睡牛粪。

6年后，释迦牟尼身体消瘦，形同枯木，仍无所得，无法找到解脱之道。

于是，他便放弃苦行，入尼连禅河洗净了身体，沐浴后接受了一个牧女供养的乳糜（用乳汁或酥油调制的粥），恢复了健康。

恢复健康后，释迦牟尼渡过尼连禅河，来到伽耶城外的荜钵罗树（即菩提树）下，沉思默想，发誓"不获佛道，不起此座"。经过七天七夜，他终于恍然大悟，入道成佛，确信已经洞达了人生痛苦的本源，断除了生老病死的根本，使贪、瞋、痴等烦恼不再起于心头。

成佛后，释迦牟尼开始了他的传教活动。释迦牟尼的足迹遍布恒河流域，所到之处，专心讲道。他奠定了原始佛教基本教义，即四谛说——苦谛，人生本身是苦的；集谛，苦的原在于个人的自私；灭谛，彻悟苦的原因，解除一切欲望和欲念，达到"涅槃（字面意思是"吹熄"或"熄灭"）"的境地；道谛，通过修道达到"涅槃"的途径，就是指"八重经"，正观、正思、正语、正行、正坐、正求、正心和正省。他教导人们通过修行、断惑、涅槃，最终成为阿罗汉（"不生"的意思），而不再堕入人世的轮回。他的教导，赢得了数以千计的皈依宗教徒。释迦牟尼还组成了传教的僧团，弟子据说有500人，著名的有大迦叶、舍利弗、目犍连、须菩提、富楼那、迦旃延、阿尼律陀、优婆离、阿难、罗睺罗等十大弟子。至此，佛教三宝——佛（释迦牟尼佛）、法（教法）、僧（沙门）已具备，佛教遂正式形成。

前486年，释迦牟尼涅槃。虽然他的话已无文字记载，但是他的许多教导都铭刻在他的教徒的心中，他的说教为世世代代的人们口头所传。

前3世纪，印度国王改信佛教。他的支持使佛教的影响和说教印度迅速传播开来，并传到了相邻国家。佛教先后传播到了斯里兰卡、缅甸、马来西亚、印度尼西亚、阿富汗、中国、朝鲜和日本等亚洲国家。现在，佛教已经成为世界三大宗教（佛教、基督教、伊斯兰教）之一。

· 简 评 ·

有人说，释迦牟尼创造了一个热爱和平的宗教，确有一定道理。我们可以看到，许多佛教徒有强烈的热爱和平的愿望。此外，在佛教发展史上，它虽然分裂出了许多教派,但各教派之间的争论或冲突远远不能同欧洲的血腥宗教战争相提并论。

小结

释迦牟尼

国籍:印度

身份:传教者

成就:创立佛教

语录:一切罪中,杀生第一,偷盗第二,淫欲第三

> **读一读**
>
> 穆罕默德（约公元570年~公元632年6月8日），全名穆罕默德·本·阿卜杜拉·本·阿卜杜勒－穆塔利卜·本·哈希姆，伊斯兰教的复兴者和最后一位先知。中国的穆斯林普遍尊称他为"穆圣"，也称"马圣人"。

穆罕默德

穆罕默德（穆罕默德没有画像和塑像。伊斯兰教把使者当做主宰来膜拜，禁止为使者塑像和画像）

穆罕默德，生于沙特阿拉伯麦加城古来什部落哈希姆家族。据伊斯兰教史记载，他出生前父亲亡故，6岁时母亲病故。此后，他由祖父和叔父先后抚养。12岁时，他开始随叔父外出经商，曾到过叙利亚、巴勒斯坦等地，对当时阿拉伯半岛的社会状况及多神教、犹太教和基督教等宗教状况有了较深的了解，也有了自己的思考。

25岁时，穆罕默德认识了40岁的富孀（寡妇）赫蒂彻，并帮其经商。穆罕默德的才能深深吸引了赫蒂彻，赫蒂彻因此问穆罕默德是否愿意娶她为妻。随后，穆罕默德与赫蒂彻结为夫妻。结婚后，穆罕默德开始常到麦加郊区希拉山洞中静思，思索宇宙的奥秘与人生存的价值。

40岁的一天，当穆罕默德在希拉山洞内独自深思时，他接到了安拉（即真主，全世界穆斯林崇拜的唯一主宰，被认为是创造宇宙万物并且是养育全世界的，今世派遣众多先知向人类传达真理，后世进行公平清算的主宰）通过天使传达的启示，命令他作为人间的使者，传播伊斯兰教。随后，穆罕默德自称伊斯兰教的最后一位使者，宣讲伊斯兰教教义，让人们放弃圣像崇拜，归顺并敬畏独一的安拉。他主张限制高利贷、买卖公平、施济平民、善待孤儿、解放奴隶、制止血亲复仇、实现和平与安宁。很快，穆罕默德吸引了很多当地人的追随和归顺，威望大增。对此，麦加当局开始注意穆罕默德，认为他是一个危险而讨厌的人物，想要加害于他。

据伊斯兰教史记载，麦加当局试图收买穆罕默德，劝他放弃他的信仰，解散他的信徒，换取更大的政治权利，甚至让他与一些最富有的家庭通婚。但是，穆罕默德毫不犹豫地拒绝了。他说："纵然他们把太阳放在我的右边，月亮放在我的左边，列阵对我，我决不会放弃我的使命。"被拒绝后，麦加当局曾试图刺杀他，但没有成功。

公元622年，穆罕默德应麦地那人邀请，躲过麦加当局的追捕，带领信徒分批秘密迁往麦地那。在伊斯兰教史上，此年称为"伟大的迁徙之年"，后把此年定为伊斯兰教历元年。

来到麦地那，穆罕默德首先制定了一项与各氏族集团共同遵守的公约，以巩固各氏族的团结。接着，他建立了一个以伊斯兰教信仰为共同基础的政教合一的穆斯林政权，并陆续确立伊斯兰教的各种典章制度。

在穆罕默德离开麦加后，麦加统治者就威胁说每个回家乡的穆斯林都将被处死；当知道穆罕默德在麦地那建立了穆斯林政权后，对其更是又恨又恐惧。于是，双方之间开始了长期的争斗。经过争斗，双方互相妥协，于公元628年签订了一个条约，规定：双方不再进行武装冲突，穆斯林可以去麦加朝圣。

但是，条约不久就失效了。公元629年11月，麦加军队突然攻击穆罕默德的一个盟友。随后，穆罕默德宣布条约失效，于公元630年1月率领10万大军进攻麦加。很快，穆罕默德的军队就夺取了麦加城，麦加当局宣布投降。占领麦加城后，穆罕

克尔白殿

德迅速清除了麦加城克尔白殿内一切偶像，将克尔白殿定为伊斯兰教的朝拜中心。

至此，穆罕默德成为当时阿拉伯最强的人。于是，许多部落纷纷派代表来麦加要求加入同盟，并且表示愿意接受伊斯兰教。公元631年，穆罕默德基本上实现了对阿拉伯半岛国家的统一，建立了以伊斯兰教为信仰的阿拉伯帝国。但不幸的是，穆罕默德在次年6月8日在麦地那与世长辞了。

· 简 评 ·

穆罕默德复兴建立了一个今天有10亿信徒的宗教，又建立了世界上第一个伊斯兰国家，这样的成就，无论是从政治方面来说，还是从宗教方面来说，都对世界历史产生非常深刻的影响。穆罕默德不愧是世界历史上最有影响的人物之一。

小结

穆罕默德

国籍：沙特阿拉伯

身份：政治家

成就：复兴伊斯兰教、建立阿拉伯帝国

语录：假如你有两块面包，请你用一块换一朵水仙花／人生应当自摇篮学习到坟墓／孝敬父母者必会得到子女的孝敬

> **读一读**　马丁·路德（1483年11月10日～1546年2月18），宗教改革的发起人，路德宗的奠基人。

马丁·路德

马丁·路德，生于神圣罗马帝国艾斯莱本（今德国境内）。他的父母亲原先都是农民，父亲后来靠当矿工发迹而成为一处铜矿矿主。当家里稍微富裕后，父亲便把路德送往学校，接受时尚的启蒙教育。

在父亲的支持下，路德在1505年从有名的厄福大学法律系毕业。毕业后，父亲本想让路德在皇宫谋得一份差事。但路德因在大学期间对研究神学产生了兴趣，便不顾父亲反对毅然决定到修道院中当修士。他进了奥古斯丁修道院。两年后，他正式成为神甫。

马丁·路德

1509年，路德去罗马教廷汇报德国修道院的情况。结果，罗马教廷的腐化堕落让他非常失望，引发了他进行宗教改革的愿望。此后，他逐渐形成了以"因信称义"为核心的宗教体系，强调依靠个人对基督的信仰而非救赎去得救，从而否定了罗马教廷的神圣性。当时的人们认为天国的钥匙在教会手里，一个人进入天堂前要先洗清生前所犯的一切罪行。他们最怕的是死后在炼狱中的刑罚，因此他们相信只要用赎罪券就可以上天堂，一张赎罪卷能缩短死后在炼狱中的刑罚。马丁路德发现这样的说法与做法完全不能见容于圣经与理性。1517年11月1日晨，路德发表了旨在反对教皇发行赎罪券的《维登堡论纲》，即著名的"95条论纲"，揭开了宗教改革的序幕。

1520年8月~10月，路德先后写成被称为德国宗教改革运动的"三大论著"——《致德意志基督教贵族公开信》《论教会的巴比伦之囚》和《论基督徒的自由》年底。此后，他又发表了《改革论》，并在此基础上创立与罗马天主教相对立的新教，形成了"路德宗"。

路德的宗教改革运动令教皇及德皇大为不满。1520年6月，教皇下了一道通谕，开除路德教籍，当众焚毁其著作，并勒令他在60天内公开声明放弃自己的观点。1521年4月，在沃尔姆斯召开的帝国会议上，德皇传讯路德。但是，路德拒不放弃自己的主张。5月，帝国会议发布敕令，宣布路德为"异端"，不再受帝国法律保护，焚毁其著作，并在帝国境内通缉路德及支持者。在这种情况下，路德隐居瓦丁堡，主要从事《圣经》的德文翻译工作。

虽然路德被通缉，但是他发起的宗教改革运动在德国已经是风起云涌。到1522年，宗教改革运动已经迅速发展成一场反封建教会的群众运动。并且，这场宗教改革运动在罗马教廷统治范围内引起了连锁反应，欧洲各国内相继发生反对罗马教廷的宗教改革运动，更重要的是它以宗教改革运动的形式，揭开了西欧资产阶级革命的序幕，是资产阶级反对封建阶级的一次大决战。

马丁·路德将"95条论纲"张贴在威登堡大学的教堂门口

简 评

路德发起的反对封建落后性的教权——政权束缚的宗教改革运动，不仅终止了中世纪天主教教会在欧洲的独一地位,而且揭开了资产阶级革命的序幕。一定程度上说,路德的伟大更在于后者。

小结

马丁·路德
国籍:德国
身份:宗教改革家
代表作品:《维登堡论纲》
成就:领导德国宗教改革运动

> 读一读
>
> 约翰·加尔文（1509年7月10日～1564年5月27日），加尔文教派（在法国称胡格诺派）创始人，人称日内瓦的教皇。

约翰·加尔文

约翰·加尔文，生于法国巴黎北部不远的瓦兹省。父亲是一名律师，在当地颇有名望。加尔文小时候受到了很好的教育，曾在瓦兹省一个贵族家庭里受过启蒙教育。从14岁起，他先后入巴黎大学马尔奇学院、蒙太古学院、奥尔良大学学习拉丁文学、法律和神学。在巴黎学习期间，他深受马丁·路德宗教改革运动的影响，对研究神学产生了浓厚兴趣，只是迫于父命改学法律。

约翰·加尔文

1531年5月，加尔文的父亲去世，他决定专攻神学。他研究了希腊文、希伯来文和拉丁文《圣经》，并提出按照古代基督教的面貌改造罗马教会的主张，逐渐倾向宗教改革。1533年秋，加尔文终于成为新教徒。同年11月1日，加尔文的密友科普在巴黎大学演讲，公开引用德希德里·伊拉斯莫和马丁·路德的话为信仰得救辩护。巴黎当局疑惑加尔文是起草人，下令追捕和抄家。加尔文只好逃离巴黎。1534年10月，加尔文逃到瑞士巴塞尔，化名卢卡纽斯。此后，他继续研究路德派的著作和

《圣经》。

1536 年 3 月，加尔文在巴塞尔出版他的名著《基督教要义》。此书初版时仅六章，到 1559 年最后修订版时达 80 章，篇幅为初版的 5 倍。虽然加尔文对最后修订版仍不满意，但它是他毕生研究新教和在日内瓦从事宗教政治活动的全面总结，是宗教改革时期一部影响最大的新教百科全书。同年 7 月，加尔文来到日内瓦，遇到密友法雷尔。经法雷尔再三劝留，加尔文留在日内瓦，帮助法雷尔推行宗教改革。从此，日内瓦成了加尔文进行宗教改革活动的大本营。

加尔文的雕像

为了把日内瓦变成自己理想的社会，加尔文提出重整日内瓦的宗教道德。为此，他编订了《教会信条》等小册子，于 1537 年 7 月由大议会通过后强制市民宣誓遵守。但是，加尔文的强制措施激起了保守分子的强烈反对。1538 年，反对派势力渐占上风，以致控制了大议会，并通过决议解除了法雷尔和加尔文的职务，限 3 天内离境，加尔文被迫出走斯特拉斯堡。

1540 年，日内瓦宗教改革派重掌政权，加尔文再次被邀回日内瓦。此后，加尔文一直留在日内瓦。这次在日内瓦，他一方面大力宣传他的神学思想，一方面帮助新兴资产阶级镇压反对派的武装暴动，最终建立起了主张加尔文派信仰的神权共和国。

在这一时期，加尔文的神学思想在马丁·路德"因信称义"的基础上，提出了以"预定论"为中心的神学体系，认为上帝早已预定了谁是上帝的选民以及上帝所信任的人。他在新教诸教派中创立了"加尔文宗"（也称"长老宗"或"归正宗"），将其他教派定为异端。加尔文的"预定论"更能满足新兴资产阶级在政治、经济等方面的需要，其教会更符合新兴资产阶级建立"廉价教会"的要求。也就是说，加尔文的思想成为了新兴资产阶级精神的真正代表。

  到 1555 年以后，加尔文不仅是日内瓦的宗教领袖，也是具有实力的政治领袖，他成了一个无名有实的独裁君主，被人称为"日内瓦教皇"，日内瓦也有了"新教的罗马"的称号。

· 简　评 ·

  加尔文是举世公认的基督教宗教改革伟大领袖之一。加尔文对新教的发展有着非常重要的贡献，在理论上奠定了归正宗的基础，他接纳大批欧洲新教难民到日内瓦，使日内瓦成为归正宗的国际中心。同时，加尔文成为了历史上最英勇的法国胡格诺派、荷兰乞丐派、英格兰清教徒、苏格兰誓约派和美国新英格兰地区清教徒前辈移民之父。

小结

约翰·加尔文
国籍：法国
身份：宗教改革家、神学家
代表作品：《基督教要义》（又译《基督教原理》）
成就：建立欧洲第一个新教掌权的资产阶级共和国

> **读一读**
>
> 托马斯·阿奎纳（约 1225 年～1274 年 3 月 7 日），托马斯哲学学派的创立者、自然神学最早的提倡者之一。他被天主教教会认为是历史上最伟大的神学家。

托马斯·阿奎纳

托马斯·阿奎纳，生于意大利南部洛卡塞卡堡一个贵族家庭。他的父亲兰道夫伯爵是洛卡塞卡堡的领主，叔叔西尼巴尔德是附近卡西诺山本笃会修道院的院长。从小，他的父亲就希望阿奎纳长大后能侄承叔业。在当时，这也是贵族子弟出人头地的一条常见途径。

但是，阿奎纳在那不勒斯大学求学期间出乎家族意料加入了多明我会——该会和方济会共同对欧洲中世纪早期建立的神职阶层

托马斯·阿奎纳

发起了革命性的挑战。对于阿奎纳的转变，伯爵一家非常不悦。据传，阿奎纳有一次在去拜见罗马教皇的路途中，被他的几个兄弟逮住押送回圣齐奥瓦尼城堡，并在那里监禁了一两年，以迫使他放弃自己的志向。阿奎纳的家人甚至安排娼妓去诱惑他，但他不为所动。在教皇英诺森四世的干预下，他的家庭最后还是妥协了。17 岁时，阿奎纳终于穿上了多明我会会服。从此，阿奎纳开始学习、研究哲学和神学。

后来，阿奎纳师从哲学家大阿尔伯特，并受其影响，不顾教会保守势力的反对，适应时代的新思潮，将基督教的神学思想和亚里士多德的哲学融合

在一起，为基督教建立了一个百科全书式的哲学体系，对后世的神哲学的发展产生深远的影响。

在神学方面，阿奎纳认为神学是一种科学，即以文字记载的经籍和教会传统作为学术的基本资料，而这些基本资料来自于上帝在漫长历史中给予人类的启示。阿奎纳认为，信仰和理性是研究神学资料的主要工具。阿奎纳混合了希腊哲学和基督教的原则，主张应该理性地思考并研究自然，就如同研究上帝启示的方法一样。在阿奎纳看来，研究自然便是研究上帝。神学的最终目标便是要运用理性来理解有关上帝的真相，并且透过真相获得最终的救赎。

在宗教哲学方面，阿奎纳提出了著名的上帝论，他通过五种论证，即知名的"五个证明的方法"，用五个例子来证明上帝的存在。在讨论到上帝的本质时，阿奎纳提出了五个上帝可能拥有的属性：上帝是简单的，并没有各种组成的部位，例如身体或灵魂、物质和形式；上帝是完美的、毫无破绽的；上帝是无限的，即上帝并没有如其他事物一般有着实体上的、智能上的或情绪上的限制，但这个无限与体积或数量上的无限并不相同；上帝是永远不变的，上帝的本质和特征是无法改变的；上帝是一致的，上帝自己并没有多样的特征存在。阿奎纳的上帝主宰学说对后世产生了极其重要的影响。

在经济学方面，阿奎纳根据宗教教义与亚里士多德的有关学说，提出处理经济关系的基本原则应当是分配的公正和交换的公正。他把财富分成两种，即自然财富和人为财富。阿奎纳认为，自然经济是一国幸福的基础，金银财富作为人为财富，不应成为国家和个人追求的目标。

在伦理学方面，阿奎纳吸取了亚里士多德关于至善的理论，但把至善和上帝联系在一起。他认为，人是一种有目的的动物，人的一切行动乃至整个人生都在追求着某种目的、幸福或者善。人的至善和最高幸福就在于承认上帝、信仰上帝、认识上帝、分有上帝。

此外，阿奎纳在认识论、社会政治观、哲学与神学、美学等方面，都有自己独到的发现。他的这些神学和哲学思想，都集中概括在他的主要著作《神学大全》中。《神学大全》分为三部分，包括38篇论文、631个问题、

3000个条目和10000个异论，是一部中世纪经院哲学的百科全书。阿奎纳其他的著作还有：《伦巴德箴言四书注释》《论存在与本质》《反异教大全》《亚里士多德形而上学注释》等。

· 简 评 ·

现代作家詹姆斯·乔伊斯赞美阿奎纳是西方哲学里排名第二的哲学家，仅次于亚里士多德。阿奎纳无疑是中世纪最重要的哲学家，他及他创立的托马斯主义不仅是中世纪经院哲学（与宗教神学相结合的哲学）的最高成果，也是中世纪神学与哲学的最大、最全面的体系。

小结

托马斯·阿奎纳
国籍：意大利
身份：哲学家、神学家
代表作品：《神学大全》
成就：建立一个百科全书式的哲学体系
语录：没有任何智慧是可以不经由感觉而获得的

第四部分　思想圣哲

第五部分　科技精英

> 读一读
>
> ●●●● 查尔斯·罗伯特·达尔文（1809年2月12日~1882年4月19日），进化论的奠基人。

查尔斯·罗伯特·达尔文

查尔斯·罗伯特·达尔文，生于英国普雷斯顿一个小镇——施鲁斯伯里。他的祖父和父亲都是当地的名医。在达尔文很小的时候，父亲就希望他将来继承祖业。但是，达尔文偏爱大自然，尤其喜欢打猎、采集矿物和动植物标本。

16岁时，达尔文被父亲送到爱丁堡大学学医。然而，达尔文对学医并不感兴趣，他在学医期间常到海边向人学习采集生物标本，对动物进行解剖、分类和作观察记录。对此，父亲认为他是"游手

查尔斯·罗伯特·达尔文

好闲""不务正业"，便又把他送到剑桥大学学习神学，希望他将来成为一名"尊贵的牧师"。可是，达尔文认为神学院的神创论等是谬说，令他十分厌烦，于是他把大部分时间用在自己感兴趣的自然科学上，常常听一些有关自然科学的讲座，并自学大量的自然科学书籍，尤其热心于收集甲虫等动植物标本。

在剑桥大学，达尔文认识了植物学教授、研究甲虫的专家约翰·史帝文斯·亨斯洛并师从于他学习博物学（也称博物志、自然志、自然史，是叙述自然即动物、植物和矿物的种类、分布、性质和生态等的最古老学科之一。

犰狳（qiú yú）

它是一门内涵丰富的综合性学科，也是一种重要的科学研究传统，是指对大自然的宏观观察和分类，包括当今意义上的天文、地质、地理、生物学、气象学、人类学等学科的部分内容）课程，成为了亨斯洛最喜爱的徒弟，被称为"走在亨斯洛身旁的人"。

1831年，达尔文经亨斯洛推荐，以博物学家的身份登上了"贝格尔"号远航考察船，随船进行为期5年的科学考察。在考察期间，达尔文每到一个地方都要仔细考察当地动物、植物资源，并深入思考。

在南美洲，达尔文发现了古犰狳的化石。它们与现代生活的犰狳十分相似，但又有不同。达尔文疑问：这是否说明现代的动物是由古代的动物发展而来的呢？

在加拉帕戈斯群岛上，达尔文发现每处岛上的地雀各有其特点。这种现象使达尔文想到：物种可能在不断地变化着。

所见所闻，都在向达尔文说明着一个结论，也使他相信：植物和动物的种不是固定的，而是随着时间的推移，逐渐进化的。由此，他更加怀疑"上帝造物"的神创论学说，并为找出更多的证据，开始了漫长的进化论研究。

1842年，达尔文第一次写出科学巨著《物种起源》的简要提纲。1859年11月，《物种起源》第一版出版，当天1250册书销售一空。

《物种起源》是达尔文进化论的代表作，标志着进化论的正式确立。达尔文在书中旗帜鲜明地提出了进化论的思想，说明物种是在不断的变化之中，是由低级到高级、简单到复杂的演变过程。

《物种起源》第一次把生物学建立在完全科学的基础上，以全新的生物进化思想，推翻了"神创论"和物种不变的理论，它的出版在欧洲乃至整个世界都引起了轰动。它沉重打击了神权统治的根基,引起了从反动教会到封建御用文人的狂怒。他们群起攻之,诬蔑达尔文的学说"亵渎圣灵"、触犯"君权神授天理",有失人类尊严。与此相反,以赫胥黎为代表的进步学者,积极宣传和捍卫达尔文主义,认为进化论轰开了人们的思想禁锢,启发和教育人们从宗教迷信的束缚下解放出来。后来,恩格斯将进化论、细胞学说、能量转换与守恒定律誉为19世纪自然科学三大发现。

不管别人对自己的评论如何,达尔文依然坚持自己的进化论观点。1868年,达尔文出版了第二部巨著《动物和植物在家养下的变异》的写作,以不可争辩的事实和严谨的科学论断,进一步阐述他的进化论观点,提出物种的变异和遗传、生物的生存斗争和自然选择的重要论点。此后,达尔文连续出版了《人类的由来》《考察日记》和《贝格尔号地质学》《贝格尔号的动物学》等科学著作。

1882年4月19日,达尔文因病逝世,人们把他的遗体安葬在牛顿的墓旁,以表达对这位科学家的敬仰。

简评

达尔文并不是进化论的创始人,在他以前已不少人提出过这种假说,包括法国博物学家让·拉马克、自己的祖父伊拉兹马斯·达尔文等,他们的假说从未得到科学界的承认,因为他们所做的解释没有说服力。达尔文的伟大贡献就在于他不仅能提出进化的可能方式——自然选择,更重要的是能提出支持其假说的令人信服的大量证据。

小结

查尔斯·罗伯特·达尔文

国籍:英国

身份:生物学家、博物学家

代表作品:《物种起源》《动物和植物在家养下的变异》

成就:提出生物进化论学说

> 读一读
>
> 尼古拉·哥白尼（1473年2月19日~1543年5月24日），日心说的创立者，近代天文学的奠基人。

尼古拉·哥白尼

尼古拉·哥白尼

尼古拉·哥白尼，生于波兰维斯瓦河畔的托伦城一个商人家庭，家境宽裕。很不幸，他10岁的时候，父亲病逝。此后，他跟随当教士的舅父生活。

哥白尼从小受到良好的学校教育，喜欢观察天象，常常独自仰望繁星密布的夜空。有一次，哥哥不解地问哥白尼："你整夜守在窗边，望着天空发呆，难道这表示你对天主的孝敬？"哥白尼回答说："不。我要一辈子研究天时气象，叫人们望着天空不害怕。我要让星空跟人交朋友，让它给海船校正航线，给水手指引航程。"抱着对天文学的浓厚兴趣，哥白尼很早就立志要毕生献身于天文学研究。

18岁后，哥白尼先后求学于波兰克拉科夫大学、意大利波伦亚大学、帕多瓦大学和法拉腊大学等学校，学习数学、医学、法律、教会法等，但是他一直不改初衷，坚持对天文学的学习、观测和研究。在意大利，哥白尼结交了一批天文学家，和他们经常交换对天体结构的认识。随着自己观测研究的深入，哥白尼开始对盛行于欧洲已1000多年的"地球中心说"产生了怀疑。"地球中心说"是古希腊哲学家亚里士多德提出来的，公元2世纪罗马天文学家托勒密又加以推演论证，使它得以进一步系统化，人们对此理论深信不疑。

1497年,因舅父的推荐,哥白尼被选为波兰弗龙堡大教堂僧正(掌管教法的僧官,职务比较轻松)。1506年,哥白尼从意大利回到波兰,担任舅父的医生和秘书。1512年,舅父去世,哥白尼就定居在弗龙堡司职僧正。由于职务轻松,哥白尼便把大部分精力都用在天文学的研究上。

为了研究方便,哥白尼特意选择了教堂围墙上的箭楼作宿舍兼工作室,在里面设置了一个小小的天文台,后来被称为"哥白尼塔"。从此,哥白尼用自制的简陋仪器,开始了长达30年的天体观测。正是在这里,他写下了震惊世界的巨著《天体运行论》。

哥白尼塔

《天体运行论》于1535年完成,全书分为六卷。第一卷,论太阳是宇宙的中心、地球和其他行星都绕太阳运行。第二卷,论地球的自转,指出地球是绕太阳运转的一颗普通行星,它一方面以地轴为中心自转,一方面又循环着它自己的轨道绕太阳公转。第三卷,论岁差,即地球自转轴的运行使春分点沿黄道向西缓慢运行,其速度每年为50.2角秒。第四卷,论月球的运行和日月食。第五卷、六卷论五大行星。

《天体运行论》完整地提出了太阳结构的理论——日心学说:太阳居于宇宙的中心静止不动,而包括地球在内的行星都绕太阳转动;离太阳最近的是水星,其次是金星、地球、火星、木星和土星,只有月球绕地球转动;恒星在离太阳很远很远的一个天球上静止不动。

哥白尼的日心学说科学地阐明了天体运行的观象,推翻了1000多年来占统治地位的地心说,为近代天文学奠定了基础。同时,它也宣告了神学宇宙观的破产,开始了自然科学从神学中的解放运动。正出于此,哥白尼慑于教会的统治，怕遭到反对和迫害，迟迟不愿将《天体运行论》公开出版，直到临近古稀之年才终于决定将它出版。

1543年5月24日，哥白尼在弥留之际，在病榻上终于见到了刚刚出版的《天体运行论》样书。传说，《天体运行论》的初版送到他床前时，他从昏迷中苏醒，抚摸着书页，平静辞世。

《天体运行论》出版后，很少引起人们的注意。因为一般人不能理解其内容，而许多天文工作者只把这本书当作编算行星星表的一种方法。对此种情况，罗马教廷暗自高兴，并未引起足够的重视。直到后来，布鲁诺和伽利略公开宣传日心地动说，危及教会的思想统治，罗马教廷才开始对这些科学家加以迫害，并于公元1616年把《天体运行论》列为禁书。然而，经过开普勒、伽利略、牛顿等人的继承和发展，哥白尼的学说不断取得胜利，使地球绕太阳转动的学说得到了令人信服的证明。

· 简 评 ·

哥白尼以惊人的天才和勇气揭开了宇宙的秘密，奠定了近代天文学的基础。他是人类科学发展历史上最伟大的革命家之一。由于时代的局限，哥白尼只是把宇宙的中心从地球移到了太阳。虽然哥白尼的观点并不完全正确，但是他的理论的提出给人类的宇宙观带来了巨大的变革。

小结

尼古拉·哥白尼

国籍：波兰

身份：天文学家

代表作品：《天体运行论》

成就：创立日心说

语录：人的天职在勇于探索真理／人们总习惯于把自己看作是世界的中心，这是一种偏见

> ●●●● 阿尔伯特·爱因斯坦（1879年3月14
> 日～1955年4月18日），相对论的创立者，
> 20世纪最伟大的物理学家和数学家，被后人
> 誉为"现代物理学之父"。1999年12月26日，
> 他被美国《时代周刊》评选为"世纪伟人"。

阿尔伯特·爱因斯坦

阿尔伯特·爱因斯坦，犹太人，生于德国乌尔姆市一个经营电器作坊的小业主家庭。少年时，爱因斯坦并没有表现出什么特别的天赋，而且被人认为很笨。他3岁才开始说话，直到10岁时，才被父母送去上学。

在学校里，爱因斯坦因为说话总是吞吞吐吐、反应迟钝，经常受到老

阿尔伯特·爱因斯坦

师和同学的嘲笑，大家都称他为"笨家伙"。学校要求学生上下课都按军事口令进行，由于爱因斯坦的反应迟钝，经常被教师呵斥、罚站。有的教师甚至指着他的鼻子骂："这鬼东西真笨，什么课程也跟不上！"

忍受着讥讽和侮辱，孤独的爱因斯坦发愤图强、努力学习。他特别喜欢读书，尤其喜欢科普书籍。就这样，他在书籍中寻找寄托，寻找精神力量，结识了阿基米德、牛顿、笛卡尔、歌德、莫扎特书籍和知识为他开拓了一个广阔的空间，使他变得越来越智慧，越来越有思想。

1894年，因为厌恶德国慕尼黑学校的军国主义教育窒息了自由的思想，爱因斯坦自动放弃学籍和德国国籍，只身前往米兰。1895年，他到瑞士阿劳市的州立中学上学。1896年，他进苏黎世联邦工业大学师范系学习物理学，

1900年毕业。1901年，他取得瑞士国籍。1902年，他被伯尔尼瑞士专利局录用为技术员，从事发明专利申请的技术鉴定工作。从此，他开始利用业余时间开展科学研究。

1905年，爱因斯坦发表论文《论动体的电动力学》。这篇论文是关于狭义相对论的第一篇文章，它包含了狭义相对论的基本思想和基本内容，解决了从19世纪中期开始，许多物理学家都未能解决的有关电动力学以及力学和电动力学结合的问题。狭义相对论颠覆了从牛顿以来形成的时空概念，提示了时间与空间的统一性和相对性，建立了新的时空观。

1915年，经过10年艰苦的探索，爱因斯坦解决了狭义相对论建立后遗留下的两个原则性问题——一是惯性系成了无法定义的概念，二是万有引力无法纳入狭义相对论的框架，建立了广义相对论。广义相对论统合了狭义相对论和牛顿的万有引力定律，将引力改描述成因时空中的物质与能量而弯曲的时空，以取代传统对于引力是一种力的看法，它代表了现代物理学中引力理论研究的最高水平。

相对论的创立是物理学领域的一次重大革命。它否定了经典力学的绝对时空观，深刻地揭示了时间和空间的本质属性。它也发展了牛顿力学，将其概括在相对论力学之中，推动物理学发展到一个新的高度。现在，爱因斯坦和相对论在西方成了家喻户晓的名词。

除了创立相对论，爱因斯坦还完满地解释了光电效应，说明了量子理论的正确性，大大推动了量子力学的发展。爱因斯坦也因此获得了1921年诺贝尔物理学奖。他还在核能开发方面作了一系列研究，为其奠定了理论基础，曾上书罗斯福总统，建议研制原子弹，以防德国占先。不过战后，他因看到核战争带来的危险，转而积极参与反对核战争的和平运动。爱因斯坦的后半生一直从事寻找大统一理论的工作，不过这项工作没有获得成功，现在大统一理论是理论物理学研究的中心问题。

1933年1月，纳粹党攫取德国政权后，爱因斯坦是科学界首要的迫害对象，幸而当时他在美国讲学，未遭毒手。3月，他回欧洲后避居比利时。9月9日，爱因斯坦发现有准备行刺他的盖世太保跟踪，星夜渡海到英国，10月转到美国普林斯顿大学，任新建的高级研究院教授，直至 1945 年退休。1940 年，爱因斯坦取得美国国籍。

1955 年 4 月 18 日，爱因斯坦因主动脉瘤破裂逝世于普林斯顿。遵照他的遗嘱，不发讣告，不举行葬礼，不建坟墓，不立纪念碑。

• 简 评 •

爱因斯坦的相对论和量子力学理论，使得整个物理学发生了巨大的改变，也使得整个世界也随之而变。17 世纪是牛顿的时代，而 20 世纪则是爱因斯坦的时代。爱因斯坦的学说一直被研究和运用至今，未来仍将被研究和运用。

小结

阿尔伯特·爱因斯坦

国籍：瑞士、美国

身份：物理学家

成就：创立相对论、解释光电效应

语录：任何事情都是相对的 / 一个人的价值，应当看他贡献什么，而不是看他取得什么 / 智慧并不产生于学历，而是来自于对知识终身不懈的追求

> **读一读**
>
> 埃德蒙多·哈雷（1656年11月8日～1742年1月14日），第一个全力以赴地从事彗星轨道计算的天文学家，他准确预言了哈雷彗星作回归运动的事实。

埃德蒙多·哈雷

埃德蒙多·哈雷

埃德蒙多·哈雷，生于英国伦敦一个商人家庭。他的父亲是一个富有的肥皂制造商。因为家境富裕，哈雷从小就受到了良好的教育。

1673年，哈雷进入牛津大学王后学院学习数学。在这里，他阅读了大量各种书籍，尤其感兴趣的是天文观测方面的书籍。因热爱天文学，以至于哈雷于1676年毅然放弃了即将到手的学位证书，只身搭乘东印度公司的航船，在海上颠簸了三个月后，到达南大西洋的圣赫勒纳岛，建立起人类第一个南天观测站。在荒无人烟的圣赫勒纳岛上，哈雷进行了长达一年多的天文观测，测编了世界上第一份精度很高的南天星表，弥补了天文学界原来只有北天星表的不足。哈雷的这个南天星表包括了381颗恒星的方位，它于1678年刊布，当时他才22岁，被人们誉为"南天第谷"。

哈雷最广为人知的贡献就是他对彗星的研究，尤其是对那颗以他名字命名的彗星的准确预言。

在哈雷以前，第谷提出彗星是天体，但对于它是什么样的天体并不清楚。天文学家普遍认为彗星是在恒星之间的漂泊不定的"怪物"，无法预测它的行踪。1680年，哈雷在法国旅游时看到了有史以来最亮的一颗大彗星。两年后，他又看到了另一颗大彗星。这两颗大彗星在他心中留下了极为深刻的印象，从此他对彗星发生极大的研究兴趣。

哈雷彗星

1695年，已是皇家学会书记官的哈雷开始专心致志地研究彗星。他从1337年到1698年的彗星记录中挑选了24颗彗星，用一年时间计算了它们的轨道。他发现1531年、1607年和1682年出现的三颗彗星的轨道根数非常相近，出现的时间间隔都是75或76年。哈雷运用牛顿万有引力定律反复推算，得出结论认为，这三次出现的彗星，并不是三颗不同的彗星，而是同一颗彗星三次出现。以此为据，哈雷在1705年发表《彗星天文学论说》，宣布1682年曾引起世人极大恐慌的大彗星将于1758年再次出现于天空(后来他估计到木星可能影响到它的运动时，把回归的日期推迟到1759年)。他在书中写道："如果彗星最终根据我们的预言，大约在1758年再现的时候，公正的后代将不会忘记这首先是由一个英国人发现的"

1759年3月，全世界的天文台都在等待哈雷预言的彗星的出现。3月13日，一颗明亮的彗星拖着长长的尾巴，终于出现在星空中。这颗有名的彗星就是后来人们所熟知的"哈雷彗星"。遗憾的是，哈雷已于1742年逝世，未能亲眼看到。根据哈雷的计算，哈雷彗星将于1835年和1910年回来。结果，这颗彗星都如期而至。

除了在天文学方面有如此突出的贡献外，哈雷在其他方面也有着突出的贡献。他写过有关磁力、潮汐等方面的文章；他发明了深海潜水钟、运算表等；他绘制了第一张显示大西洋各地磁偏角的附有等值线的地图，今天我们常看到的等高线地形图、有等气压线的天气图，其实都来自哈雷的创意；1693年哈雷发表的一篇关于死亡年龄分析的文章，为英国政府出售寿险时确定合理的价格，提供了坚实基础，也对后来的人寿保险业影响不小；哈雷自费为牛顿出版了科学史上最伟大的著作——《自然哲学的数学原理》；等等。

· 简 评 ·

哈雷编撰了大量的彗星观测记录，而且是第一个全力以赴地从事彗星轨道计算的人。他对彗星的研究，以及对哈雷彗星的准确预测，使彗星的神秘性随之被打破，也使人们对彗星的出现不再惊慌——当时人们普遍认为，彗星出现将带来灾难。可以说，一颗彗星的光芒既照亮了哈雷，也给人类带来了光亮。

小结

埃德蒙多·哈雷

国籍：英国

身份：天文学家

成就：准确预测哈雷彗星的回归

> **读一读**
>
> 伽利略·伽利雷（1564年2月25日~1642年1月8日），被誉为"近代科学之父""现代观测天文学之父""现代物理学之父""科学之父"及"现代科学之父"。

伽利略·伽利雷

伽利略·伽利雷，生于意大利西海岸比萨城。伽利略的父亲是个很有才华的音乐家、数学家，并精通希腊文、拉丁文和英语，因此他从小就受到了良好的家庭教育。12岁时，伽利略进入佛伦勃罗萨修道院，接受古典教育。17岁时，伽利略考进比萨大学，按照父亲的意愿，他当了医科学生。但是，伽利略对学医并没有多大兴趣，他的学习兴趣是数学、物理学等自然科学，因此他平时很少上课，而是专心研究自己感兴趣的物理学和数学。

伽利略·伽利雷

25岁时，经宫廷数学家玛窦·利奇，特别是贵族盖特保图侯爵的推荐，伽利略获得比萨大学数学和科学教授的职位。28岁时，伽利略经盖特保图侯爵再次推荐，被任命为帕多瓦大学的数学、科学和天文学教授。从此，伽利略迎来了一生中的黄金时代。

1610年，伽利略出版《星空信使》一书，轰动了当时的欧洲，因此被聘为佛罗伦萨宫廷哲学家和宫廷首席数学家。此后，伽利略在佛罗伦萨的宫廷里进行科学研究，但是他的天文学发现以及他的天文学著作明显体现出了哥白尼日心说的观点，因此他开始受到教会的注意。从1616年开始，伽利略受到罗马宗教裁判所长达20多年的残酷迫害，但他依然没有放弃自己的科学研究工作。

1642年1月8日，凌晨4时，为科学、为真理奋斗一生的战士、科学巨人——伽利略离开了人世，享年78岁。伽利略死后，给后人留下了非常宝贵的"财富"。伽利略的主要贡献表现为以下四个方面。

1. 力学方面

伽利略是第一个把实验引进力学的科学家，他利用实验和数学相结合的方法确定了一些重要的力学定律。

1582年前后，伽利略经过长久的实验观察和数学推算，得到了摆的等时性定律。据说，伽利略有一次站在比萨的天主教堂里，眼睛盯着天花板，一动也不动。他一边看着天花板上来回摇摆的灯，一边用右手按左手的脉搏。他发现，灯的摆动虽然是越来越弱，以至每一次摆动的距离渐渐缩短，但每次摇摆需要的时间却是一样的。于是，伽利略做了一个适当长度的摆锤，测量了脉搏的速度和均匀度。从这里，他找到了摆的规律。钟就是根据他发现的这个规律制造出来的。

离开比萨大学期间，伽利略深入研究古希腊学者欧几里得、阿基米德等人的著作。他根据杠杆原理和浮力原理写出了第一篇题为《天平》的论文。不久，他又写了论文《论重力》，第一次揭示了重力和重心的实质并给出准确的数学表达式。

在1589年~1591年间，伽利略对落体运动作了细致的观察，从实验和理论上否定了统治千余年的亚里士多德认为的"重物体比轻物体下落的速度要快

比萨斜塔

些"的落体运动法则，从而确立了科学的自由落体定律，即在忽略空气阻力条件下，重量不同的物体在下落时同时落地，下落的速度与重量无关。

传说在1589年的某一天，伽利略带了两个大小一样但重量不等的铁球——一个重10磅，是实心的；另一个重1磅，是空心的——站在比萨斜塔上，同时向塔下抛下。结果，两个铁球几乎同时落地，在场的所有人都目瞪口呆。这就是著名的比萨斜塔实验，它揭开了落体运动的秘密，推翻了亚里士多德的学说。这个实验在物理学的发展史上具有划时代的重要意义。

此外，伽利略对运动基本概念，包括重心、速度、加速度等都作了详尽研究，并给出了严格的数学表达式。尤其是加速度概念的提出，在力学史上是一个里程碑。有了加速度的概念，力学中的动力学部分才能建立在科学基础之上，而在伽利略之前，只有静力学部分有定量的描述。

伽利略曾非正式地提出过惯性定律和外力作用下物体的运动规律，这为牛顿正式提出运动第一、第二定律奠定了基础。在经典力学的创立上，伽利略可说是牛顿的先驱。

伽利略还提出过合力定律、抛射体运动规律，并确立了伽利略相对性原理。伽利略相对性原理是伽利略在发现惯性定律的基础上提出的，即一切彼此做匀速直线运动的惯性系，对于描写机械运动的力学规律来说是完全等价的，并不存在一个比其它惯性系更为优越的惯性系。也就是说，在一个惯性系内部所作的任何力学实验都不能够确定这一惯性系本身是在静止状态，还是在作匀速直线运动。伽利略相对性原理第一次提出惯性参照系的概念，被称为是爱因斯坦狭义相对论的先导。

伽利略在力学方面的贡献是多方面的。这在他晚年写出的力学著作《关于两门新科学的谈话和数学证明》中有详细的描述。在这本不朽著作中，除动力学外，还有不少关于材料力学的内容。

2. 天文学方面

伽利略是利用望远镜观测天体取得大量成果的第一位科学家。利用自己发明的望远镜——放大率提高到30倍以上，能把实物放大1000倍，伽利略发现月球表面凹凸不平，木星有4个卫星（现称伽利略卫星），太阳黑子和太阳的自转，金星、木星的盈亏现象以及银河由无数恒星组成等。他用这些观测和实验证实了哥白尼的"地动说"，彻底否定了亚里士多德和托勒密的"天动说"。为了让世人分享自己的发现，伽利略写成《星空信使》一书。

3. 热学方面

1593年，伽利略发明最早的温度计。他的第一只温度计是一根一端敞口的玻璃管，另一端带有核桃大的玻璃泡。使用时，先给玻璃泡加热，然后把玻璃管插入水中。随着温度的变化，玻璃管中的水面就会上下移动，根据移动的多少就可以判定温度的变化和温度的高低。这种温度计受外界大气压强等环境因素的影响较大，测量误差较大。

4. 哲学方面

伽利略一生坚持与唯心论和教会的经院哲学作斗争，主张用具体的实验来认识自然规律，认为实验是理论知识的源泉。他不承认世界上有绝对真理和掌握真理的绝对权威，反对盲目迷信。他承认物质的客观性、多样性和宇宙的无限性。这些观点对发展唯物主义的哲学具有重要的意义。

简评

史蒂芬·霍金说："自然科学的诞生要归功于伽利略，他这方面的功劳大概无人能及。"伽利略的科学发现，不仅纠正了统治欧洲近两千年的亚里士多德的错误观点，而且创立了研究自然科学的新方法，为后世科学探究进入正确、科学的轨道奠定了坚实的基础，这些功劳的确无人能及。

小结

伽利略·伽利雷

国籍：意大利

身份：物理学家、天文学家、哲学家、发明家

代表作品：《星空信使》

成就：证实哥白尼学说的正确性

> 读一读
>
> ●●●● 约翰尼斯·开普勒（1571年12月27日～1630年11月15日），行星运动三大定律（也称开普勒定律）的发现者，享有"天空立法者"的美名。

约翰尼斯·开普勒

约翰尼斯·开普勒，生于德国威尔的德斯达特镇一个贫民家庭。开普勒是个早产儿，体质很差。3岁时，他染上了天花，导致双手手指受创，视力受损。但是，他天资聪颖，且身上有一种顽强的进取精神，勤奋刻苦，学习成绩一直名列前茅，使得他经常获得奖学金能够在学校学习。

1587年，开普勒进入蒂宾根大学，研读神学、哲学和数学。在这里，开普勒深受天文学教授歇尔·马斯特林的影响，兴趣转向天文学，成为哥白尼学说的坚定拥护者。

约翰尼斯·开普勒

大学毕业后，开普勒获得了天文学硕士学位，并被聘请到格拉茨新教神学院担任讲师。后来，由于学校被天主教会控制，开普勒因是新教徒，不得不离开神学院。1600年初，开普勒来到布拉格（今捷克共和国的首都），与卓越的天文观察家第谷一起专心地从事天文观测工作。在第谷的帮助和指导下，开普勒的事业有了巨大的进步，开始了他天文学研究的新时期。

1601年，第谷去世，开普勒接替了他的职位。第谷在临终前将自己多年积累的天文观测资料全部交给了开普勒，再三叮嘱开普勒要继续他的工作，并将观察结果出版出来。开普勒接过了第谷尚未完成的研究工作。因为在第谷遗留下来的数据资料中,火星的资料是最丰富的,所以开普勒着重对火星轨道进行研究。

当时,不论是地心说,还是日心说,都认为行星作匀速圆周运动。但开普勒发现,对火星的轨道来说,按照哥白尼、托勒密和第谷提供的三种不同方法,都不能推算出同第谷的观测相吻合的结果,于是他放弃了火星作匀速圆周运动的观念,并试图用别的几何图形来解释。经过4年的研究,开普勒于1609年发现椭圆形完全适合这里的要求,能做出同样准确的解释,于是得出了行星运动第一定律:火星沿椭圆轨道绕太阳运行,太阳处于两焦点之一的位置。在此之前,包括哥白尼和伽利略在内都坚持亚里士多德和毕达哥拉斯的天体是完美的物体,圆是完美的形状,一切天体运动都是圆周运动的成见。现在,由于第谷观测的精确和开普勒的努力,终使日心说向前推进了一大步。

接着,开普勒又发现火星运行不是匀速的。他发现,当火星离太阳较近时,运动得较快(近日点);当它离太阳较远时,运动得较慢(远日点)。但是,从任何一点开始,向径(太阳中心到行星中心的连线)在相等的时间所扫过的面积相等。这就是行星运动第二定律(面积定律)。

行星运动第一、第二定律刊布在1609年出版的《新天文学》(又名《论火星的运动》)中。该书还指出两条定律同样适用于其他行星和月球的运动。

1612年,开普勒受奥地利林茨当局的聘请,担任数学教师和地图编制工作。在这里,他继续探索各行星轨道之间的几何关系。经过长期繁杂的计算和无数次失败,开普勒最后创立了行星运动的第三定律:行星绕太阳公转运动的周期的平方与它们椭圆轨道的半长轴的立方成正比。这一结果表述在1619年出版的《宇宙

美国"开普勒"号太空望远镜

谐和论》中。

行星运动三大定律的发现为经典天文学奠定了基础,并为数十年后牛顿建立万有引力定律打下了坚实的基础。

除了发现行星运动三大定律,开普勒在1627年完成了《鲁道夫星表》的编制。这是当时最完备最准确的一部星表,在以后的一百多年里几乎毫无修改地被天文学家和航海家尊为经典。开普勒曾经在1604年9月30日观察到一颗超新星的爆发,天文学界为了纪念他,特地把这颗新星命名为开普勒超新星。1607年,他还观测到了一颗大彗星,就是后来的哈雷彗星。1611年,开普勒发表了《折光学》一书,阐述了光是怎样成像的,研究了大气折射的计算,并且提出了折射望远镜的原理。

· 简 评 ·

开普勒所处的年代正值欧洲从封建主义社会向资本主义社会转变的时期。在科学与神权的斗争中,开普勒坚定地站在了科学的一边,用自己孱弱的身体、艰苦的劳动和伟大的发现来挑战封建传统观念,推动了唯物主义世界观的发展,使人类科学向前跨进了一大步。他是一位坚持真理与科学的英雄。

小结

约翰尼斯·开普勒

国籍:德国

身份:天文学家

代表作品:《新天文学》《宇宙谐和论》

成就:发现行星运动三大定律

> **读一读**
>
> ●●●●● 艾萨克·牛顿（1643年1月4日~1727年3月31日），英国皇家学会会员，人类历史上最伟大、最有影响的科学家之一。

艾萨克·牛顿

艾萨克·牛顿

艾萨克·牛顿，生于英格兰林肯郡乡下的一个小村落伍尔索普村的伍尔索普庄园（Woolsthorpe）。在牛顿出生前3个月，他的父亲就去世了。牛顿是早产儿，出生时十分瘦小。据传闻，牛顿刚出生时小得可以把他装进1夸脱（1夸脱=1.136升）的马克杯中。3岁时，牛顿的母亲改嫁一位牧师，而把他留在他外祖母身边抚养。牛顿自幼沉默寡言，性格倔强，这与他的家庭环境有很大关系。

少年时的牛顿并不是神童，他资质平常、成绩一般，但他喜欢读书，喜欢看一些介绍各种简单机械模型制作方法的读物，并从中受到启发，自己动手制作些奇奇怪怪的小玩意，如风车、木钟、折叠式提灯等等。传说，牛顿有一次放风筝时，在绳子上悬挂着小灯，夜间村人看去惊疑是彗星出现。他还喜欢绘画、雕刻，尤其喜欢刻日晷，家里的墙角、窗台上到处安放着他刻的日晷。

牛顿的母亲原希望牛顿成为一个农民，能赡养家庭，但牛顿酷爱读书，经舅父等人力劝母亲才得以在学校一直读书。1661年6月，牛顿进入了剑桥大学的三一学院。在剑桥，牛顿受笛卡尔等现代哲学家以及伽利略、哥白尼和开普勒等天文学家思想的影响，对探索自然现象产生极为浓厚的兴趣。

1665年，伦敦发生大瘟疫，剑桥大学因此关闭了。此后两年时间内，牛顿待在家中，思考前人从未思考过的问题，踏入前人没有涉及的领域，他一生的重大科学思想在此期间孕育、萌发、形成。1665年初，他创立级数近似法以及把任何幂的二项式化为一个级数的规则；同年11月，创立流数法（微分）；次年1月，研究颜色理论；5月，开始研究反流数法（积分）。这一年内，牛顿还开始想到研究重力问题，并想把重力理论推广到月球的运行轨道上去。他还从开普勒定律中推导出，使行星保持在它们轨道上的力必定与它们到旋转中心的距离平方成反比。

在牛顿的全部科学贡献中，数学、力学、光学方面的成就最为突出。

在数学方面，牛顿将古希腊以来求解无穷小问题的种种特殊方法统一为两类算法：正流数术（微分）和反流数术（积分）。这反映在他的《运用无限多项方程》《流数术与无穷级数》《曲线求积术》三篇论文和《自然哲学的数学原理》一书中，以及被保存下来的1666年10月他写的在朋友们中间传阅的一篇手稿《论流数》中。微积分的出现，成了数学发展中除几何与代数以外的另一重要分支——数学分析。微积分的创立是牛顿最卓越的数学成就。

1666年夏末的一个傍晚，牛顿坐在一棵苹果树下正埋头读他的书。突然，一个苹果掉落在牛顿的头上。恰巧在这段时间，牛顿正苦苦思索着一个问题：是什么力量使月球保持在环绕地球运行的轨道上，以及使行星保持在其环绕太阳运行的轨道上？"为什么这个打中我脑袋的苹果会坠落到地上？"将这两个问题联系，牛顿根据当时已知的天文数据，算出重力在月球处产生的加速度。他把地球表面上物体的重力加速度同它相比，发现比值几乎正好是地月距离同地球半径之比的平方。于是牛顿得出结论：地心引力随物体到地心距离的平方成反比例减小。牛顿把这个结论推广到宇宙间的一切物体，建立了万有引力定律。万有引力定律是牛顿在自然科学中最辉煌的成就。除了万有引力定律外，牛顿三大运动定律（惯性定律、加速度定律、作用力与反作用力定律）是解决机械运动问题的基本理论依据。

1704年，牛顿出版了《光学》一书，系统阐述他在光学方面的研究成果，包括光的现象和光的本质，并提出了光的"微粒说"。"微粒说"与后来

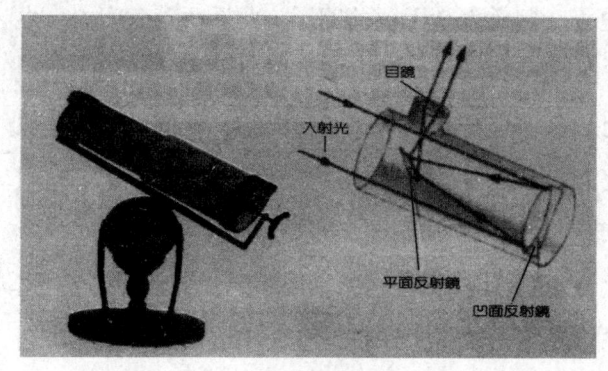

反射式望远镜

惠更斯的"波动说"构成了关于光的两大基本理论。牛顿还制作了牛顿色盘和反射式望远镜等多种光学仪器。

此外,牛顿在声学、热学、天文学、哲学等方面也有不少研究成果和贡献。

1727年3月31日,牛顿因肾结石症医治无效,在伦敦去世,终年86岁。牛顿死后,后人为纪念他,将力的单位定名为牛顿。

简评

2003年,英国广播公司在一次全球性的评选最伟大的英国人活动当中,牛顿被评为最伟大的英国人之首。牛顿是人类认识自然界漫长历程中的一个重要人物,他的科学贡献已成为人类认识自然的里程碑。在牛顿诞生后的数百年里,人们的生活方式发现了翻天覆地的变化,而这些变化大都是基于牛顿的理论和发现。他为人类建立起了理性主义的旗帜,开启了工业革命的大门。

小结

艾萨克·牛顿

国籍:英国

身份:物理学家、数学家、天文学家、哲学家

代表作品:《自然哲学的数学原理》

成就:提出万有引力定律、建立微积分、提出光的"微粒说"

语录:如果说我比别人看得更远些,那是因为我站在了巨人的肩上

> **读一读**
>
> 阿基米德（前287年~前212年），古希腊伟大的数学家、天文学家、物理学家，享有"力学之父"的美称。

阿基米德

阿基米德，生于古希腊西西里岛东南端的叙拉古，父亲是天文学家和数学家。受父亲影响，阿基米德从小就十分喜爱数学，并且善于思考，喜欢辩论。

大概9岁时，阿基米德被父亲送到当时世界的知识、文化中心——亚历山大城读书，师从欧几里得的学生埃拉托塞等著名数学家。在此，阿基米德博阅群书，汲取各种知识，尤其是对数学、天文学和力学产生了浓厚的兴趣，这为他日后从事科学研究奠定了很好的基础。

阿基米德

前240年，阿基米德学成归国，帮助国王解决生产实践、军事技术和日常生活中的各种科学技术问题。

前212年，罗马军队攻陷叙拉古，阿基米德不幸罗马士兵杀死，终年75岁。

阿基米德一生献身科学，是古希腊一位杰出的科学家。他在数学、天文学、力学等方面都做出了卓越的贡献。

在几何学方面，阿基米德得出了球体、圆柱体的体积和表面积的正确计算公式，提出了抛物线所围成的面积和弓形面积的计算方法。他在计算球体、圆柱体和更复杂的立体体积时，运用逐步近似求极限的方法，奠定了现代微积分计算的基础。

在天文学方面,阿基米德曾运用水力制作了一座天象仪,球面上有日、月、星辰、五大行星。根据记载,这个天象仪不但运行精确,连何时会发生月蚀、日蚀都能加以预测。晚年,阿基米德开始怀疑地球中心学说,并猜想地球有可能绕太阳转动,这一观念比哥白尼的"日心地动说"要早1800年。

在力学方面,阿基米德的成绩最为突出。他系统并严格地证明了杠杆定律,为静力学奠定了基础,并利用这一原理设计制造了许多机械。

在亚历山大城求学时期,阿基米德看到农民提水浇地相当费力,便发明了一种利用螺旋作用在水管里旋转而把水吸上来的工具,即"阿基米德螺旋提水器"。现在,埃及还有人使用这种器械。这个工具成了后来螺旋推进器的先祖。

阿基米德曾说:"给我一个支点和一根足够长的杠杆,我就能撬动整个地球。"对此,叙拉古国王表示怀疑,他要求阿基米德移动载满重物和乘客的一艘新三桅船。只见,阿基米德叫工匠在船的前后左右安装了一套设计精巧的滑车和杠杆,然后叫100多人在大船前面抓住一根绳子。他让国王牵动一下绳子,大船居然慢慢地滑到海中。国王高兴异常,当众宣布:"从现在起,我要求大家,无论阿基米德说什么,都要相信他!"

阿基米德螺旋提水器

"给我一个支点和一根足够长的杠杆,我就能撬动整个地球。"

在希腊与罗马交战期间,阿基米德还发明了许多武器,如抛石机、大型起重机等。

关于力学,阿基米德还发现了浮力原理。有这样一个故事:

相传叙拉古赫农王让工匠替他做

了一顶纯金的王冠。但是在做好后，国王疑心工匠做的金冠并非全金，但这顶金冠确与当初交给金匠的纯金一样重。工匠到底有没有私吞黄金呢？国王既想检验真假，但又不想破坏王冠，大家一时都没有一个很好的办法。经一大臣建议，国王请来阿基米德检验。

开始，阿基米德也是无计可施。一天，他在家洗澡，当他坐进澡盆里时，看到水往外溢，同时感到身体被轻轻托起。他突然悟到可以用测定固体在水中排水量的办法，来确定金冠的比重。他兴奋地跳出澡盆，连衣服都顾不得穿上就跑了出去，大声喊着"尤里卡（意思是"我知道了"）！尤里卡！"

经过进一步的实验以后，阿基米德来到王宫，他把王冠和同等重量的纯金放在盛满水的两个盆里，比较两盆溢出来的水，发现放王冠的盆里溢出来的水比另一盆多。这就说明王冠的体积比相同重量的纯金的体积大，密度不相同，所以证明了王冠里掺进了其他金属。

这次试验的意义远远大过查出金匠欺骗国王一事，阿基米德从中发现了浮力定律：物体在液体中所获得的浮力，等于他所排出液体的重量。后来，该定律称为阿基米德定律。直到现代，人们还在利用这个定律计算物体比重和测定船舶载重量等。

阿基米德一生著作颇丰。数学著作，主要有《论球和圆柱》《圆的度量》《抛物线求积》《论螺线》《论锥体和球体》《沙的计算》等。其中，《论球与圆柱》是他的得意杰作，包括许多重大的成就。力学著作，主要有《论图形的平衡》《论浮体》《论杠杆》《原理》等。其中，《论浮体》是流体静力学的第一部专著，阿基米德把数学推理成功地运用于分析浮体的平衡上，并用数学公式表示浮体平衡的规律。

简 评

美国数学协会主席埃里克·坦普尔·贝尔曾在《数学人物》上这样评价阿基米德：任何一张开列有史以来三个最伟大的数学家的名单之中，必定会包括阿基米德，而另外两位通常是牛顿和高斯。不过以他们的宏伟业绩和所处的时代背景来比较，或拿他们影响当代和后世的深邃久远来比较，还应首推阿基米德。阿基米德能有如此高的评价，可见其对后世贡献之大、影响之深。

小结

阿基米德
国籍：古希腊
身份：数学家、物理学家、天文学家
代表作品：《论球和圆柱》《论浮体》
语录：尤里卡！尤里卡／给我一个支点和一根足够长的杠杆，我就能撬动整个地球

> **读一读** 克里斯托弗·哥伦布（1451年10月31日~1506年5月20日），地理大发现的先驱者，开辟了横渡大西洋到美洲的航路。

克里斯托弗·哥伦布

克里斯托弗·哥伦布，生于意大利港口城市热那亚一个犹太织工家庭。哥伦布自幼热爱航海冒险，立志要做一个航海家。他读过《马可·波罗游记》，十分向往印度和中国。成年后，他先后向葡萄牙、西班牙、英国、法国等国国王请求资助，以实现他向西航行到达东方国家的计划，但都遭拒绝。直到1492年，西班牙女王伊莎贝拉慧眼识英雄，她说服了国王，哥伦布的计划才得以实施。

克里斯托弗·哥伦布

1492年8月3日，哥伦布受西班牙女王派遣，带着给印度君主和中国皇帝的国书，率领3艘航船、船员90名，从西班牙帕罗斯港扬帆出大西洋，直向正西航去。经70昼夜的艰苦航行，哥伦布的船队于1492年10月12日凌晨终于发现了陆地，哥伦布以为到达了印度。其实，哥伦布登上的这块土地，属于现在中美洲加勒比海中的巴哈马群岛，他当时为它命名为圣萨尔瓦多（意为"救世主"）。1493年3月15日，哥伦布返回西班牙巴塞罗那，受到国王和女王的亲自接见。

1493年9月25日，哥伦布率船17艘、船员1500人，从西班牙加的斯港

哥伦布登上新大陆

出发开始第二次西航。这次航行的目的是要到他所谓的亚洲大陆印度建立永久性殖民统治。1494年2月,因粮食短缺等原因,大部分船只和人员返回西班牙,而哥伦布率船3艘在古巴岛和伊斯帕尼奥拉岛以南水域继续进行探索"印度大陆"的航行。在这次航行中,哥伦布的船队先后到达了多米尼加岛、背风群岛的安提瓜岛和维尔京群岛,以及波多黎各岛。1496年6月11日,哥伦布回到西班牙。

1498年5月30日,哥伦布率船6艘、船员约200人,由西班牙塞维利亚出发进行第三次西航。这次航行目的是要证实在前两次航行中发现的诸岛之南有一块大陆(即南美洲大陆)的传说。7月31日,船队发现南美洲北部的特立尼达岛以及委内瑞拉的帕里亚湾,这是欧洲人首次发现南美洲。在这里停留不久后,哥伦布便被人控告治理领地不力,于1500年10月被国王派去的使者逮捕后解送回西班牙。最后,因各方反对,哥伦布不久获释。

1502年5月11日,哥伦布率船4艘、船员150人,从加的斯港出发开始第四次西航。这次航行的目的是要再次查明新发现的大陆,并寻找新大陆中间通向太平洋的水上通道。这次航行,哥伦布在到达伊斯帕尼奥拉岛后,穿过古巴岛和牙买加岛之间的海域驶向加勒比海西部,然后向南折向东沿洪都拉斯、尼加拉瓜、哥斯达黎加和巴拿马海岸航行了约1500公里,寻找两大洋之间的通道。后来,由于1艘船在同印第安人冲突中被毁,另3艘也先后损坏,哥伦布于1503年6月在牙买加弃船登岸,1504年11月7日返回西班牙。

第四次西航回国后,哥伦布因长年在外航行积劳成疾,于1506年5月20日逝世。

哥伦布的四次西航是大航海时代的开端。新航路的开辟,改变了世界历史的进程。它使海外贸易的路线由地中海转移到大西洋沿岸。从此,西方走出了中世纪的黑暗，开始以不可阻挡之势崛起于世界，并在之后的几个世纪中，成就了海上霸业，以一种全新的工业文明成为世界经济发展的主流。

• 简 评

对美洲的印第安人来说，哥伦布的到来确实是一个极大的灾难。但是，哥伦布发现新大陆这一事迹所带给人类社会和文明的影响无疑在人类历史上占有举足轻重的地位，他的成就在航海界无人能及。

小结

克里斯托弗·哥伦布
国籍：意大利
身份：航海家
成就：发现新大陆——美洲、开辟横渡大西洋到美洲的航路

> 读一读
>
> ●●●● 斐迪南·麦哲伦（1480年~1521年），全名费迪南德·麦哲伦，第一个环球航行的发起者和完成者。

斐迪南·麦哲伦

斐迪南·麦哲伦，生于葡萄牙北部波尔图的一个没落的骑士家庭。10岁时，麦哲伦被父亲送进王宫服役，12岁时担任王后的侍童。16岁时，麦哲伦被编入国家航海事务所。随后，他参加了葡萄牙第一任驻印度总督阿尔梅达的远征队，先后跟随远征队到东部非洲、印度和马六甲等地探险和进行殖民活动。这段经历使他积累了丰富的航海经验，也使他日益对航海探险事业产生了浓厚的兴趣，并立志像哥伦布、达·伽马等航海家一样做出自己的贡献。

斐迪南·麦哲伦

然而，有志于航海探险的麦哲伦在自己的国家中却得不到国王的信任。33岁时，麦哲伦向葡萄牙国王曼努埃尔申请组织船队去探险，进行一次环球航行。可是，国王没有答应，因为国王认为东方贸易已经得到有效的控制，没有必要再去开辟新航道了。失望之际，麦哲伦离开了葡萄牙，来到西班牙塞维利亚，并向塞维利亚的要塞司令提出环球航行的请求。该要塞司令非常欣赏麦哲伦的才能和勇气，答应了他的请求，并把女儿也嫁给了他。

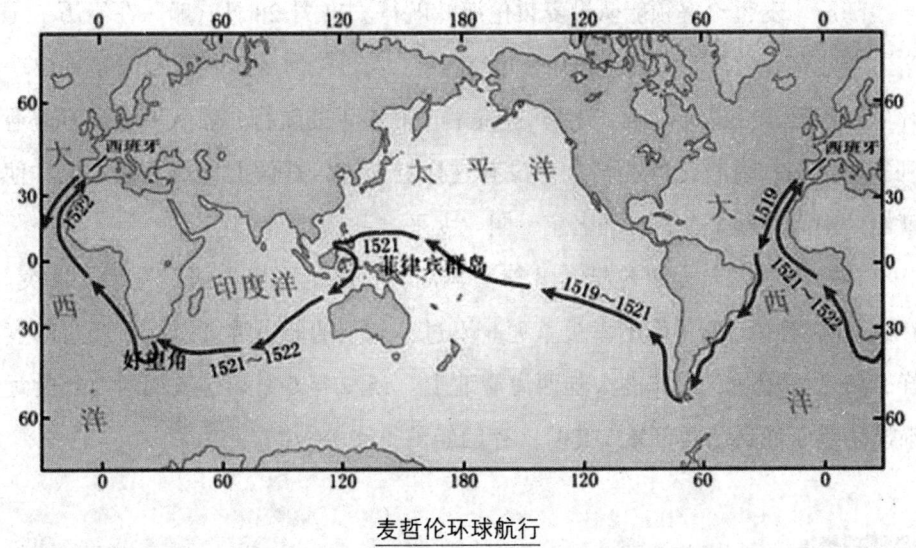

麦哲伦环球航行

1518年3月,西班牙国王查理五世接见了麦哲伦,麦哲伦再次提出航海的请求,并献给了查理五世一个自制的精致的彩色地球仪。查理五世很快就答应了他。不久,在查理五世的指令下,麦哲伦组织了一支船队准备出航。

1519年8月10日,麦哲伦率领一支由5艘大船、265名水手组成的西班牙船队出发了。按照计划,麦哲伦将沿着哥伦布当年的航线前进。

麦哲伦的船队一路向西行驶。11月29日,船队到达巴西海岸。1520年1月10日,船队到达一个无边无际的大海湾。船员们以为到了美洲的尽头,可以顺利进入新的大洋,但是经过实地调查,那只不过是一个河口,即现在乌拉圭的拉普拉塔河。3月底,南美地区进入冬季,麦哲伦率船队驶入圣胡安港准备过冬。8月,麦哲伦率领船队出发,准备沿大西洋海岸继续南航,寻找通往"南海"的海峡。

8月21日,麦哲伦在南纬52°附近发现了一个通向西方的狭窄入口。麦哲伦激动地看着这个将给他带来希望的入口,马上派两艘船只前去探察。派去探察的船员紧张地看着两旁耸立着的1000多米高的陡峭高峰,小心翼翼地迎着通道中的狂风怒涛前进。海峡越来越窄,没有人知道前方面临的是死亡还是希望。经过两天探察,麦哲伦终于找到了一条通往"南海"的峡道,即后人所称的麦哲伦海峡。

随后，麦哲伦率领船队沿麦哲伦海峡航行。11月28日，船队在经历了千辛万苦之后，终于到达海峡的西口，走出了麦哲伦海峡，眼前顿时呈现出一片风平浪静、浩瀚无际的"南海"。此后100多天的航行，船队一直没有遭遇到狂风大浪，麦哲伦的心情从来没有这样轻松过，好像上帝帮了他大忙。他就给"南海"起了个吉祥的名字，叫"太平洋"。

1521年3月，麦哲伦抵达菲律宾群岛，在岛上与当地居民发生了冲突。在这场冲突中，麦哲伦不幸被杀死。不过，剩下的船员继续航行，经过印度洋，绕过好望角，沿非洲大陆西海岸北上。1522年9月，这支历时3年的远航队伍终于回到了西班牙，此时幸存的船员只有18人。

· 简 评 ·

麦哲伦率领的环球航行，第一次用铁一般的事实向世人证明了一个真理：地球是圆的。也就是说，不管是从西往东，还是从东往西，我们都可以环绕地球一周回到原地。这在人类历史上，永远是不可磨灭的伟大功勋。

斐迪南·麦哲伦

国籍：葡萄牙

身份：航海家、探险家

成就：率领世界史上首次环球航行，证明地球是圆的

> **读一读**
> 威廉·哈维（1578年4月1日~1657年6月3日），发现了血液循环的规律和心脏的功能，奠定了近代生理学的基础。

威廉·哈维

威廉·哈维，生于英国肯特郡福克斯通镇一个富裕的地主家庭，父亲曾做过福克斯通镇的镇长。少年时，哈维在一所有名的私立学校接受严格的初、中等教育。15岁时，他进入剑桥大学学习医学。

1600年，哈维又在意大利帕多瓦大学——当时欧洲最著名的高级科学学府，在著名的解剖学家法布里克斯指导下学习，1602年获得医学证书。在此学习期间，哈维刻苦钻研、积极实践，被同学们誉为"小解剖家"。因此，他还成了老师

威廉·哈维

的得力助手。这一时期的学习和实践，为哈维后来确立心血管运动的理论奠定了牢固的基础。

从1603年起，哈维开始在伦敦行医。不久，他与伊丽莎白女王的御医朗斯洛·布朗的女儿结婚。这桩婚姻对于哈维的事业大有帮助。1607年，他被任命为皇家医学院成员。1615年，他被选为皇家医学院伦姆雷讲座的主讲人。1616年，他成为圣巴多罗买医院的医生。这一年，他还第一次提出了关于血液循环的理论。就这样，哈维一边行医，一边讲课，还进行实验和著书立说，

名气越来越大。1618年后，哈维受委任，担任王室御医，先后为国王詹姆士一世和查理一世服务。

1628年，哈维发表其伟大著作《心血运行论》，也称《动物心血运动解剖论》。该书是生理学史上最重要的著作，其主要意义在于使人们对人体的工作原理有了基本的了解。哈维在书中明确指出血液循环规律：动脉把血液从心脏输出的同时，静脉把血液输入心脏。由于没有显微镜，哈维无法看到毛细血管——血液从最小的动脉输入静脉的微小血管，但是他却正确地推断出了它们的存在（哈维去世几年以后，意大利生物学家发现了毛细血管）。

哈维还提出了心脏的功能，就是把血液泵入动脉。哈维在这点上如同他在其他每个要点上一样，基本上是正确的。而且，他还给出大量的实验证据，严密地论证了他的学说。虽然他的学说起初遭到了反对，但是到了他的生命完结时已被广为公认。

哈维的血液循环理论最初并没有得到认可，直到去世数年后才被认可。此后，他的名声传遍了整个欧洲。他的《心血运行论》一书被称为近代生命科学的发端。

除了在血液循环理论方面作出的重大贡献外，哈维对胚胎学的研究也不容忽视。1651年，他发表著作《动物的生殖》，标志着当代胚胎学研究的真正开始。哈维深受亚里士多德影响，同他一样反对先成学说——这种假说认为，胚胎即使在其最早的阶段也与成年动物具有同样的总体结构，虽然前者的规模要比后者小得多。哈维正确地提出了胚胎的最终结构是逐渐发展形成的。

1657年6月3日，哈维突患中风，当天晚上与世长辞，享年79岁。他的遗体被葬于埃塞克斯郡汉普斯台德哈维家的墓地。

· 简 评 ·

英国著名病理学家约翰·西蒙在评价哈维时说："血液循环的知识——没有它，医生就会处于迷茫恍惚之中，无所依据。血液循环的发现，是生理学上至今还无可比拟的。"哈维的贡献是划时代的，他的工作标志着新的生命科学的开始,属于发端于16世纪的科学革命的一个重要组成部分,他是与哥白尼、伽利略、牛顿等人齐名的科学革命的巨匠。

小结

威廉·哈维

国籍:英国

身份:生理学家、医生

代表作品:《心血运动论》

成就:发现血液循环的规律和心脏的功能

> **读一读** 本杰明·富兰克林（1706年1月17日～1790年4月17日），美国历史上第一位享有国际声誉的科学家和发明家，被世界公称为是资本主义精神最完美的代表。

本杰明·富兰克林

本杰明·富兰克林

本杰明·富兰克林，生于美国马萨诸塞州的波士顿。他出身贫寒，父亲是一个铁匠，靠卖杂货为生。富兰克林只念过两年书，从10岁起便跟着父亲做工。12岁时，他去哥哥的印刷所当学徒。此后，他当了近10年印刷工人。在这期间，富兰克林除了熟练掌握印刷技术，还广泛阅读文学、历史、哲学方面的著作，自学数学和4门外语，潜心练习写作，这为他后来取得多方面的成就打下了坚实的基础。

1726年，富兰克林在费城几经周折，创办了自己的印刷所。随后，他印刷和发行《宾夕法尼亚报》，并出版了《穷人理查德历书》。1727年，他和几个青年创办了"共读社"，组织了小型图书馆，帮助工人、手工业者和小职员进行自学。由于吃苦耐劳，讲求信誉，注意经营管理，富兰克林很快在印刷界激烈的竞争中站住了脚，并且把业务扩大到邻近几个州以及西印度群岛，成为北美洲印刷出版行业中的佼佼者。同时，富兰克林此时也已经成为一个学识渊博的学者和启蒙思想家，在北美的声誉日渐提高。

1736年,富兰克林当选宾夕法尼亚州议会秘书。后来,他又先后担任费城副邮务长、美国邮政总长、驻法大使、宾夕法尼亚州州长等公职。富兰克林是一位非常出色的政治家、社会活动家,曾参与起草《独立宣言》,为美国赢得独立战争而多次与英国谈判,并得到法国等国的援助。独立战争胜利后,富兰克林积极参加了制定美国宪法的工作,并组织了反对奴役黑人的运动,成为美国反对蓄奴制的先驱。需要说明的是,虽然每天工作繁忙,但是富兰克林从没间断每天的学习,他每天都要抽出一些时间学习了解经济、科学、文学等方面的知识和成果。

除了在社会领域所取得的突出贡献外,富兰克林在自然科学方面的贡献更为世人熟知,也使他最负盛名。在电学研究方面,富兰克林的成就显著,而最有名的风筝实验,我们都应该记得。

1752年6月的一天,阴云密布,电闪雷鸣,一场暴风雨即将来临。富兰克林和儿子威廉带着上面装有一个金属杆的风筝来到一个空旷地带。由于风大,风筝很快被放上高空,富兰克林和儿子一起拉着风筝线期待着,过了不久,一道闪电突然从风筝上掠过,富兰克林用手靠近风筝上的铁丝,立即感受到一种恐怖的麻木感。他抑制不住内心的激动,大声呼喊:"威廉,我被电击了!"随后,他又将风筝线上的电引入莱顿瓶中。回家后,富兰克林用雷电进行了各种电学实验,证明了天上的雷电与人工摩擦产生的电具有完全相同的性质。

风筝实验的成功使富兰克林在世界科学界名声大噪。英国皇家学会给他送来了金质奖章,聘请他担任皇家学会的会员。在荣誉和胜利面前,富兰克林并没有停止对电学的进一步研究。为了深入探讨电运动的规律,他创造的许多专用名词如正电、负电、导电体、电池、充电、放电等成为世界通用的词汇。他借用数学上正负的

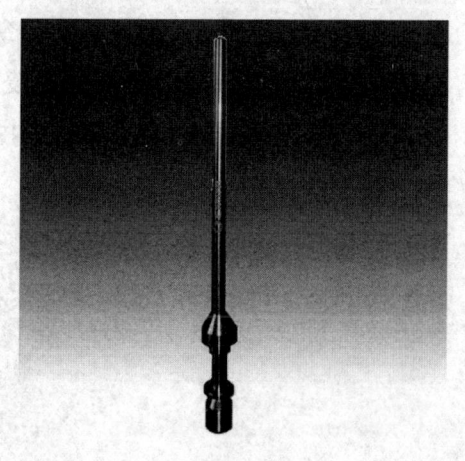

富兰克林发明的避雷针

概念，第一个科学地用正电、负电概念表示电荷性质，并提出了电荷不能创生、也不能消灭的思想，后人在此基础上发现了电荷守恒定律。他最先提出了避雷针的设想，并制造出第一根实用避雷针，使人类避免了雷击灾难，破除了人们对雷电的迷信。

富兰克林对科学的贡献不仅在电学方面，他研究范围极广。在数学方面，他创造了8次和16次幻方，这两个幻方性质特殊，变化复杂，至今仍为学者称道；在热学方面，他改良了取暖的炉子，发明"富兰克林炉"，能够节省四分之三的燃料；在光学方面，他发明了老年人用的双焦距眼镜，既能看清楚近处又能看清楚远处的事物。此外，他对气象、地质、声学及海洋航行等方面都有研究，并取得了不少成就。

1790年4月17日，夜里11点，富兰克林溘然长逝，享年84岁。4月21日，费城人民为他举行了葬礼，2万人参加了出殡队伍，为富兰克林的逝世服丧一个月以示哀悼。遵照富兰克林的遗嘱，他的墓碑上只刻着"印刷工——本杰明·富兰克林"。

简 评

富兰克林有一连串的头衔——政治家、科学家、哲学家、社会活动家、出版商、印刷商、记者、作家、慈善家、外交家及发明家。有人评价，说他是18世纪仅次于华盛顿的名人。至今，富兰克林的自传家喻户晓。他没有显赫的家世，没有富裕的生活，没有受到很好的教育，但靠着不屈的努力和奋斗，获得了在各个领域的成功，我们应永远记住他，以他为典范。

小结

本杰明·富兰克林

国籍：美国

身份：科学家、政治家

成就：风筝实验成功，制成第一根实用避雷针，起草《独立宣言》

> **读一读**
>
> 威廉·康拉德·伦琴（1845年3月27日～1923年2月10日），X射线的发现者。

威廉·康拉德·伦琴

威廉·康拉德·伦琴，生于德国尼普镇一个富裕布匹商人家庭，从小受到了很好的教育。3岁时，伦琴与家人迁居荷兰，加入荷兰籍。1865年，伦琴进入苏黎世联邦工业大学机械工程系。1869年，他获苏黎世大学博士学位。随后的19年里，伦琴先后在维尔茨堡大学、斯特拉斯堡大学任教，为自己赢得了优秀科学家的声誉。1894年，伦琴任维尔茨堡大学校长，同时开始进行真空玻璃管里放电现象的实验研究工作。

威廉·康拉德·伦琴

1895年11月8日，伦琴在进行阴极射线的实验时，将密封的玻璃管用厚黑纸完全覆盖起来，以避免光线干扰。可是，当他接通阴极射线管的电路时，发现在附近一条长凳上的一个荧光屏开始发光，好像受一盏灯的感应激发出来的。他断开阴极射线管的电流，荧光屏即停止发光。经过研究，伦琴确定荧光屏的发光是由于射线管中发出的某种射线所致。因为当时对于这种射线的本质和属性还了解得很少，所以他称它为X射线，表示未知的意思。

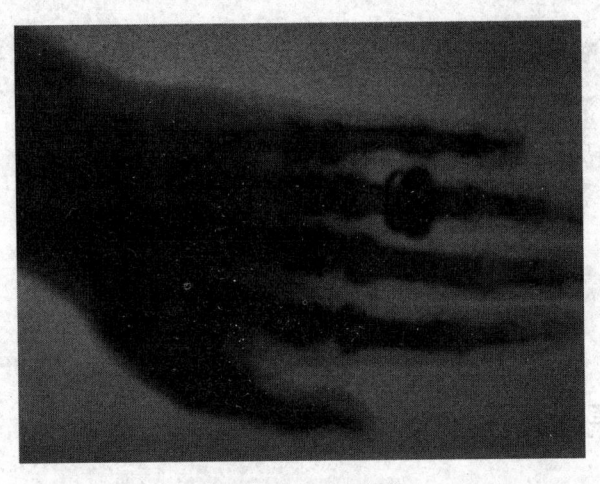

世界第一张 X 光照片

发现 X 射线后，伦琴曾让妻子把手放在射线和照相底片之间，经过片刻便取出底片显影，这便是世界上首张 X 光照片。那上面清晰可见伦琴夫人手骨的结构，还有手上所戴戒指的阴影。

1895 年 12 月 28 日，伦琴写出论文——《一种新的射线——初步报告》，向维尔茨堡物理学医学协会作了报告，宣布他发现了 X 射线，阐述这种射线具有直线传播、穿透力强、不随磁场偏转等性质。这一发现立即引起了强烈的反响。1896 年 1 月 4 日，柏林物理学会在成立 50 周年纪念展览会上展出 X 射线照片。1 月 5 日，维也纳《新闻报》抢先作了报道。1 月 6 日，伦敦《每日记事》向全世界发布消息，宣告发现 X 射线。这些宣传，轰动了当时国际学术界，论文《初步报告》在 3 个月之内就印刷了 5 次，立即被译成英、法、意、俄等国文字。

伦琴发现的 X 射线大大推动了医学的进步。1896 年 1 月 20 日，美国医生已经应用 X 射线首次对病人的骨折进行准确的诊断。此外，X 射线的发现还间接地影响了放射性的发现。因为该发现，1903 年贝克勒和居里夫人被共同授予诺贝尔奖。因为伦琴的巨大贡献，1901 年诺贝尔奖第一次颁发，伦琴就成为第一位获得诺贝尔物理学奖的科学家。

· 简 评 ·

X 射线是人类发现的第一种所谓"穿透性射线"，它能穿透普通光线所不能穿透的某些材料。它的发现，给生物学、天文学，尤其是医学领域带来了巨大的革命。因此，它被称为 19 世纪末 20 世纪初物理学的三大发现（X 射线、放射线、电子)之一。而这归功于献身于科学事业的威廉·康拉德·伦琴,我们应该永远记住这位科学伟人。

小结

威廉·康拉德·伦琴
国籍:德国、荷兰
身份:物理学家、教师
成就:发现X射线
语录:我喜欢离开人们通行的小路,而走荆棘丛生的崎岖山路/研究学问犹如在黑暗中摸索,多么需要温暖、友谊和帮助啊

> 詹姆斯·瓦特（1736年1月19日~1819年8月19日），促进第一次工业革命的伟大发明家。由于他在第一次工业革命中的伟大贡献，被后人称为"工业之父"。

詹姆斯·瓦特

詹姆斯·瓦特

詹姆斯·瓦特，生于英国格拉斯哥附近小镇格林诺克。格拉斯哥是英国的造船工业中心。瓦特的祖父曾教数学，父亲是建筑师和造船师。他从小酷爱学习、好奇心强，又聪慧过人，加之耳濡目染，很早就学到了许多机器制造的知识。但是由于身体不好，常在家养病，因此瓦特没有受过系统教育。不过，这丝毫没有减弱瓦特对科学理论和实践知识的学习、钻研的热情。为了了解国外的科技动态，瓦特还学会了法语、意大利语和德语。

1769年，瓦特在改进前人发明的蒸汽机的基础上，制造出了第一台真正有实用价值的蒸汽机。在瓦特之前，公元1世纪，亚历山大·希罗曾设计过类似的机器。1698年，汤姆斯·萨威利获得了用蒸汽机抽水的专利权。1712年，英国人汤姆斯·纽可门获得了稍加改进的蒸汽机的专利权，纽可门蒸汽机只能用于煤矿排水。瓦特蒸汽机的效率远比前人蒸汽机的效率要高得多。相比纽可门蒸汽机，瓦特蒸汽机耗煤量只有其四分之一，但效率却提高了5倍。瓦特蒸汽机的创造，加快了第一次工业技术革命完成，极大地推进了社会生产力的发展，具有划时代的意义。因此，瓦特被世界公认为蒸汽机的发明家。

1781年，瓦特还发明了一套齿轮，从而使蒸汽机的往复运动变换成为旋转运动。这套齿轮使蒸汽机的用途增多。1782年，瓦特又对自己发明的只有一个汽缸、容易出故障的蒸汽机进行改进，发明了双向气缸，使得蒸汽能够从两端进出，从而可以推动活塞

瓦特的蒸汽机

双向运动，而不是以前那样只能单向推动。这样，蒸汽机的效率至少又提高了四倍。从这时起，瓦特的蒸汽机终于从华而不实走向实用。后来，瓦特又发明了自动调节蒸汽机运转速度的离心式调速器（1788年）、压力计（1790年）、计数器、示功器、节流阀以及许多其他仪器。

瓦特蒸汽机经过一系列改进后，很快推广开来。它用于面粉厂磨面、炼铁厂鼓风、啤酒厂磨麦芽、陶瓷厂粉碎燧石、炼糖厂压碎甘蔗、棉纺厂纺织等。蒸汽机在水陆交通运输业中的运用，促使汽轮和火车的发明，从而使运辅业发生了一场深刻的革命，使之进入汽船和铁路时代。

瓦特除了发明蒸汽机，还发明了液体比重计、信件复印机，他最先提议用螺旋桨代替明轮推动船舶，最先采用"马力"作为计算功率的单位。

瓦特的杰出成就受到国内外的高度评价和赞扬，他被著名的伯明翰新月会接纳为会员，1785年当选为皇家学会会员，1806年被授予格拉斯哥大学法学博士学位，1814年被法兰西科学院吸收为国外会员。1819年，瓦特去世后，被安葬在威斯敏斯特教堂。后人为了纪念他，把功率的单位定位"瓦特"。瓦特的名字被永远载入世界著名发明家史册。

• 简 评 •

在工业革命中，瓦特是一个非常关键性的人物，这主要是因为他发明的

蒸汽机。虽然在工业革命中出现了许多其他发明,如滑轮梭子(约翰·凯,1733年)、勒尼纺纱机(詹姆斯·哈格瑞夫斯法,1764年)等,但大多数只是小改小革,没有哪一项能单独地对工业革命起举足轻重的作用。蒸汽机则不同,它起着非常关键性的作用。可以说,没有它,工业革命就会面目全非。

小结

詹姆斯·瓦特
国籍:英国
身份:发明家
成就:制造出第一台有实用价值的蒸汽机

> 读一读
>
> ●●●● 托马斯·阿尔瓦·爱迪生（1847年2月11日 ~ 1931年10月18日），历史上最伟大的发明家，被称为"世界发明大王""科学界的拿破仑"。

托马斯·阿尔瓦·爱迪生

托马斯·阿尔瓦·爱迪生，生于美国中西部俄亥俄州米兰镇。爱迪生的父亲是荷兰人的后裔，先前在加拿大经营一家餐厅，后来因为加入革命军而被通缉，于是逃到了美国米兰镇，转营木材生意；母亲曾当过小学教师，结婚后就没有再执教鞭，当了全职家庭主妇，抚养孩子成长。

8岁时，爱迪生开始接受学校教育。在学校，因为爱迪生爱发问、爱动脑子的习惯，令学校教师大为恼火，教师称他是

托马斯·阿尔瓦·爱迪生

"低能儿"。所以，在接受了3个月的学校教育后，爱迪生就被勒令回家。此后，爱迪生在母亲的鼓励教导下一边读书，一边做着各种各样的发明实验。由此，爱迪生一生的命运也开始发生深刻的变化。

1868年，爱迪生发明电子投票计数器，这是他的第一个发明专利。但是，爱迪生本以为这台装置会加快国会的工作，会受到欢迎，没想到一位国会议员告诉他说，他们无意加快议程，有的时候慢慢地投票是出于政治上的需要。从此以后，爱迪生决定，再也不搞人们不需要的任何发明。

1869年10月，爱迪生与波普一起成立一个"波普—爱迪生公司"，专门

经营电气工程的科学仪器。在这里，他发明了"爱迪生普用印刷机"。他把这台印刷机献给华尔街一家大公司的经理，本想索价5000美元，但又缺乏勇气说出口来。于是他让经理给个价钱，而经理给了4万美元。利用这笔钱，爱迪生在新泽西州纽瓦克市的沃德街建了一座工厂，专门制造各种电气机械。从此，他又开始通宵达旦地工作。

从1872至1875年，爱迪生先后发明了二重、四重电报机，还协助别人搞成了世界上第一架英文打字机。1877年，爱迪生发明了碳精电话送话器，使原有的电话声音更为清晰。同年，他还发明了留声机。从1878年起，爱迪生开始研究电灯。1879年，爱迪生终于发明了一种实用的白炽灯泡。此后，爱迪生的灯泡连同他所发明的输电装置一起使普通家庭实现了用电照明。1882年，在白炽灯彻底获得市场认可后，爱迪生的电气公司开始建立电力网，输送直流电，由此开启了人类史上的"电力时代"，电的家庭使用迅即传遍整个世界。

留声机

白炽灯泡

1887年，爱迪生把他的实验室迁往西奥兰治。在此，他为了使自己的发明制成产品和推销，他创办了许多商业性公司。1890年，爱迪生又将他的所有公司合并为通用电气公司。此后，他的发明兴趣转到荧光学、矿石捣碎机、铁的磁离法、蓄电池和铁路信号装置上。

1929年10月21日，在电灯发明50周年的时候，人们为爱迪生举行了盛大的庆祝会，爱因斯坦、居里夫人等著名科学家纷纷向他祝贺。不幸的是，在庆祝大会上，当爱迪生致答谢辞的时候，由于过分激动，他突然昏厥过去。

从此，他的身体每况愈下。1931年10月18日，这位为人类作过伟大贡献的科学家因病逝世，终年84岁。

· 简 评 ·

有人作过统计，爱迪生一生有2000余项创造发明，在专利局正式登记的有1300种左右。爱迪生是有史以来最伟大的发明家，迄今为止，世界上没有一个人能打破他创造的发明专利数世界纪录。他为人类文明进程的发展作出了巨大贡献。

小结

托马斯·阿尔瓦·爱迪生

国籍：美国

身份：发明家、电学家、企业家

成就：发明电灯、留声机，改良电话机，创立通用电气公司

语录：天才就是1%的灵感加上99%的汗水，相应地，天才常常是那些做好了所有功课的人

> 读一读
>
> 莱特兄弟，是指威尔伯·莱特（兄）（1871年8月19日～1948年1月30日）和奥维尔·莱特（1867年4月16日～1912年5月30日）两人，世人一般认为他们是世界上第一架实用飞机的发明者。

莱特兄弟

莱特兄弟，生于美国俄亥俄州。他们从小都有一样的爱好，就是对机械有着天生的爱好，总是喜欢拆拆弄弄。对此，父亲米尔顿·莱特常在这方面鼓励他们，而从不指责他们把身上仅有的一点儿零用钱花在买工具、材料上的癖好。

一次，父亲给莱特兄弟带回了一个会飞到高空的"蝴蝶"玩具，这让兄弟俩相信，除了鸟、蝴蝶之外，人工制造的东西，也可以飞上天。后来，弟兄俩便把玩具拆了，想从中探索一下，它为何能飞上天去。从这以后，他们的幼小心灵里，便萌发了将来一定制造出一种能飞上天的东西的愿望。

1896年，莱特兄弟在报纸看到一条消息：德国的李林塔尔因驾驶滑翔机失事身亡。这个消息对他们震动很大，弟兄俩决定研究空中飞行。通过吸取前人飞行失败教训，进行多次研究和实验，他们很快得出一个结论：要解决飞机操纵这个悬而未决的关键问题，必须装上某种能使空气动力学发挥作用的机械装置。按照这一想法，他们在基蒂霍克沙丘上空对载人滑翔机进行了几度寒暑的试

威尔伯·莱特（左）和奥维尔·莱特（右）

验，梦想终于变成了现实。

1903年，莱特兄弟制造出了第一架依靠自身动力进行载人飞行的飞机——飞行者1号。飞行者1号是一驾普通双翼机，它的两个推进式螺旋桨分别安装在驾驶员位置的两侧，由单台发动机链式传动。

飞行者1号

1904年，莱特兄弟制造了装配有新型发动机的第二架"飞行者"号飞机，在代顿附近的霍夫曼草原进行试飞，最长的持续飞行时间超过了5分钟，飞行距离达4400米。

1905年，莱特兄弟又试验了第三架"飞行者"号飞机，飞机持续飞行38分钟，飞行38600米。

然而，莱特兄弟飞行的成功，最初并没有得到美国政府和公众的重视与承认，直到1907年还为人们所怀疑，反而是法国于1908年首先给他们的成就以正确的评价。从此，世界各地掀起了航空热潮，飞机成了人们又一项先进的运输工具。莱特兄弟也因此终于在1909年获得美国国会荣誉奖。同年，他们创办了莱特飞机公司。

莱特兄弟两人都终身未婚。威尔伯于1912年去世，年仅45岁。此后，奥维尔奋斗30年，使莱特飞机公司成为了世界著名飞机制造商，资金高达百亿美元。1948年1月30日，奥维尔与世长辞，美国举国上下一片悲哀，许多国家悬挂半旗致哀，人们深深地怀念这位航空史上伟大的先驱者和发明家。

• 简 评 •

几百年来，人们梦想能飞上天空。莱特兄弟的天才创造，终于把人类过去的梦想从神话变成了现实。不管在莱特兄弟之前有过多少关于飞行的实验及成功的报道，毫无疑问，莱特兄弟对飞机发明的贡献最大。莱特兄弟发明的飞机使我们生存的巨大星球缩小成为一个小小的世界，并奠定了今天宇宙航行业的基础。

小结

莱特兄弟
国籍：美国
身份：发明家
成就：发明世界上第一架实用飞机

> **读一读**
> 贝尔（1847年3月3日～1922年8月2日），全名为亚历山大·格雷厄姆·贝尔，世界上第一台可用电话机的发明者，被人们誉为"电话之父"。

贝 尔

贝尔，生于英国苏格兰的爱丁堡。贝尔的父亲是一位嗓音生理学家，并且是矫正说话、教授聋人的专家。贝尔的祖父是个慈善家，一直都很同情聋哑的残障者，他常把一些残障的人聚集起来，亲切地教育他们。因此聋子和哑巴，简直视他为救世主一样崇拜着。受父亲和祖父影响，贝尔从小受到了良好的教育，接受了充分的语言和说话方面的教育，并对其产生了深厚的兴趣，立志终身为聋哑者的幸福努力。贝尔16岁的时候，便已是说话学校的老师了。

贝尔

18岁的时候，因哥哥、弟弟都罹患了肺结核，并相继去世，所以在医生的建议下，贝尔全家离开英国，来到空气新鲜、气候良好的加拿大安大略省一个叫布朗福特的地方，定居下来。在这里，患有肺结核的贝尔经过一段时间的疗养后，身体恢复了健康。

1871年，在父亲的鼓励和推荐下，贝尔来到美国马萨诸塞州波士顿市开设了音声生理学校，从事聋哑儿童的教育，并作出了在当时可谓革命性的创见：努力使聋孩子通过间接的途径理解并融入这个有声世界。他让孩子们拿着一只气球，并用嘴唇贴着气球说话，让他们感觉到振动。他通过一根羽毛来展示说话时的呼吸。他把孩子们的手放在自己喉部，让他们感觉到他发出

贝尔发明的电话

不同声音时声带的振动。就这样,孩子们学会分辨许多相似的声音,如"普"和"不","斯"和"兹"。他使那些一生中从未听到过声音的孩子们相信,他们也能说话,表达自己的心声。他在那些聋孩子的身上取得的巨大的成功,名声很快传出了波士顿。1873年,贝尔被聘为波士顿大学演说术学校教授。

不久,因被一位叫桑德士先生的邀请感动,贝尔担任他儿子乔治及塞内姆镇上的聋童教育,毅然辞去了波士顿大学教授的教职。在塞内姆,贝尔有了更多的自由时间进行自己的研究工作,并且还得到了桑德士的资助。这时,贝尔注意到当时已经很兴盛的电报事业,并有了发明以电波传音的构想,于是白天进行教育工作,晚上便进行着自己的伟大发明——电话。

1875年6月2日,贝尔和助手沃森特正在进行模型的最后设计和改进。最后测试的时刻到了,沃森特在紧闭了门窗的另一房间把耳朵贴在音箱上准备接听,贝尔在最后操作时不小心把硫酸溅到自己的腿上,疼痛地叫了起来:"沃森特先生,快来帮我啊!"没有想到,这句话通过他实验中的电话传到了在另一个房间工作的沃森特的耳朵里。这句极普通的话,也就成为人类第一句通过电话传送的话音而记入史册。1875年6月2日,也被人们作为发明电话的伟大日子而加以纪念,而这个地方——美国波士顿法院路109号也因此载入史册,至今它的门口仍钉着块铜牌,上面镌有:"1875年6月2日电话诞生在此。"1876年3月7日,贝尔获得发明电话专利,专利证号码NO:174655。

1877年,在波士顿和纽约架设的第一条电话线路开通了,两地相距300公里。在这一年,有人第一次用电话给《波士顿环球报》发送了新闻消息,从此开始了公众使用电话的时代。

以贝尔名字命名的贝尔实验室，是公认的当今通信界最具创造性的研发机构，晶体管、激光器、太阳能电池、发光二极管、数字交换机、通信卫星、电子数字计算机、蜂窝移动通信设备、长途电视传送、仿真语言、有声电影、立体声录音，以及通信网等许多重大发明都诞生于此。

· 简 评 ·

最初，每一对电话是用两根铁丝连接起来的。然后，交换台使电话线集中到一个地点，其他的发明如放大声音的真空管和在陆上及海底连接长距离的同轴电缆极大地扩展了电话服务。再后来，晶体管取代了真空管。到了19世纪60年代，通信卫星又消除了对地面线路的需要。今天，一束束的玻璃纤维用激光传递人们彼此间的通话。现在，我们的生活已变得要依靠把电脑同电话线连接在一起来购物、办理银行存款、取款手续，或者帮助我们完成一天的工作，等等。很难想象没有电话的世界是什么样子。这一切都应该归功于电话之父——贝尔。

小结

贝尔

国籍：美国（1882年加入）

身份：发明家、聋哑人教育专家

成就：发明世界上第一台可用电话机

语录：沃森特先生，快来帮我啊

> **读一读** ●●●● 阿尔弗雷德·贝恩哈德·诺贝尔（1833年10月21日~1896年12月10日），炸药大王，诺贝尔奖的创始人。

阿尔弗雷德·贝恩哈德·诺贝尔

阿尔弗雷德·贝恩哈德·诺贝尔

阿尔弗雷德·贝恩哈德·诺贝尔，生于瑞典首都斯德哥尔摩。诺贝尔的父亲是一位颇有才干的发明家，倾心于化学研究，尤其喜欢研究炸药。受父亲的影响，诺贝尔从小经常和父亲一起去实验炸药，他几乎是在轰隆轰隆的爆炸声中度过了童年。随着多年与父亲研究炸药的经历，诺贝尔的兴趣也很快转到应用化学炸药方面。

1842年，诺贝尔随家人迁往俄国的圣彼得堡，与在那里研制"鱼雷"工程的父亲相聚。同年，诺贝尔开始师从一位研究化学的俄罗斯教授。1843年，他又远赴美国学习化学。

4年后，诺贝尔学成归来。此后，诺贝尔一边在父亲的工厂工作，一边研究，直到1859年父亲工厂破产为止。1859年，诺贝尔父亲的工厂因意外爆炸导致破产。从此，诺贝尔潜心炸药研究，决定研制安全、稳定、爆炸力大的炸药。

1865年，诺贝尔获得雷汞雷管的发明专利权，这项发明被人们称之为"诺贝尔引燃器"。1867年，诺贝尔用硅镍土吸收硝化甘油制成稳定的黄色炸药。1875年，诺贝尔制成由火棉与硝化甘油混合形成的具有弹性的爆胶。这种炸药既有硝化甘油那样大的爆炸力，又具有黄色炸药那样的安全性。1887年，诺贝尔又用等量火棉和硝化甘油加入10%樟脑制成巴里斯特炸药，又称硝化甘油无烟火药。1888年，诺贝尔发明了用来制造军用炮弹、手雷和弹药的无烟炸药，也称"诺贝尔爆破炸药"。诺贝尔一生有299种发明专利，涉及到化工、机械、电气、医疗等领域，其中129种发明是关于炸药的，因此他被称为"炸药大王""现代炸药之父"。

晚年，诺贝尔因劳累过度致使体力衰弱，且患有严重的风湿性心脏病。1896年11月28日，诺贝尔跌倒在书房内。当医生赶到时，他的大脑已局部坏死。12月10日，诺贝尔因病与世长辞，终年63岁。

在死之前，诺贝尔立下遗嘱，将自己的财产大部分920万美元作为基金，以其年息（每年20万美元）设立物理、化学、生理或医学、文学以及和平事业5种奖金，即诺贝尔奖（1969年，瑞典国家银行增设经济学奖金），奖励当年在上述领域内作出最大贡献的学者。从1901年开始，诺贝尔奖金在每年诺贝尔逝世时间12月10日下午4点半颁发。

简评

诺贝尔的成就驰名世界，而他个人却始终默默无闻，因为他整个一生总是避免抛头露面。他曾经说："我认为我不配成名，而且我也不爱成名"。但是他死后，他的名字（诺贝尔奖）却给别人带来了极高的名气和荣誉。

小结

阿尔弗雷德·贝恩哈德·诺贝尔
国籍：瑞典
身份：化学家、发明家、商人
成就：发明硝化甘油炸药，设立诺贝尔奖
语录：生命，那是自然付给人类雕琢的宝石

第五部分 科技精英

> **读一读** 罗伯特·奥本海默（1904年4月22日～1967年2月18日），曼哈顿计划的主要领导者之一，被誉为"原子弹之父"。

罗伯特·奥本海默

罗伯特·奥本海默

奥本海默，生于美国纽约一个富有的德裔犹太人家庭。父亲开办了一家纺织厂，母亲是是一个天才画家，但不幸在奥本海默9岁时去世。奥本海默天资聪颖，兴趣广泛，幼时广泛涉猎文学、哲学、语言等领域，尤其对道德和艺术有着相当高的敏感性，学习成绩非常优秀。

1921年，奥本海默以十门全优的成绩从纽约道德文化学校毕业。次年，奥本海默进入哈佛大学化学系学习。1925年，奥本海默提前以优异的成绩毕业于哈佛大学，并被推荐到剑桥三一学院学习。其后，他又转入当时欧洲理论物理学研究中心之一的德国哥廷根大学深造，于1927年获得博士学位。1927年夏，奥本海默学成归国，先去哈佛大学，然后到伯克利加州大学和帕萨迪纳加州理工学院任教。到1929年，奥本海默已成为新量子物理学界的权威，成为深受学生欢迎的教师。

据说，奥本海默担任教师时，经常跟学生们聚会，并请他们到很好的饭店用餐，和学生的关系非常好，以至于学生经常模仿他烟斗不离嘴、讲话咳嗽的习惯。他从不看报纸，不看新闻报道，也不听收音机，对政治缺乏兴趣。他的研究范围很广，包括天文、宇宙射线、原子核、量子电动力学及基本粒子等。他精通8种语言，尤爱读梵文《薄伽梵歌》经典，为此自修梵文。

奥本海默一生最突出的贡献是他在二战期间带领许多科学试制成功了原子弹。1939年9月，第二次世界大战爆发。美国获悉情报，德国已经在海森堡的主持下进行原子弹的研究。如果德国早先研制原

原子弹爆炸成功

子弹成功，战争的结果不容想象。对此，美国罗斯福总统于1942年6月下达总动员令，成立了最高机密的曼哈顿计划，目标是赶在德国之前制造原子弹。8月，奥本海默被任命为研制原子弹的"曼哈顿计划"的实验室主任，在新墨西哥州沙漠建立了洛斯阿拉莫斯实验室，整个计划的经费是20亿美元，总工作人数10万。1945年7月16日，历时3年，洛斯阿拉莫斯实验室成功地进行了第一次核爆炸，并按计划制造出两颗原子弹。8月6日，美国在太平洋蒂尼安岛上的空军基地朝日本广岛投下了第一枚原子弹"小男孩"，原子弹爆炸后发出耀目闪光，冒起巨型蘑菇状云。8月9日，美国又在日本长崎投放了第二枚原子弹"胖子"。

美国两枚原子弹的投放，打消了日本偷袭珍珠港时的嚣张气焰，加速了日本作战计划的失败时间。8月15日，日本裕仁天皇宣布无条件投降。1945年9月2日，日本政府代表在美国战舰"密苏里"号的甲板上签署无条件投降书。第二次世界大战宣告结束。

原子弹的研制成功，不仅验证了科学技术的巨大威力，为尽早结束战争作出了巨大贡献，也为奥本海默赢得了崇高的声誉，成了举国上下人所共知的英

雄。他被人们誉为"原子弹之父"。但是对此美誉，奥本海默感觉是一个沉重的负担，心情是苦涩而复杂的。他曾引用诗句说自己："现在我成了死神，世界的毁灭者。"当原子弹在日本掷下以后，奥本海默心中的罪恶感就愈发难以解脱了，以至于他在联合国大会上脱口而出："主席先生，我的双手沾满了鲜血。"

在奥本海默看来，科学的目的不仅仅在于求真、探索大自然的奥秘，也在于致善、改善人们的生活条件并增进人类福祉。然而，原子弹的研制成功，却很难与此目标一致，且包含着危及人类自身生存的潜在危险。对于原子弹及核武器的未来，奥本海默深感不安。于是在战后，他一直支持核能的和平应用，并呼吁各国政府减少在核武器方面的花费。1947年~1952年，奥本海默担任原子能委员会总顾问委员会主席。这个委员会曾在1949年和爱因斯坦一起，反对试制氢弹，认为会引起军备竞赛，威胁世界和平。

1965年，奥本海默患了肝炎，身体不佳。1966年，奥本海默退休。1967年，奥本海默因喉癌去世，遵照他的遗嘱，将他火化，骨灰撒在维尔京群岛。

• 简 评 •

奥本海默一生中所追求的目的是什么？他曾经在一次演讲中对此做了精彩的阐述："在工作和生活中，他们应互相帮助并帮助一切人我们应该保持我们美好的感情和创造美好感情的能力，并在那遥远的不可理解的陌生的地方找到这个美好的感情"。不可否认，原子弹的发明在世界军事史上的巨大作用，但是我们更应该看到的是奥本海默为忏悔和追求心中的"和平情怀"所作的努力，这或许才是最重要的。

小 结

罗伯特·奥本海默
国籍：美国
身份：物理学家
成就：试制成功第一枚原子弹
语录：现在我成了死神，世界的毁灭者

> 读一读
>
> 斯蒂芬·威廉·霍金（1942年1月8日~），当代最重要的广义相对论和宇宙论家，被人们认为是在世的最伟大的科学家，还被称为"宇宙之王"。

斯蒂芬·威廉·霍金

斯蒂芬·威廉·霍金，生于英国牛津市，出生的时候正逢纳粹德军狂轰滥炸英格兰，伦敦遭受几乎夜夜不停的空袭。童年时的霍金，学业成绩并不突出，但喜欢设计极为复杂的玩具，据说他曾做出一台简单的电脑。

1959年，17岁的霍金考入牛津大学攻读自然科学。1962年，霍金在牛津大学完成物理学学位课程，搬到剑桥大学攻读研究生，

斯蒂芬·威廉·霍金

研究宇宙学。但很不幸，霍金于第二年被诊断患有会使肌肉萎缩的卢伽雷氏症，这年霍金才21岁。从此，霍金便被禁锢在轮椅上，只有三根手指可以活动。1985年，霍金因患肺炎做了穿气管手术，被彻底剥夺了说话的能力，演讲和问答只能通过语音合成器完成。

霍金虽然身残但志不残，非常乐观。他的贡献全部是在被卢伽雷氏症禁锢在轮椅上后做出的，这是空前绝后的。

1970年，霍金研究黑洞的特性。他预言，来自黑洞（现在叫霍金辐射）

霍金在飞机上体验零重力

的射线辐射及黑洞的表面积永远也不会减少。1972年，他考查黑洞附近的量子效应，发现黑洞会像黑体一样发出辐射，其辐射的温度和黑洞质量成反比，这样黑洞就会因为辐射而慢慢变小，而温度却越变越高，最后以爆炸而告终。黑洞辐射的发现具有极其基本的意义，它将引力、量子力学和统计力学统一在了一起。

1974年以后，霍金转向研究量子引力论。虽然人们还没有得到一个成功的理论，但它的一些特征已被发现。例如，空间—时间在普朗克尺度（10～33厘米）

霍金现身2012年伦敦残奥会开幕式

下不是平坦的，而是处于一种粉末的状态。在量子引力中不存在纯态，因果性受到破坏，因此使不可知性从经典统计物理、量子统计物理提高到了量子引力的第三个层次。

1980年以后，霍金的兴趣转向了量子宇宙论。

1988年，霍金出版《时间简史——从大爆炸到黑洞》，获沃尔夫基金奖，成为关于量子物理学与相对论最畅销的书。至今，该书被翻译成40种文字，销售了2500多万册，成为国际出版史上的奇观。

2004年7月，霍金改正了自己原来的"黑洞悖论"观点，信息应该持之以恒。

从21岁被"判"死刑开始，直到现在2012年，霍金已经70岁了。他诠释着时间的概念,并打破了时间,是最能创造奇迹和命运挑战的勇士。

· 简 评 ·

斯蒂芬·威廉·霍金禁锢在一把轮椅上达 50 年之久,但他克服了残废之患而成为国际物理界的超新星。他不能写,甚至口齿不清,但他超越了相对论、量子力学、大爆炸等理论,解开了宇宙之谜。霍金的魅力不仅在于他是一个充满传奇色彩的物理天才,也因为他是一个令人折服的生活强者。他不断求索的科学精神和勇敢顽强的人格力量深深地吸引了每一个知道他的人。

小结

斯蒂芬·威廉·霍金

国籍:英国

身份:物理学家、科学家

代表作品:《时间简史——从大爆炸到黑洞》

成就:黑洞理论研究

语录:一个人如果身体有了残疾,绝不能让心灵也有残疾 / 生活是不公平的,不管你的境遇如何,你只能全力以赴

> 读一读
>
> 蔡伦（约公元61年~公元121年），字敬仲，中国古代四大发明（造纸术、印刷术、火药、指南针）造纸术的发明者和改进者。

蔡 伦

蔡伦

蔡伦，东汉桂阳郡耒阳（今湖南省耒阳市）人，生于一个农民家庭，家里十分穷困。迫于生计，蔡伦15岁时进宫做了太监。进宫后，蔡伦因为会读书识字又聪明伶俐会处事，很得当时太后、皇帝和皇后的赏识。他先后任小黄门（太监中职务较低者）、黄门侍郎（掌管宫内外公事传达及引导诸王朝见、安排就座等事）等职。后来，蔡伦担任中常侍，兼任尚方令，主管宫内御用器物和宫廷御用手工作坊。

在担任尚方令期间，蔡伦发现宫里对麻纸的需求量很大，虽然麻纸不及记载文字的丝帛贵，比简牍轻便，但是做工粗糙，成本也很高。于是，蔡伦决定造出比以前麻纸更好的纸。随后，蔡伦细心学习研究前代及同时代造麻纸的技术经验，组织生产优质新纸。

经过多次实验，蔡伦将破布、破渔网、麻头和树皮捣烂，加以高温蒸煮，使其纤维疏松拆散后放入石臼中再行捣烂，成为纸浆；然后采用蚕农"漂絮"的方法，用席子捞出纸浆而后漂白；最后再用细竹帘把纸浆拨出来，用火烘干揭下。这样，物美价廉的新纸就制造出来了。

为了奖励蔡伦的贡献，汉和帝封他为"龙亭侯"。后来，老百姓为了纪念他发明纸的伟大功劳，便把他发明的纸称为"蔡侯纸"，也称他为造纸术的祖宗。

自"蔡侯纸"发明出来后，造纸便从纺织业中独立了出来，成了一个独立的行业。随之，造纸术很快推广到全国各地，简牍和丝帛逐渐因成本较高而被淘汰。从此，纸成为我国最主要的书写工具之一，有力地推动了中国文化的传播和发展。

蔡伦邮票

自蔡伦发明纸以后的600多年，全世界只有中国独自拥有"蔡侯纸"的制造方法。直到唐朝，在一次与阿拉伯人的战争中，被俘虏的一名懂造纸术的工人将中国的造纸术传给了他们。此后，阿拉伯人便把造纸术视为他们的专利品，并且在国内和各属地广设造纸厂，大规模生产纸张供应自己的需要和国外的输

汉代造纸工艺流程图

出。阿拉伯纸一直享有造纸术的专利有500多年之久。据记载，英国到了14世纪才知道有纸，这时距离中国发明造纸术已经落后了1000多年。再经过400多年，造纸术传到了美洲。19世纪澳洲才建立了造纸厂。

中国造纸术的发明，直接或间接地影响了世界各地文化的传播与发展，也影响着世界历史的进程。对此，蔡伦功不可没。

> ·简 评·

今天，纸的普遍使用是不言而喻的。很难想象没有纸，世界会是个什么模样。在蔡伦以前，我国的大多数书籍是用竹子做的，极其笨重。虽然有些书是用丝绸做的，但代价昂贵，得不到普及。在西方，纸未引进以前，大多数书是用牛皮纸和羊皮纸制成的，有一些是用纸莎草纸制成的，但牛羊皮纸和纸莎草纸都是稀罕之物，造价昂贵。"蔡侯纸"发明的作用不言而喻，蔡伦也因此有理由进入"有史以来最佳发明家"行列。2007年，美国《时代》周刊评选和公布人类"有史以来最佳发明家"，蔡伦榜上有名。

小结

蔡伦
国籍：中国
身份：宦官、发明家
成就：发明造纸术

第六部分 文学、艺术巨匠

> 读一读
>
> 荷马（生卒不详），欧洲四大史诗诗人之一或之首（另外三人为维吉尔、但丁、米尔顿）。

荷 马

究竟历史上有无荷马这个人？《荷马史诗》是否是荷马所写？长期以来，人们一直为这两个问题争论不休。

在18世纪以前，欧洲人普遍认为荷马是历史上确实存在过的一位伟大的盲人诗人，且《荷马史诗》的作者是荷马。到18世纪后，关于荷马与《荷马史诗》的评论开始有了分歧：18世纪初，法国僧正多比雍与维柯认为荷马并不存在，他只不过是希腊

荷马雕像

各族说唱艺人的总代表，而不是一个人，否定了《荷马史诗》为荷马所作；1795年，德国学者沃尔夫经对史诗细致研，断言史诗是经多次整理加工而成；德国学者尼奇则相信荷马确有其人，他生活的年代不晚于前9世纪，且认为《荷马史诗》是荷马运用古代民间诗歌的材料重新作了加工、整理，使之形成的一个完整的艺术结构；等等。至今，这些结论谁对谁错，仍无定论。但重要的是，伟大作品《荷马史诗》至今依然辉煌不减。

相传在古代希腊时期（前800年~前146年），希腊本土上，特别是在小亚细亚沿岸，有许多行吟诗人来往于各城邦之间，为人们演唱关于古代英雄事迹的诗歌。久而久之，这些口头吟诵的故事逐渐形成《伊利亚特》和《奥德赛》两部史诗的基本情节，前8世纪以后，经过文字加工，成为长篇史

荷马在唱诗

诗——《荷马史诗》。荷马就是完成这两部史诗的作者。

《伊利亚特》由约1.5万行诗句组成，包括24篇，叙述希腊联军围攻小亚细亚的城市特洛伊的故事，以希腊联军统帅阿加米农和勇将阿溪里的争吵为中心，集中地描写了战争结束前几十天发生的事件。希腊联军围攻特洛伊十年未克，而勇将阿溪里愤恨统帅阿加米农夺其女俘，不肯出战，后因其好友帕特洛克罗斯战死，乃复出战，杀死了特洛伊王子赫克托。战后，特洛伊国王普利安姆哀求讨回赫克托的尸体，并决定停战，举行葬礼。故事至此结束。

《奥德赛》由约1.2万行诗句组成，包括24篇，描写伊大卡国王、远征特洛伊的将领奥德修斯在回国路上十年漂泊的故事。归国途中，奥德赛受神明捉弄，到处遭难，最后受诸神怜悯始得归家。当奥德赛流落异域时，伊大卡及邻国的贵族们欺其妻弱子幼，向其妻皮涅罗普求婚，迫她改嫁。后来，奥德修斯改扮成乞丐归家，跟贵族们比箭，斗胜了他们，最后把他们杀死，还在伊大卡人民的拥戴下重新做了国王。

《伊利亚特》和《奥德赛》两部史诗的叙述语言简练，情节生动，形象鲜明，结构严密，是古希腊艺术史上的一颗明珠，也是全世界共同的艺术瑰宝。

· 简 评 ·

荷马其人是否真实存在,我们不必争执不休,重要的是《荷马史诗》开创了西方文学的先河,史诗以诗歌般的记叙手法所展现的战争,生活场景至今仍为人所津津乐道。单从这方面来说,"荷马"堪称西方文学的始祖。

小结

荷马

国籍:古希腊

身份:诗人、作家

代表作品:《伊利亚特》《奥德赛》,合称《荷马史诗》

语录:为国捐躯,虽死犹荣/智慧的标志是审时度势之后再择机行事/追逐影子的人,自己就是影子

> 读一读
>
> 阿利盖利·但丁（1265年~1321年），文学巨匠、意大利文艺复兴的先驱。

阿利盖利·但丁

阿利盖利·但丁

阿利盖利·但丁，生于意大利佛罗伦萨一个没落贵族家庭。父母早亡。少年时，但丁生活贫困，刻苦自学，对诗歌、伦理学、哲学、神学以及天文、地理、历史、音乐和绘画等均有深入学习。早年，但丁积极投身政治，曾任佛罗伦萨共和国的六名执政官之一。1302年，代表罗马教廷利益的黑党夺取佛罗伦萨政权，宣布但丁犯有巧取豪夺、非法赢利和反对宗教罪，判处2年流放，剥夺公权终身，后改判终身流放。此后，但丁流落意大利各地，以讲学和作诗自慰，断然拒绝以宣誓忏悔为条件换取赦免，重返家园。1321年9月14日，但丁客死他乡，在意大利东北部拉文纳去世。

在流放期间，但丁扩大了视野，增长了阅历，丰富了经验。但丁的重要作品几乎全部是在流亡中写成的，其中以《神曲》最为著名。

《神曲》是中世纪文学哺育出的瑰宝，代表了中世纪文学的最高成就。《神曲》全诗长14233行，共100章，由《地狱》《炼狱》和《天堂》三部分构成。这部长诗采用中古时期特有的梦幻文学形式，通过作者与地狱、炼狱及天堂中各种著名人物的对话，反映出中古文化领域的成就和一些重大的问

但丁邂逅贝雅特丽齐

题，带有百科全书性质，从中也可隐约窥见文艺复兴时期人文主义思想的曙光。在诗中，但丁坚决反对中世纪的蒙昧主义和文化专制主义，表达了执著追求真理的思想，这对欧洲后世的诗歌创作有极其深远的影响。长诗多处流露出但丁期待结束党派纷争、实现民族统一的强烈愿望。对祖国的挚爱，常使诗人情不自禁。

除《神曲》外，但丁还写了《新生》《论俗语》《飨宴》及《诗集》等著作。《新生》中包括31首抒情诗，抒发了诗人对少年时代邂逅的少女贝雅特丽齐纯真的爱恋和绵绵无尽的思念，风格清新自然，细腻委婉。这部诗集是当时意大利文坛上"温柔的新体"诗派的重要作品之一，也是西欧文学史上第一部剖露心迹、公开隐秘情感的自传性诗作。

此外，但丁的作品基本上是以意大利托斯卡纳方言写作，对形成现代意大利语言以托斯卡纳方言为基础起了相当大的作用，因为除了拉丁语作品外，古代意大利作品只有但丁是最早使用活的语言写作。这也对文艺复兴运动起了先行者的作用，使但丁成为欧洲文艺复兴时代的开拓者之一。

简 评

对于但丁，恩格斯是这样评价的："封建的中世纪的终结和现代资本主义纪元的开端，是以一位大人物为标志的。这位人物就是意大利人但丁。他是中世纪的最后一位诗人,同时又是新时代的最初一位诗人"。作为诗人,但丁承前启后、继往开来,既有中世纪神学的影子,主要指作品题材为神话、采用神学的写作方法等,又有"文艺复兴"精神,主要指其作品中表现出来肯定人和人性的人文主义精神。

小结

> **阿利盖利·但丁**
> 国籍:意大利
> 身份:诗人
> 代表作品:《神曲》
> 语录:走自己的路,让别人去说吧/最聪明的人,是最不愿浪费时间的人/容易发怒,是品格上最为显著的弱点

> **读一读**
>
> 威廉·莎士比亚（1564年4月23日～1616年4月23日），英国伟大的剧作家，欧洲文艺复兴时期人文主义文学的集大成者，世人尊称他为"莎翁"。

威廉·莎士比亚

威廉·莎士比亚，生于英格兰沃里克郡斯特拉福镇的一个富裕的市民家庭。他的父亲是个经营羊毛、皮革制造及谷物生意的杂货商，1565年任斯特拉福镇民政官，3年后被选为镇长。

莎士比亚很小的时候，斯特拉福镇经常有剧团巡回演出。在观看演出时，小莎士比亚惊奇地发现，小小的舞台，少数几个演员，就能把历史和现实生活中的故事表现出来，觉得神奇极了，于是深深地喜欢上了戏剧。他经常和伙伴们一起学着剧中的人物和情节演戏，并想长大后从事与剧本相关的工作。

威廉·莎士比亚

7岁时，莎士比亚被送到当地的一所文法学校念书。在这所学校，莎士比亚学习了6年，掌握了写作的基本技巧与较丰富的知识，还学会了拉丁语和希腊语。1577年，因父亲破产，莎士比亚被父亲从学校接回，不得已走上独自谋生之路。他当过肉店学徒，也曾在乡村学校教过书，还干过其他各种职业，这使他增长了许多社会阅历。

1586年～1587年间，戏剧在伦敦迅速地流行起来。怀有戏剧梦想的莎士比亚毅然离开自己的妻子和儿子（1582年，莎士比亚和一个比自己大8岁的农场主女儿结了婚），随一个戏班子步行到了伦敦，当时他22岁。莎士比亚先在伦敦一个剧院当马夫，并做一些杂役。因为他头脑灵活、口齿伶俐、吃苦耐劳，还会创作，很快便被剧团发现，随后他便加入了剧团。

加入剧团后，莎士比亚开始是先演一些配角。不久，因他出色的理解力和精湛的演技，他就被剧团吸收为正式演员了。此后，莎士比亚便一边演戏、学习演技，一边在业余时间大量阅读各种书籍，了解了自己祖国的历史和人民不幸的命运，他决定尝试写些历史题材的剧本。

1588年前后，莎士比亚开始写作，先是改编前人的剧本，不久便开始独立创作。1589年，莎士比亚写了历史剧《亨利六世》三部曲。剧本上演后，大受观众欢迎，他赢得了很高声誉，逐渐在伦敦戏剧界站稳了脚跟。到1590年年底，莎士比亚已经成为伦敦一家顶级剧团——詹姆斯·伯比奇经营的内务大臣供奉剧团的演员和剧作家。

1595年，莎士比亚写下著名的悲剧《罗密欧与朱丽叶》。剧本上演后，观众像潮水一般涌向剧场，都被感动得流下了泪水。这个剧本讲述了两个世代为仇敌的贵族子女为了爱在一起，又先后自尽的故事。因为这个剧本非常出名，常被人误称为莎士比亚四大悲剧之一。

1599年，莎士比亚加入伦敦著名的环球剧院，并成为剧院的股东兼演员。莎士比亚逐渐富裕起来，并为他的家庭取得了世袭贵族的称号。他还在家乡买了住房和土地，准备养老之用。不久，他的两个好友为了改革政治，发动叛乱。结果，前者被送上绞刑架，后者被投入监狱。莎士比亚悲愤不已，倾注全力写成剧本《哈姆雷特》（1601年），并亲自扮演其中的幽灵。《哈姆雷特》与莎士比亚后来写的《奥赛罗》（1604年）、《李尔王》（1606年）和《麦克白》（1606年），一起被称为莎士比亚的四大悲剧。这四大悲剧对中世纪传统观念提出了质疑，同时将人们的注意力集中到超道德的崇高精神追求方面，它们对文艺复兴时期人文主义思想的发展起到了不可磨灭的推动作用。

1608年以后，莎士比亚看到人文主义的理想在现实社会中无法实现，便从写悲剧转而为写传奇剧，从揭露批判现实社会的黑暗转向写梦幻世界。《暴风雨》（1611 年）最能代表莎士比亚的传奇剧风格，被称为"用诗歌写的遗嘱"。此外，莎士比亚还写有《辛白林》和《冬天的故事》等 3 部传奇剧和历史剧《亨利八世》。

莎士比亚的故乡——斯特拉福镇

1613 年之后，莎士比亚没有新的作品问世。1616 年 4 月 23 日，莎士比亚因病离开了人世。他的墓碑上刻着这样的碑文："看在上帝的面上，请不要动我的坟墓，妄动者将遭到诅咒，保护者将受到祝福。"

在短短 52 年的生涯中，莎士比亚为世人留下了 37 部剧本，还有一卷 14 行诗和两部叙事长诗。莎士比亚的戏剧自诞生以来，一直影响世界文学的发展，他的剧本至今还在世界各地演出。莎士比亚戏剧中的人物如哈姆雷特、罗密欧、朱丽叶、奥赛罗、夏洛克等不朽的典型已被列入世界文学的艺术画廊；戏剧中的人物注重个性化、复杂化，通过人物、内心独白多角度刻画的方式已成为后来剧作必不可少的手段；戏剧中口语化的语言融入了诗的优美，创造出生动的意象、美妙的韵律，开一代风气之先，当代英语中有许多词汇、短语、用法、谚语、格言都是从莎士比亚戏剧语言里衍生出来的。马克思称莎士比亚是"最伟大的戏剧天才"，他当之无愧。如今，莎士比亚戏剧已被译成 70 种文字，莎学已成为一门世界性的学问，许多大学都开设了莎士比亚课程。

现在，莎士比亚的墓地在他家乡的一座小教堂旁，每年都有数以千万计的人像朝圣一般去瞻仰。在他生日的那天，每年都有许多国家在上演他的剧本纪念他。莎士比亚的故乡上空飘扬着 105 个国家的国旗，以示对这位伟大作家的敬意。

· 简 评 ·

莎士比亚是有史以来最负盛名的作家，其剧作也是后人所难以企及的典范。现在，在西方世界，一般人家必备的两部书，一部是《圣经》，一部就是《莎士比亚全集》。英国有句谚语："宁可不要10个印度，也不能没有莎士比亚。"虽然这句话有着浓厚的殖民色彩，但莎士比亚的重要性可见一斑。

小结

威廉·莎士比亚

国籍：英国

身份：剧作家、演员、诗人

代表作品：《罗密欧与朱丽叶》《哈姆雷特》《奥赛罗》《李尔王》《麦克白》

语录：人生苦短，若虚度年华，则短暂的人生就太长了／不要只因一次失败，就放弃你原来决心想达到的目的

> 读一读
>
> 伏尔泰（1694年11月21日～1778年5月30日），原名弗朗索瓦·马利·阿鲁埃，伏尔泰是他的笔名。他是18世纪法国资产阶级启蒙运动的旗手，被誉为"法兰西思想之父""法兰西最优秀的诗人""欧洲的良心"。

伏尔泰

伏尔泰，生于法国巴黎一个富裕的中产阶级家庭。他的父亲弗朗索瓦·阿鲁埃是一位法律公证人，后任审计院司务，母亲来自一个贵族家庭。伏尔泰从小就受到了良好的教育。他非常聪明，3岁能够背诵文学名著，12岁便能够作诗。到高中时，伏尔泰学会了拉丁文和希腊文，后来他又学通了意大利语、西班牙语和英语。

伏尔泰

虽然伏尔泰一直按照父亲的要求学习法律——父亲希望他将来做个法官，但是伏尔泰特别喜欢文学，在高中毕业后便有从文的愿望。高中毕业后，伏尔泰曾假装在巴黎为一名律师担任助手，实际上大多数时间用在创作讽刺诗上。这件事很快被他父亲发现，并将他送到外省读法律。然而，伏尔泰仍坚持写作，还做不太讲究考证的历史研究。

1717年，伏尔泰因写讽刺诗影射宫廷的淫乱生活，被投入巴士底监狱关押了11个月。在狱中，伏尔泰完成了他的第一部剧本——《俄狄浦斯王》。在这部作品中，伏尔泰首次使用"伏尔泰"作为笔名，这个笔名来自他的故乡一座城堡的名字。1718年秋，《俄狄浦斯王》在巴黎上演，引起巨大轰动，伏尔泰因此赢得"法兰西最优秀诗人"的桂冠,闻名于世。

1726年,伏尔泰又因作品讽刺封建专制主义,再一次被投入巴士底狱达一年。出狱后,伏尔泰被驱逐出境,流亡英国。英国流亡期间(1726年~1728年)是伏尔泰人生的一个重要时期。在这里,他对英国的政治、社会、宗教、科学、文学等发生了深厚兴趣。他详细考察了君主立宪制度和当地的社会习俗,深入研究了英国的唯物主义经验论和牛顿的物理学新成果,形成了反对封建专制主义的政治主张和自然神论的哲学观点,从而写成他的第一部哲学和政治学专著——《哲学通信》。在这本书中,伏尔泰高度宣扬英国资产阶级革命后的成就,并激烈抨击法国的专制政体,该书被人称为"投向旧制度的第一颗炸弹"。1734年该书发表,它标志着法国启蒙运动的真正开始。但是,这本书出版后即被查禁,它引起了法国当局的愤怒,巴黎法院下令逮捕伏尔泰,伏尔泰被迫离开巴黎,逃至女友夏特莱侯爵夫人在西雷村的庄园,隐居了15年。

夏特莱侯爵夫人

伏尔泰坐像

在15年的隐居生活中,伏尔泰的创作才能得到充分发挥,他写下了许多史诗、悲剧以及历史、哲学著作,如哲学和科学著作《形而上学》《牛顿哲学原理》,戏剧《凯撒之死》《穆罕默德》《放荡的儿子》《海罗普》,哲理小说《查第格》等。这些作品的发表使得伏尔泰获得了巨大声誉。

1749年,夏特莱侯爵夫人因难产去世。第二年,伏尔泰接受普鲁士国王腓特烈二世的私下邀请,前往柏林,想在政治上有所作为。但是因为分歧扩大，导致与国王关系破裂，伏尔泰于1853年离开普鲁士，前往法国和瑞士边境上一个叫凡尔纳的地方。

来到凡尔纳后，伏尔泰全心投入到火热的启蒙运动中，为自由而战。他一方面用化名写作和印发大量小册子，猛烈抨击天主教会和新教的宗教迫害、专制政府的草菅人命等罪行；另一方面积极支持年轻的启蒙思想家特别是百科全书派的斗争，并为他们撰写条目，《哲学辞典》就是他为《百科全书》所写的哲学条目的汇编。除了继续创作戏剧作品外，伏尔泰还完成了《彼得大帝治下的俄罗斯》《议会史》等历史著作以及《老实人》《天真汉》等哲理小说。伏尔泰的不倦斗争推动了启蒙运动的蓬勃发展，他本人也被人们尊称为"凡尔纳教长"。

1778年2月10日，84岁高龄的伏尔泰回到阔别29年的巴黎，受到了人民的热烈欢迎。不久，他便病倒了，于5月30日与世长辞。临终前，伏尔泰对自己的后事做了嘱咐：把棺材一半埋在教堂里，一半埋在教堂外。意思是说，上帝让他上天堂，他就从教堂这边上天堂；上帝让他下地狱，他可以从棺材的另一头悄悄溜走。

简 评

法国著名作家雨果曾对伏尔泰作过这样的评价：伏尔泰所代表的不是一个人，而是一个世纪。伏尔泰是启蒙运动的旗手和斗士，一生为思想和言论自由而战，他的思想在最终导致法国革命的舆论变化中发挥了重要的作用。

小结

伏尔泰

国籍：法国

身份：思想家、文学家、哲学家

代表作品：《俄狄浦斯王》《哲学通信》《哲学辞典》

成就：法国启蒙运动的主要代表人物之一

第六部分 文学、艺术巨匠

> **读一读**
>
> 约翰·沃尔夫冈·冯·歌德（1749年8月28日～1832年3月22日），德国18世纪中叶到19世纪初最伟大的剧作家、诗人、思想家，他是德国民族文学的最杰出代表。

约翰·沃尔夫冈·冯·歌德

约翰·沃尔夫冈·冯·歌德

约翰·沃尔夫冈·冯·歌德，生于德国莱茵河畔法兰克福镇的一个富裕市民家庭。他的父亲是是法学博士，曾任皇家参议，母亲是市议会会长的女儿。

歌德从小就受到良好的教育，他特别喜欢文学。在4岁那年的圣诞节，祖母请人演了一场木偶戏。自此，歌德常和妹妹一起学演戏，产生了对戏剧的深厚兴趣。8岁那年元旦，歌德给外祖父和外祖母写了自己一生中的第一首诗。11岁时，歌德根据神话故事编写了一个剧本。后来，歌德听从父母意见学习法律，并获得法学博士学位，找到了一份律师的工作，但他始终都对文学创作最感兴趣。1773年，歌德写了戏剧《铁手骑士葛兹·冯·贝利欣根》，使他声名大噪。第二年，他发表了书信体小说《少年维特的烦恼》，更是使他蜚声德国文坛，享有世界声誉。

《少年维特的烦恼》以浓郁的诗意和喷涌的激情描写了青年维特的痛苦、

憧憬和绝望，将他个人恋爱的不幸放置在广泛的社会背景中，对封建的等级偏见、小市民的自私与守旧等观念作了揭露和批评，热情宣扬了个性解放和感情自由，具有鲜明的时代进步意义。

从1775年起，歌德为改良现实社会，担任魏玛公国的枢密顾问，主持公国大政，力图进行一些改革。但是，经10年努力，一事无成，也没有多少创作。1786年6月，歌德不辞而别，前往意大利。在意大利，歌德写出了《在陶里斯的伊菲格尼亚》和《哀格蒙特》等作品，还写了戏剧《塔索》（1794年完成）和诗剧《浮士德》部分章节。

歌德、席勒的雕像

1794年，歌德和席勒就自己的创作、理论以及德国文学现状等进行了一次深入的畅谈。他们的见解竟然很一致，这使席勒大为惊讶。随后，他们共同拟定了一个旨在繁荣民族文化的合作计划。于是，"以歌德和席勒的友谊为特征"的德国古典文学全盛时期开始了。此后，他们两个人以各自的创作，把德国文学推向历史上一个前所未有的新高度。歌德先后写了《克塞尼恩》（《赠辞》）（诗歌，和席勒合作完成）、《赫尔曼与窦绿苔》（以六音部诗行写成的牧歌）、悲剧《私生女》等。

1805年席勒逝世，标志着从1786年开始的德国古典文学时代的结束。在此后的近30年中，歌德的创作进入鼎盛时期。他先后完成了《浮士德》的第一部分（1808年）、小说《亲和力》、诗集《西东合集》、小说《威廉·迈斯特的漫游年代》、自传性著作《诗与真》、日记体随笔《意大利游记》以及《浮士德》第二部分(1831年)。

第六部分　文学、艺术巨匠

《浮士德》是歌德一生思想的总结与艺术探索的结晶，是一部不朽的名作，它同《荷马史诗》、但丁的《神曲》和莎士比亚的《哈姆雷特》并列为欧洲文学的四大古典名著，被誉为"名著中的名著"。《浮士德》长达12111行，第一部25场，不分幕；第二部分五幕，27场。《浮士德》构思宏伟、内容复杂、结构庞大、风格多变，融现实主义与浪漫主义于一炉，将真实的描写与奔放的想象、当代的生活与古代的神话传说杂糅一处，善于运用矛盾对比手法安排场面、配置人物，时庄时谐、有讽有颂、形式多样、色彩斑驳，达到了极高的艺术境界。全剧以主人公浮士德思想的发展变化为线索，以文艺复兴以来的德国和欧洲社会为背景，写出了新兴资产阶级先进知识分子不满现实，竭力探索人生意义和社会理想的生活道路。

1832年3月22日，歌德在魏玛病逝，享年83岁。他临终遗言："把那边的窗户也打开，让更多的光进来！"

简评

歌德一生跨两个世纪，正当欧洲社会大动荡、大变革的年代。封建制度的日趋崩溃，革命力量的不断高涨，促使歌德不断接受先进思潮的影响，加深自己对于社会的认识，从而创作出具有时代意义的最优秀的文艺作品。他的创作把德国文学提高到全欧的先进水平，并对欧洲文学的发展作出了巨大的贡献。

小结

约翰·沃尔夫冈·冯·歌德

国籍：德国

身份：剧作家、诗人、思想家、政治家

代表作品：《少年维特的烦恼》《浮士德》

语录：谁若游戏人生，他就一世无成，谁不能主宰自己，永远是一个奴隶／最大的幸福在于我们的缺点得到纠正，我们的错误得到补救

> **读一读** ●●●● 列夫·尼古拉耶维奇·托尔斯泰（1828年9月9日~1910年11月20日），19世纪末20世纪初俄国最伟大的文学家，也是世界文学史上最杰出的作家之一，被称颂为具有"最清醒的现实主义"的"天才艺术家"。

列夫·尼古拉耶维奇·托尔斯泰

列夫·尼古拉耶维奇·托尔斯泰，生于俄国图拉省克拉皮文县的雅斯纳雅·波良纳庄园（今属图拉省晓金区）一个贵族家庭。他的父亲尼古拉·伊里奇伯爵参加过1812年卫国战争，以中校衔退役，母亲玛丽娅·尼古拉耶芙娜是尼·谢·沃尔康斯基公爵的女儿。但很不幸，托尔斯泰1岁半丧母，9岁丧父。此后，他由姑母监护抚养。

托尔斯泰从小便受到了良好的贵族家庭教育，喜好读书。1844年，他考入喀山大学东方语文系，攻读土耳

列夫·尼古拉耶维奇·托尔斯泰

其、阿拉伯语文专业，第二年转入法律系学习，准备当外交官。在这里，他受到卢梭、孟德斯鸠等启蒙思想家影响，对哲学尤其是道德哲学发生了浓厚的兴趣，同时广泛阅读了大量文学作品。1847年，因学习成绩不好，托尔斯泰退学，回到雅斯纳雅·波良纳庄园。他漫长的一生绝大部分时间在这里度过，这里有他母亲陪嫁的产业，他可以衣食无忧。

回到庄园，托尔斯泰企图改善农民生活，因得不到农民信任而中止。后

来，他做过图拉省行政管理局的文官，去高加索参加过战役，先后担任过四等炮兵下士、准尉、炮兵连长等。在战争中，托尔斯泰看到平民出身的军官和士兵的英勇精神和优秀品质，加强了他对普通人民的同情和对农奴制的批判态度。在高加索，托尔斯泰开始从事创作，陆续写了《童年》《少年》《塞瓦斯托波尔故事》等小说，引起进步文人的注意。

1855年11月，托尔斯泰作为知名新作家来到彼得堡，受到屠格涅夫、涅克拉索夫等人的欢迎。随后，他结识了冈察洛夫、费特、奥斯特洛夫斯基、德鲁日宁、安年科夫、鲍特金和车尔尼雪夫斯基等作家和批评家。受他们影响，托尔斯泰的创作思想开始倾向于德鲁日宁等人的观点，提倡为艺术而艺术的"优美艺术"，即革命民主派所主张的暴露文学，但他又认为任何艺术不能脱离社会生活。

1856年底，托尔斯泰以中尉衔退役。次年年初，他到法国、瑞士、意大利和德国游历。

这次出国扩大了他的文学艺术的视野，增强了他对俄国社会的落后的清晰认识。他看到资本主义社会的重重矛盾，但又找不到消灭社会罪恶的途径，只好呼吁人们按照"永恒的宗教真理"生活。这些观点反映在其短篇小说《琉森》（1857）之中。随后，他又创作了探讨生与死、痛苦与幸福等问题的《三死》和《家庭幸福》。

在1859年~1862年间，托尔斯泰先后在波良纳庄园和附近农村为农民子弟办了20多所学校。并且，他研究了俄国和西欧的教育制度，曾到德国、法国、意大利、英国和比利时等国考察各国学校。后来，他还创办了《雅斯纳雅·波良纳》等教育杂志。通过这些活动，托尔斯泰接触到了最低层的农民的生活状况，尤其是思想方面的状况使托尔斯泰的世界观开始转变。他认为，俄国应在小农经济基础上建立自己的理想社会；农民是最高道德理想的化身，贵族应走向平民化。这些思想鲜明地体现在中篇小说《哥萨克》（1852年~1862年）之中。

1862年，34岁的托尔斯泰与年仅17岁的索菲亚·安德列耶芙娜·托尔斯塔娅结婚。此后，索菲亚帮助托尔斯泰管理庄园，而托尔斯泰则安心写作。在这里，托尔斯泰给人类留下了《战争与和平》（1863年~1869年）、《安娜·卡列尼娜》（1873年~1877年）等传世之作。

《战争与和平》展示了一个重大的历史时期——从1805年到十二月党人起义的前夜，中心主题是探讨俄国贵族的命运和前途，但由于长期的亲身体验和同人民的接近，托尔斯泰深深感到人民在历史上的作用，从而使小说成为一部波澜壮阔的人民战争的史诗。这部作品是托尔斯泰创作历程中的第一个里程碑，它使托尔斯泰在国际上获得第一流作家的声誉，成为当时欧美的"俄国热"的主要对象。

《安娜·卡列尼娜》是托尔斯泰第二部里程碑式巨著，小说曾经12次修改，艺术已达炉火纯青。它讲述了女主人公安娜追求爱情的悲剧，以及列文在农村面临危机而进行的改革与探索，描绘了俄国从莫斯科到外省乡村广阔而丰富多彩的图景，先后描写了150多个人物，是一部社会百科全书式的作品。

晚年，托尔斯泰的创作是多方面的，有戏剧、中短篇和长篇小说、民间故事，而占重要位置的则是政论和论文。在作品中，他一方面揭露社会的各种罪恶现象，另一方面表达自己的新认识，宣传自己的宗教思想。长篇小说《复活》（1889年~1899年）是托尔斯泰晚年最重要的代表作品，这部作品是托尔斯泰长期思想、艺术探索的总结，也是对俄国社会批判最全面深刻、有力的一部著作，已成为世界文学不朽名著之一。

1910年10月，托尔斯泰因求过简朴的平民生活从家中出走。11月20日，他病逝于一个小站，享年82岁。

简 评

高尔基说："不认识托尔斯泰者，不可能认识俄罗斯。"列宁说："托尔斯泰为俄国革命的镜子"。托尔斯泰的文学创作是俄国社会的深刻反映，同时也是托尔斯泰寻求俄国社会出路的一种探求——托尔斯泰主义。托尔斯泰的伟大贡献和巨大影响,毋庸置疑,既是文学的,也是社会的。

小结

> **列夫·尼古拉耶维奇·托尔斯泰**
> 国籍:俄国
> 身份:小说家、哲学家、教育家、社会活动家
> 代表作品:《战争与和平》《安娜·卡列尼娜》《复活》
> 语录:人生不是一种享乐,而是一桩十分沉重的工作/重要的不是知识的数量,而是知识的质量,有些人知道很多很多,但却不知道最有用的东西

> 读一读
>
> ●●●● 拉宾德拉纳特·泰戈尔（1861年5月7日~1941年8月7日），印度"诗圣"，第一位获得诺贝尔文学奖（1913年）的亚洲人，与黎巴嫩诗人纪·哈·纪伯伦并称为"站在东西方文化桥梁的两位巨人"。

拉宾德拉纳特·泰戈尔

拉宾德拉纳特·泰戈尔，生于印度加尔各答市一个富有哲学和文学艺术修养的贵族家庭。他的父亲戴宾德纳特·泰戈尔是印度著名的哲学家和社会活动家，哥哥、姐姐也都是社会名流。生活在这样的家庭环境中，泰戈尔从小受到了良好的教育，很早就走上了文学创作的道路。他8岁开始写诗，12岁开始写剧本，15岁发表第一首长诗《野花》，17岁发表叙事诗《诗人的故事》，显示出惊人的才华。

拉宾德拉纳特·泰戈尔

1878年，泰戈尔赴英国伦敦大学学习英国文学，并学习西方音乐。在这里，他一方面深为莎士比亚和雪莱的诗作中磅礴的热情所感染，另一方面也从济慈、华兹华斯等人的作品中受到启迪。另外，他对西方音乐的兴趣也有所增长。

1880年2月，泰戈尔回国专门从事文学活动。一回到祖国，泰戈尔的创作才能立刻喷薄而出。他先后写了歌剧《破碎的心》《蚁垤仙人的天才》，但写得最多的是诗歌。几个月后，泰戈尔将所写诗歌汇成一部集子——《暮歌》。《暮歌》于1882年出版，深受好评。

1886年,泰戈尔发表《新月集》。在诗集中,诗人生动描绘了儿童的游戏,巧妙地表现了孩子的心理,以及他们活泼的想象。后来,它成为印度大中小学必选的文学教材。

19世纪90年代到20世纪初,泰戈尔的创作最为旺盛。在这期间,他出版了4部重要的诗集:《金帆船》《缤纷集》《收获集》和《薇思集》。他还写了一些小说、小品文、话剧、政论、歌曲等。其中,长篇小说《戈拉》是一部可以与托尔斯泰的《战争与和平》相媲美的杰作,歌曲《印度的命运之神》后来被定为印度国歌。他还积极参与社会活动,例如营救民主运动领袖洛克马尼亚·泰拉克,撰文抨击政府颁布的煽动性法案等。

1913年,泰戈尔访问英国。他的朋友把《吉檀迦利》(1910年)书稿送给著名诗人叶芝过目,叶芝读后拍案叫绝,亲自写了一篇热情洋溢的序言。叶芝把书转给摩尔,摩尔从英国向斯德哥尔摩发出了推荐泰戈尔获诺贝尔奖的信。这一年,泰戈尔获得了诺贝尔文学奖。

78岁高龄时,泰戈尔的身体状况每况愈下,战争和悲剧、社会的动荡不安,给他敏感的精神带来莫大的痛苦。1941年,泰戈尔留下控诉英国殖民统治和相信祖国必将获得独立解放的著名遗言《文明的危机》,随即与世长逝,享年80岁。在他的葬礼上,成千上万的人加入送葬的行列。

在长达近70年的创作活动中,泰戈尔共写了50多部诗集,12部中长篇小说,100余篇短篇小说,20多部剧本,大量关于文学、哲学、政治方面的论著,还创作了1500余幅画和2000余首歌曲,其中1首为印度国歌。这些作品,文、史、哲、艺、政、经范畴几乎无所不包,无所不精。这些作品反映了印度人民在帝国主义和封建制度压迫下要求改变自己命运的强烈愿望,描写了他们不屈不挠的反抗斗争,充满了鲜明的爱国

泰戈尔(徐悲鸿画)

主义和民主主义精神，同时又富有民族风格和民族特色，具有很高艺术价值，深受人民群众喜爱。

简　评

泰戈尔多才多艺，才华超人，既是文学艺术大师、学识渊博的哲人，又是敢于斗争的社会活动家，不但在印度历史上具有划时代的意义，对印度文化的各个方面都产生了广泛而深远的影响，在世界上也产生了巨大影响。他是一位"东方圣人"。

小　结

拉宾德拉纳特·泰戈尔

国籍：印度

身份：诗人、哲学家、社会活动家

代表作品：《吉檀迦利》《戈拉》

语录：如果你因错过太阳而流泪，那么你也将错过群星／我不能选择那最好的，是那最好的选择了我／我们看错了世界，却说世界欺骗了我们

> **读一读** 奥诺雷·德·巴尔扎克（1799年5月20日～1850年8月18日），法国伟大的批判现实主义作家，欧洲批判现实主义文学的奠基人和杰出代表，被称为现代法国小说之父，他的作品被誉为"法国社会的一面镜子"。

奥诺雷·德·巴尔扎克

奥诺雷·德·巴尔扎克

奥诺雷·德·巴尔扎克，生于法国都兰地区图尔城一个中产者家庭。他的父亲本是农民出身，后来靠个人奋斗发迹，相继担任拿破仑手下的军需处长、税务官、医院主管、副区长，他的母亲是巴黎银行家的女儿。巴尔扎克虽然是家里的长子，但很少得到家庭的温暖，出生不久便被送到图尔近郊，由一个宪兵的妻子抚养。他与母亲的关系一直不好，他说："我从来没有母亲，她实在太可怕了。"

少年时，巴尔扎克曾在旺多姆教会学校寄读，开始博览群书。1813年中学毕业后，巴尔扎克按父亲的意愿进入巴黎大学法学院学习，但他对法律并不感兴趣，而喜欢上了文学。大学毕业后，他拒绝了家人为他安排的公证人事务所的职位，毅然走上毫无生活保障的文学道路。为了向父母证明自己的文学天赋，他几乎足不出户奋战一年，完成了处女作诗剧《克伦威尔》。然而，结果却令自己大失所望。法兰西学院的一位院士看过此剧后表示："这位作者随便干什么都可以，就是不要搞文学。"

1829 年，巴尔扎克在屡次创作失败和经营企业失败后，成功发表长篇小说《朱安党人》。这部取材于现实生活的作品为巴尔扎克带来了巨大声誉，他迈出了现实主义创作的第一步。紧接着第二年，巴尔扎克出版《驴皮记》，又使他声名大震，成为引人注目的作家。从此，他一发而不可收，作品一部接一部出版。

19 世纪 30、40 年代是巴尔扎克的高潮期。在这 20 年中，巴尔扎克以惊人的毅力和速度从事创作。他每天伏案至少 18 个小时，每年要写 4 至 5 部小说。他的工作时间是这样安排的：从半夜 12 点到第二天中午 12 点写作，从中午到下午 4 点修改校样，5 点半上床睡觉，半夜又起来工作。为保证写作时清醒，巴尔扎克嗜浓咖啡如命。据统计，他一共喝了 5 万杯咖啡。经过努力，巴尔扎克接连写出作品，《赛查·皮罗多》在 25 小时内写成，《乡村医生》用了 72 个小时，长达几十万字的《高老头》竟在 3 天内一气呵成部部作品引人瞩目，到《欧也妮·葛朗台》问世，巴尔扎克已经是享誉欧洲的著名作家。

在这一时期的创作过程中，巴尔扎克完成了《人间喜剧》的宏伟规划，决定将自己的所有作品系列化。他决定写 137 部小说，分风俗研究、哲理研究、分析研究三大部分。《人间喜剧》全面反映 19 世纪法国的社会生活，写出了一部法国的社会风俗史。到巴尔扎克逝世时，《人间喜剧》已完成 91 部小说。其中，《高老头》和《欧也妮·葛朗台》最为有名。《人间喜剧》写了 2400 多个人物，是人类文学史上罕见的文学丰碑，被称为法国社会的"百科全书"。

因为长期辛劳创作，巴尔扎克的健康从 40 岁之后便每况愈下，50 岁后已经是重病缠身。1850 年 8 月 18 日晚上 11 点半，伟大的天才巴尔扎克彻底摆脱了病痛的折磨，带着没有完成《人间喜剧》的遗憾离开了人世。

· 简 评 ·

巴尔扎的创作为小说开辟了一个新天地，使小说获得了空前的表现力。

他的小说结构多种多样，不拘一格，且善于以精细入微、生动逼真的环境描写再现时代风貌。100多年来，他的作品传遍全世界，对世界文学的发展和人类进步产生了深远的影响。

小结

奥诺雷·德·巴尔扎克

国籍：法国

身份：小说家、剧作家

代表作品：《朱安党人》《人间喜剧》

语录：苦难是人生的老师／自满、自高自大和轻信，是人生的三大暗礁／一个能思想的人，才真是一个力量无边的人

> **读一读**
>
> 亚历山大·谢尔盖耶维奇·普希金（1799年6月6日～1837年2月10日），俄罗斯最伟大的诗人、现代标准俄语的创始人，被誉为"俄国文学之父""俄国诗歌的太阳"。

亚历山大·谢尔盖耶维奇·普希金

亚历山大·谢尔盖耶维奇·普希金，生于莫斯科一个贵族家庭。他的父亲谢尔盖·利沃维奇·普希金是莫斯科委员会官员、退伍少校，喜好文学，常常朗诵诗歌作品给普希金听。受父亲影响，普希金从小就开始读书，接受教育。

8岁时，普希金已经读了许多文学名著，并能够用法语写诗。12岁时，普希金进入贵族子弟学校皇村学校学习，并开始文学创作生涯。1815年，他在中学考试中朗诵自己创作的"皇村回忆"，表

亚历山大·谢尔盖耶维奇·普希金

现出了卓越的诗歌写作才能，特别是他诗作韵文的优美和精巧深受老师赞赏。在皇村中学学习期间，普希金还接受了法国启蒙思想的熏陶，并且结交了一些后来成为十二月党人的禁卫军军官，反对沙皇专治，追求自由的思想初步形成。

从皇村中学毕业后，普希金到彼得堡外交部供职。在此期间，他参与了与十二月党人秘密组织有联系的文学团体"绿灯社"，创作了许多反对农奴制、讴歌自由的诗歌，如《自由颂》《致恰达耶夫》《乡村》等。这些作品引

起了沙皇政府的不安,因此他于1820年被外派到俄国南部任职,这其实是一次变相的流放。

在俄国南部任职期间,普希金与十二月党人的交往更加频繁,追求自由的思想更明确、更强烈了。他写下了《短剑》《囚徒》《致大海》等名篇,还写了一组"南方诗篇",包括《高加索的俘虏》《强盗兄弟》《巴赫切萨拉依的泪泉》《茨冈》4篇浪漫主义叙事长诗。这些作品,表达了诗人对自由的强烈憧憬。从这一时期起,普希金完全展示了自己独特的风格。

1824年,普希金和敖得萨总督沃隆佐夫发生冲突,又被沙皇当局送回了普斯科夫省的他父母的领地米哈伊洛夫斯克村,在这里他度过了两年幽禁生活。其间,他创作了近百首诗歌,思想更加成熟,创作上的现实主义倾向也愈发明显。1825年,他还完成了俄罗斯文学史上第一部现实主义悲剧《鲍里斯·戈都诺夫》的创作。1826年,沙皇尼古拉一世登基,为了笼络人心,把普希金召回莫斯科,但普希金仍处于沙皇警察的秘密监视之下。

1830年秋,普希金在父亲的领地度过了三个月,这是他一生创作的丰收时期,在文学史上被称为"波尔金诺的秋天"。他完成了自1823年开始动笔的诗体小说《叶甫盖尼·奥涅金》,塑造了俄罗斯文学中第一个"多余人"的形象,这成为他最重要的作品。他还写了《别尔金小说集》和四部诗体小说《吝啬的骑士》《莫扎特与沙莱里》《瘟疫流行的宴会》《石客》,以及近30首抒情诗。《别尔金小说集》中的《驿站长》一篇是俄罗斯短篇小说的典范,开启了塑造"小人物"的传统,他的现实主义创作炉火纯青。

1831年2月18日,普希金与年仅24岁的容貌出众的娜达丽娅·冈察洛瓦·普希金娜结婚。此后,他仍然在外交部供职,并继续创作了许多作品,主要有叙事长诗《青铜骑士》、童话诗《渔夫和金鱼的故事》、短篇小说《黑桃皇后》等。他还写了两部有关农民问题的小说——《杜布洛夫斯基》和《上尉的女儿》。

1836年,普希金创办了文学杂志《现代人》。该刊物后来由别林斯基、涅克拉索夫、车尔尼雪夫斯基、杜勃罗留波夫等编辑,一直办到19世纪60年代,不仅培养了一大批优秀的作家,而且成为俄罗斯进步人士的喉舌。

普希金的创作和活动令沙皇政府颇感头痛，他们用阴谋手段挑拨法国籍宪兵队长丹特斯亵渎普希金的妻子，导致普希金和丹特斯的决斗。1837年2月8日，普希金中了沙皇尼古拉一世的阴谋，与丹特斯进行决斗，结果被打成重伤。两天后，普希金不幸去世，年仅38岁。他的早逝是俄国的巨大损失，俄国进步文人曾经这样感叹："俄国诗歌的太阳沉落了"。

普希金一生写作了800多首抒情诗和十几篇叙事诗，以及一些童话和小说。他的抒情诗内容丰富、感情真挚、形式灵活、结构精致、韵律优美；他的散文及小说情节紧凑、结构严整、描写生动。他的作品，代表了俄罗斯的精神生活，在俄罗斯文学史上享有很高的地位，至今仍受俄罗斯人民的喜爱。现在，普希金的许多抒情诗被谱了曲，成了脍炙人口的艺术歌曲；还有的作品被改编成芭蕾舞，成为舞台上不朽的经典。

简 评

普希金使俄罗斯文学走上了现实主义的道路，进入了世界文学的先进行列，同时其作品崇高的思想性和完美的艺术性带动了世界现实主义文学的发展，他的影响既是俄国的，也是全世界的。正如高尔基所说，他是"一切开端的开端"。

小结

亚历山大·谢尔盖耶维奇·普希金
国籍：俄罗斯
身份：诗人
代表作品：《叶甫盖尼·奥涅金》
语录：比海洋阔大的是天空，比天空阔大的是人的心灵／假如生活欺骗了你，不要悲伤，不要心急！忧郁的日子里需要镇静；相信吧，快乐的日子将会来临

第六部分 文学、艺术巨匠

> **读一读**
>
> 玛克西姆·高尔基（1868年3月28日～1936年6月18日），原名阿列克谢·马克西耶维奇·彼什科夫，苏联无产阶级作家、社会主义现实主义文学的奠基人，被列宁称为是"无产阶级艺术最杰出的代表"。

玛克西姆·高尔基

玛克西姆·高尔基

玛克西姆·高尔基，生于伏尔加河畔的下诺夫哥罗德（曾名高尔基城）一个木匠家中。3岁时，高尔基的父亲就去世了。因为家里贫穷，高尔基只上过两年的小学。11岁时，为了谋生，高尔基走向社会，四处奔波。他当过鞋店学徒、洗碗工、装卸工、面包房工人、看门人、园丁等。虽然生活很苦，但高尔基非常渴望能够读书，他很爱读书。关于高尔基读书的故事有很多，这里有一个：

一次，高尔基在烧水时，读书读得入了神，没有发觉水早就烧开了，结果把茶缸烧坏了。凶狠的女主人知道后，便抄起一根木棍，毒打高尔基，把高尔基打得遍体鳞伤，以致不得不请医生来看。医生来了后，看到高尔基身上青一块、紫一块，木刺都扎进了肉里，有的地方渗出了血，非常气愤，便鼓动高尔基去告发。女主人生怕高尔基去告她，便央求高尔基："孩子！只要你不去告发我，你提什么条件我都答应。""只要你允许我在干完活后可以读书，我就不去告发你。"高尔基回答说。女主人非常不情愿地答应了。这样，高尔基因祸得福，以皮肉受苦的代价，换来了多余时间读书的权利。

在艰苦的生活中，高尔基坚持自学，掌握了欧洲古典文学、哲学和自然科学等方面的知识，同时受革命浪潮影响，积极投身革命活动，探求改造现实的途径。1892年，24岁的高尔基在《高加索日报》上发表了他的处女作《马卡尔·楚德拉》。据说，报纸编辑见到《马卡尔·楚德拉》的稿件时，十分满意，于是通知作者到报馆。当编辑见到高尔基时大为惊异，他没想到，写《马卡尔·楚德拉》的人竟是个衣衫褴褛的流浪汉。编辑对高尔基说："我们决定发表你的小说，但稿子应当署个名才行。"高尔基沉思了一下说："那就这样署名：玛克西姆·高尔基。"在俄语里，"高尔基"的意思是"痛苦"，"马克西姆"的意思是"最大的"，合起来便是"最大的痛苦"之意。从此，高尔基就以"最大的痛苦"作为笔名，开始了自己的创作生涯。

1901年以前，高尔基的作品杂存着现实主义与浪漫主义两种风格，作品的主人公大多是努力探求新的生活道路、思考生活的意义并充满激烈内心冲突的人物。主要作品有《伊则吉尔老婆子》《鹰之歌》《契尔卡什》《沦落的人们》《柯诺瓦洛夫》等。

1901年，高尔基创作了著名的散文诗《海燕之歌》，塑造了象征大智大勇革命者搏风击浪的勇敢的海燕形象，预告革命风暴即将到来，鼓舞人们去迎接伟大的战斗。这是一篇无产阶级革命战斗的檄文与颂歌，受到列宁的热情称赞。此后，高尔基的创作转向了戏剧。在1901年~1905年期间，他先后写出了《小市民》《底层》《避暑客》《太阳的孩子们》和《野蛮人》等剧本，呼唤人们为争夺自己的权利而斗争。它们的上演，在当时俄国的剧坛上引起了巨大轰动。

1905年~1907年俄国第一次革命期间，高尔基积极投身无产阶级革命斗争，加入了俄国社会民主工党。同时，高尔基在1906年完成了两部最重要的作品《母亲》和《仇敌》，使他的创作达到了新的高峰。其中，《母亲》塑造了世界文学史上第一批自觉为社会主义而斗争的无产阶级革命者的英雄形象，是社会主义现实主义文学的奠基作。这部小说极大地鼓舞了工人群众的斗争活动，使沙俄统治者十分惊恐。列宁称赞这部小说是"一本非常及时的书"，提出它对俄国工人有"很大的益处"。

1905年革命失败后，高尔基逃往美国及意大利，写了一系列政论文章，抨击西方资本主义制度和充斥于思想、文学界的形形色色反动思潮。在列宁的关怀影响下，高尔基的作品更富有革命的战斗精神。他对新的无产阶级文学创作方法的特征从理论上进行了许多探索，提出现实主义与浪漫主义相结合的观点。主要作品有《奥古洛夫镇》《夏天》《马特维·柯热米亚金的一生》《意大利童话》《俄罗斯童话》，以及自传体长篇小说三部曲的前两部《童年》和《在人间》（1913年～1916年）。

十月革命（1917年）胜利后，高尔基因健康原因创作较少。他完成了自传体三部曲的最后一部《我的大学》（1922年～1923年）、《阿尔塔莫诺夫家的事业》等作品，以及大量的文艺理论、文学批评和政论文章。其中，有史诗气魄的长篇巨著《克里姆·萨姆金的一生》，这是一部未完成的作品。1936年，高尔基因病去世。

· 简 评

高尔基对马克思主义文艺理论和社会主义文化事业做出了重大贡献，为无产阶级文学宝库留下了一笔巨人的财富。他的作品猛烈抨击沙皇制度，同情弱者，具有极强的战斗力。他是无产阶级文学的巨匠。

小结

玛克西姆·高尔基

国籍：苏联

身份：作家、政治活动家

代表作品：《海燕之歌》《母亲》《童年》《在人间》《我的大学》

语录：天才出于勤奋／书籍是人类进步的阶梯

> **读一读**
>
> 欧仁·鲍狄埃（1816年10月4日～1887年11月6日），法国革命诗人，《国际歌》的词作者。

欧仁·鲍狄埃

欧仁·鲍狄埃，生于法国巴黎一个制作木箱和包装的手工业工人家庭。他很早就当了童工，体验到了生活的艰辛，于是立志为劳苦大众的解放斗争贡献力量。鲍狄埃热爱诗歌，尤其喜爱法国革命民主主义诗人贝朗瑞的诗。从12岁起，鲍狄埃便在艰苦的工作环境里刻苦自学，并以贝朗瑞的歌谣为范本开始创作。

欧仁·鲍狄埃

1830年，法国七月革命爆发，还在当学徒工的鲍狄埃参加了革命。这年，鲍狄埃写出了他的第一首诗歌《自由万岁》。《自由万岁》反映了1830年巴黎人民起来反对波旁王朝统治的斗争。1831年，他将《自由万岁》等七月革命时期写的15首政治诗汇成诗集《年轻的女诗神》出版。诗集的主要内容是：抨击复辟的封建王朝，欢呼七月革命的胜利，表示对七月王朝的失望与谴责。从此，鲍狄埃开始用诗作为武器，踏上革命的征途，并逐渐由一个民主主义者向社会主义者转变。

1840年，鲍狄埃创作《是人各一份的时候了》，对工人运动起了巨大鼓舞作用。这首诗的出现，标志着鲍狄埃的创作开始摆脱资产阶级的思想影响，探索工人阶级解放的道路。

鲍狄埃不仅通过诗歌表现他的无产阶级革命思想，更在行动上体现其革命性。1864年，马克思创立国际工人联合会（也称第一国际）。鲍狄埃随即组织起500多名印花布职工成立工会，并推动工会参加第一国际。1870年，鲍狄埃成为第一国际巴黎支部联合会的委员。此后，他的马克思主义世界观迅速形成。

1871年3月至5月，法国巴黎公社革命爆发。在这次革命斗争中，鲍狄埃被选为公社委员，和公社战士一起在街垒浴血战斗。在五月最后一个星期，鲍狄埃右手残废，仍坚持战斗。最终，巴黎公社被反革命暴力镇压而失败。5月30日公社失败后的第二天，鲍狄埃躲过敌人的搜捕，在郊区小巷一所老房子的阁楼上怀着满腔热血和悲痛，用战斗的笔写下了震撼全世界的宏伟诗篇——《英特纳雄耐尔（Internationale）》，即全世界无产阶级的战歌《国际歌》。

《国际歌》是一首格调高昂的政治抒情诗。抒情主人公是整个无产阶级，是完全觉醒了的用马克思主义思想观点武装起来的无产阶级。它已经进行过推翻资产阶级及其国家，由无产阶级自己夺取政权、掌握政权的伟大的革命实践，它已经认识了社会发展的客观规律，认识到自己所肩负的历史使命。整个诗篇展现了日益壮阔的无产阶级革命运动的画面，深刻地表达了全世界无产阶级的立场、愿望和理想，充溢着不可摧毁的精神力量。

在《国际歌》写下17年后，法国工人作曲家皮埃尔·狄盖特于1888年6月给其谱写了曲子，并在里尔的一次集会上指挥合唱

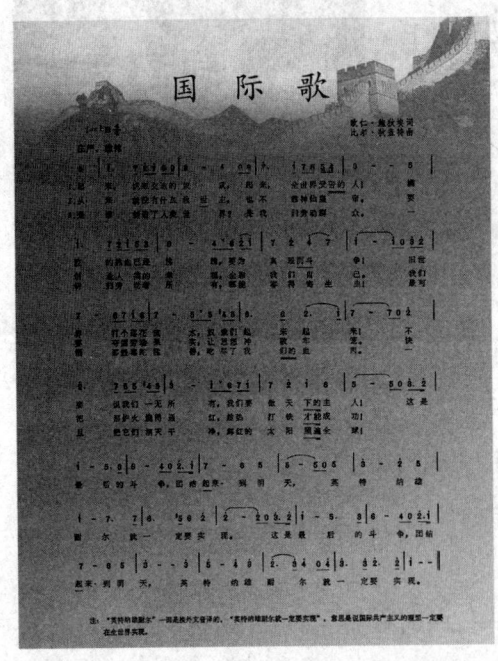

《国际歌》

团首次演唱,很快这支战歌便迅速传遍整个法国,从而传遍了整个世界。如今,《国际歌》早已响遍全球,它将永远激励着各国无产阶级和劳动人民团结战斗、奋勇前进。

巴黎公社革命失败后,鲍狄埃四处流亡(1880年获大赦回国),但仍然坚持革命斗争和写革命诗歌,创作了《白色恐怖》《美国工人致法国工人》《巴黎公社》等大量诗篇。1887年11月6日,鲍狄埃病逝于巴黎,终年71岁。

• 简 评

列宁称誉欧仁·鲍狄埃是"一位最伟大的用诗歌作为工具的宣传家"。鲍狄埃的诗歌热情洋溢、质朴有力,充分表现了革命无产阶级的豪迈气魄。诗如其人,鲍狄埃是全世界无产阶级先进战士的代表。

小结

欧仁·鲍狄埃
国籍:法国
身份:革命诗人
代表作品:《国际歌》
语录:我们要自己救自己

> **读一读** 鲁迅（1881年9月25日～1936年10月19日），原名周樟寿，后改名周树人，字豫才、豫亭，"鲁迅"是他最有名的笔名。他是中国新文学的奠基人及新文化运动的领导人，毛泽东称他为"中国文化革命的主将"，被人们称为"民族魂"。

鲁 迅

鲁迅

鲁迅，生于中国浙江省绍兴府会稽县府城内东昌坊口（今属绍兴市越城区）的一个书香门第。他的祖父周福清是同治十年（1871年）辛未科进士，曾在京城做官，父亲周伯宜是一名秀才。鲁迅从小受到了很好的教育，11岁时就读于寿镜吾开设的私塾三味书屋。13岁时，祖父因科举舞弊案被判死缓。此后，周家每年花费大笔礼金以使周福清得以活命。同时，父亲重病在床，1896年病故。于是，周家家道开始衰落。家庭的变故对少年鲁迅产生了深刻的影响。

1898年，17岁的鲁迅离开家乡的三味书屋，进入南京的新式学堂江南水师学堂，并改名为周树人。1899年，他又转入江南陆师学堂附设的矿路铁路学堂。在这里，鲁迅接触了许多反映新思想的外国书籍，颇受进化论思想影响。

1902年，21岁的鲁迅考取留日官费生，赴日本进入东京的弘文学院学习日语。2年后，他进入仙台医学专门学校学习现代医学。在医校学习一年以后，鲁迅便从学校退学。在《藤野先生》一文中，鲁迅曾提及此事，称自己是因为受到一部日俄战争的纪录电影片里，中国人围观日军杀害中国人情节的刺激，认为"救国救民需先救思想"，于是弃医从文，希望用文学改造中国人的"国民劣根性"。

1907年，鲁迅曾拟创办杂志《新生》，但因经费问题未能如愿。1908年，他师从章太炎，加入光复会（周作人认为并未加入），并和二弟周作人一起翻译了一些东欧和俄国的短篇小说，即著名的《域外小说集》。

回国后，鲁迅先后担任浙江两级师范学堂（今杭州高级中学）生理学化学教员、绍兴中学堂教员兼监学、绍兴师范学校（今绍兴文理学院）校长、南京临时政府和北京政府教育部社会教育司第一科科长、教育部佥事、北京大学讲师、北京女子师范大学教授等职。其间，他在1911年写了第一篇小说《怀旧》。

1918年，鲁迅首次用"鲁迅"为笔名，在《新青年》上发表中国现代文学史上第一篇用现代体式创作的短篇白话文小说《狂人日记》，奠定了新文学运动的基石。

1919年五四运动前后，鲁迅担任《新青年》杂志编辑，并成为五四新文化运动的主将。从1918年到1926年间，他陆续创作出版了小说集《呐喊》《彷徨》，杂文集《坟》《热风》《华盖集》《而已集》《二心集》，散文诗集《野草》，回忆性散文集《朝花夕拾》（又名《旧事重提》）等专集。

1926年，因支持北京学生爱国运动，抗议三·一八惨案，被北洋政府通缉，于是南下厦门大学任文科教授。数月后，鲁迅受中山大学校长朱家骅邀请赴广州担任中山大学文学系主任兼教务主任。但没

鲁迅与许广平及儿子周海婴

鲁迅墓

过多久,他又辞去中山大学职务迁居上海公共租界北区的越界筑路区域,并与学生许广平同居。在这里,特殊的政治环境保护得以使鲁迅写作免遭迫害,有利于他安心写作。从1927年到1936年,鲁迅创作了历史小说集《故事新编》中的大部分作品和大量的杂文,收辑在《坟》《而已集》《三闲集》《二心集》《南腔北调集》《伪自由书》《准风月谈》《花边文学》《且介亭杂文》《且介亭杂文二编》《且介亭杂文末编》《集外集》和《集外集拾遗》等专集中。其中,大量的杂文表达了鲁迅反抗国民党政府的独裁统治和政治迫害的激愤情怀。

　　1936年10月19日,鲁迅因肺结核病逝于上海,葬于虹桥万国公墓。在葬礼上,上海上万名民众自发举行公祭、送葬。1956年,鲁迅遗体移葬虹口公园,毛泽东为重建的鲁迅墓题字。

　　鲁迅的一生,对中国文化、革命事业作出了巨大的贡献。他一生写作600万字,其中著作500万字,辑校和书信100万字。鲁迅的著作以小说、杂文为主,他的小说、散文、诗歌、杂文共数十篇被选入中、小学语文课本,小说《祝福》(选自《彷徨》)、《阿Q正传》(选自《呐喊》)等先后被改编成电影,作品被译成英、日、俄、法等50多种文字。除了如此多的经典之作,鲁迅的精神也向来被人们称颂。毛泽东说:"鲁迅的骨头是最硬的,他没有丝毫的奴颜和媚骨,这是殖民地半殖民地人民最宝贵的性格。鲁迅是在文化战线上,代表全民族的大多数,向着敌人冲锋陷阵的最正确、最勇敢、最坚决、最忠实、最热忱的空前的民族英雄。"

· 简 评 ·

鲁迅以笔为武器，战斗了一生，被誉为"民族魂"。他不但是伟大的文学家，而且是伟大的思想家和伟大的革命家。鲁迅的方向，就是中华民族新文化的方向，就是新生命的方向。

小结

鲁迅

国籍：中国

身份：文学家、思想家、评论家、革命家

代表作品：小说集《呐喊》《彷徨》《故事新编》，杂文集《坟》，散文诗集《野草》，散文集《朝花夕拾》

语录：横眉冷对千夫指，俯首甘为孺子牛／时间就像海绵里的水，只要愿挤，总还是有的

> 读一读
>
> 列奥纳多·达·芬奇（1452年4月15日～1519年5月2日），文艺复兴时期第一位画家，"文艺复兴三杰"之一，被认为是整个欧洲文艺复兴时期最完美的代表。

列奥纳多·达·芬奇

列奥纳多·达·芬奇

  列奥纳多·达·芬奇，生于意大利佛罗伦萨附近的芬奇镇的一个叫安奇亚诺的小村庄。达·芬奇的父亲皮耶罗·达·芬奇是佛罗伦萨有名的公证人，家庭很富有。

  达·芬奇的童年是在祖父的田庄里度过的。达·芬奇自幼聪明伶俐，勤奋好学，兴趣广泛。他歌唱得很好，很早就学会了弹七弦琴和吹奏长笛。他的即兴演唱，不论歌词，还是曲调，都让人惊叹。他尤其喜爱绘画，常为邻里们作画，有"绘画神童"的美称。

  达·芬奇14岁时，皮耶罗受一个贵族委托，要画一幅盾面画作为他们家族的标志。他想让达·芬奇试试，看看儿子到底能画到什么程度。达·芬奇凭借自己丰富的想象力，用了一个月的时间，画成了一个吓人的妖怪美杜莎。这幅作品完成后，达·芬奇请父亲来到他的房间。他把窗遮去一半，将画架竖在光线恰好落在妖怪身上的地方。当皮耶罗刚走进房间时，一眼就看到了这个面目狰狞的妖怪，吓得大叫起来。达·芬奇则笑着对父亲说："你把画拿去吧，这就是它该产生的效果。"从此，皮耶罗·达·芬奇确信儿子有绘画天赋，改变让孩子当律师的想法，并将达·芬奇送往佛罗伦萨，师从著名的艺术家韦罗基奥，开始系统地学习造型艺术。

韦罗基奥的作坊是当时佛罗伦萨著名的艺术中心，经常有意大利人文主义者来此聚会，讨论学术问题。在这里，达·芬奇结识了一大批知名的艺术家、科学家和人文主义者，开始接受人文主义的熏陶。20岁时，达·芬奇已有很高的艺术造诣，表现出非凡的绘画才能，他用画笔和雕刻刀去表现大自然和现实生活的真、善、美，热情歌颂人生的幸福和大自然的美妙。

《基督受洗》

1470年，达·芬奇在协助韦罗基奥绘制《基督受洗》时，虽然只画了一位跪在基督身旁的天使，但其神态、表情和柔和的色调，已明显地超过了韦罗基奥。据传，韦罗基奥为此不再作画。

《博士来拜》

也是因为这幅画，达·芬奇声名鹊起，成为了当时佛罗伦萨有名的画家。

1481年，达·芬奇创作的《博士来拜》（又译《三王来拜》）是标志其艺术风格达到成熟期的作品。该画虽由于他动身去米兰而没有完成，但从原稿上可看出其构图和形象塑造所显示的艺术创新，大大超越了他的老师和同辈：由圣母婴孩和三位博士所形成的三角形稳定构图，按精确的透视法画的建筑遗迹和奔腾飞跃的马群等背景，说明他已不再从叙事的角度简单地罗列有关人物，而是对传统的题材进行彻底的改造。他所采用的色调幽暗的画法，使人物形象从阴影中突出，突破了传统绘画明晰透露的特点，预示着文艺复兴的到来。

1499年的《最后的晚餐》是达·芬奇创作盛期中最负盛名之作。这幅表现基督被捕前和门徒最后会餐诀别场面的湿壁画,绘制在米兰格雷契修道院饭厅的墙壁上。它巧妙的构图和独具匠心的布局,使画面上的厅堂与生活中的饭厅建筑结构紧密联结在一起,使观者感觉画中的情景似乎就发生在眼前。在人物布局上,此画一反平列于饭桌的形式,将基督独立于画面中央,其他门徒通过各自不同的表情和手势,分别表现出惊恐、愤怒、怀疑、剖白和慌张的情绪。这种典型性格的描绘,突出了绘画的主题,它与构图的统一效果互为补充,堪称美术史上最完美的典范之作。

1503年,达·芬奇绘制成享有盛誉的肖像画杰作《蒙娜丽莎》。《蒙娜丽莎》代表达·芬奇的最高艺术成就,成功地塑造了资本主义上升时期一位城市有产阶级的妇女形象。画中人物坐姿优雅,笑容微妙,背景山水幽深茫茫,淋漓尽致地发挥了达·芬奇奇特的烟雾状"无界渐变着色法"般的笔法。达·芬奇力图使人物的丰富内心感情和美丽的外形达到巧妙的结合,对于人像面容中眼角唇边等表露感情的关键部位,也特别着重掌握精确与含蓄的辩证关系,达到神韵之境,从而使蒙娜丽莎的微笑具有一种神秘莫测的千古奇韵,那如梦似的妩媚微笑,被不少美术史家称为"神秘的微笑"。

1515年,达·芬奇移居法国,最后定居昂布瓦斯。1519年5月2日,年事已高的达·芬奇因病逝世,据说他是在赶来看他的法兰西国王弗朗索瓦一世怀中咽下了最后一口气。

达·芬奇的才能和成就不仅表现在绘画领域,还表现在天文学、哲学、物理学、医学、古生物学、汽车研究、建筑、军事、水利、地质、音乐等各

《最后的晚餐》

《蒙娜丽莎》

个领域。例如:他否定"地球中心说",认为地球不是太阳系的中心,更不是宇宙的中心,而只是一颗绕太阳运转的行星,太阳本身是不运动的,这种观点要早于哥白尼的"太阳中心说";发现了液体压力的概念,提出了连通器原理;发明了直升机、降落伞、机关枪、手榴弹、坦克车、潜水艇、双层船壳战舰、起重机、密码筒等;等等。可以说,达·芬奇的研究涉及自然和社会科学的每一部门,他的思想和才能深入到人类知识的各个领域。他是世界上少有的全面发展的天才学者。

• 简 评 •

达·芬奇是一位思想深邃、学识渊博、多才多艺的艺术大师、科学巨匠、文艺理论家、大哲学家、诗人、音乐家、工程师和发明家。他在几乎每个领域都做出了巨大的贡献。后代的学者称他是"文艺复兴时代最完美的代表",是"第一流的学者",是一位"旷世奇才"。恩格斯对他给予了很高的评价,称他为文艺复兴时期"巨人中的巨人"。所有的,以及更多的赞誉他都当之无愧。

小结

列奥纳多·达·芬奇

国籍:意大利

身份:画家、雕塑家、发明家、哲学家、音乐家、医学家、生物学家、地理学家、建筑工程师、军事工程师、寓言家等

代表作品:《蒙娜丽莎》《最后的晚餐》(绘画方面)

成就:推动文艺复兴进程

> **读一读**
>
> 米开朗琪罗·迪·洛多维科（1475年3月6日～1564年2月18日），文艺复兴时期雕塑艺术最高峰的代表，与达·芬奇和拉斐尔并称"文艺复兴三杰"。

米开朗琪罗·迪·洛多维科

米开朗琪罗

米开朗琪罗·迪·洛多维科，生于意大利佛罗伦斯加柏里斯镇。他的父亲是当地的一名法官，母亲在他6岁时就去世了。母亲去世后，米开朗琪罗被寄养在一个石匠的家里，因此他从小就对雕塑发生了兴趣。

稍长大后，米开朗琪罗被父亲送进拉丁文与希腊文学校学习，但是他偏爱于学画画，父亲训斥也无用。13岁时，米开朗琪罗进入佛罗伦萨画家基尔兰达约的工作室，接触了终身所从事的神圣事业。在这里，米开朗琪罗用不到1年时间便掌握了绘画技巧。随后，米开朗琪罗转入圣马可修道院的美第奇学院学雕塑，既当学生，又兼助手。在这里，米开朗琪罗待了4年时间，不仅雕塑艺术不断提高，并且深受文艺复兴运动人文主义思想影响，具备了在思想和艺术上成为伟大艺术家所必须的所有条件。他的艺术创作以现实主义的方法和浪漫主义的幻想，表现了当时市民阶层的爱国主义和为国而斗争的精神面貌，在艺术上具有坚忍的毅力和雄伟的气魄。

1496年，米开朗琪罗在罗马受法国红衣主教委托，为圣彼得教堂制作《哀悼基督》雕像。两年后，《哀悼基督》完成。《哀悼基督》将解剖学科的艺术实践和细致入微的匠心独运吻合在了一起,甚至超出了人们可以理喻的"鬼斧神工",被誉为15世纪最动人的人性拥抱神性的作品——出示了悲剧却掩饰了哀伤。它的问世震撼了整个罗马,没有人相信这样的作品出自一个青年之手,当时米开朗琪罗仅23岁。也是因为此,米开朗琪罗将自己的名字刻在了雕像中圣母胸前的衣带上,这是他一生中唯一署名的作品。从此,米开朗琪罗名盖罗马,一颗雕刻巨星升起。

《哀悼基督》

1501年,米开朗琪罗回到佛罗伦萨,用了4年时间完成了举世闻名的《大卫》雕像。大卫在基督教传说中是一个少年英雄,曾使用投石器打死巨人哥利亚。米开朗琪罗雕刻大卫,象征着掌管城市者要像英雄大卫一样,勇敢地保卫自己的城市。当时佛罗伦萨正经历着大动乱。

米开朗琪罗广场上的大卫雕像

1505年,应教皇尤里乌斯二世邀请,米开朗琪罗赴罗马为教皇在圣彼得教堂内建造陵墓。历经多年艰辛,米开朗琪罗雕刻成了《摩西》《被缚的奴隶》《垂死的奴隶》等著名雕像,以及壁画《创世纪》。其间,因教皇的艺术总监勃拉曼特极为妒忌米开朗琪罗的雕塑成就,教皇暂不修陵墓,强求米开朗琪罗去画西斯廷教堂天顶壁画。最后,米开朗琪罗以超凡的智慧和毅力完成了《创世纪》。

《创世纪》(部分)

《创世纪》是米开朗琪罗流传至今的最伟大的绘画作品，是有史以来最大的壁画，面积达 $14×38.5$ 平方米。它从《旧约》的《创世纪》选出九个场景，描画从世界与人类的创始到诺亚方舟的故事，主题复杂，人物姿态千变万化，人物造型美妙绝伦，具有惊人的创意，完全是出于伟大艺术天才的匠心。

1519 年～1534 年，米开朗琪罗在佛罗伦萨创作了他生平最伟大的雕塑作品——圣洛伦佐教堂里的美第奇家族陵墓群雕。晚年所雕的著名的《昼》《夜》《晨》《暮》雕像就是安放在这座陵墓的石棺上。

1536 年，已经 61 岁的米开朗琪罗又被教皇召到罗马，在 25 年前完成的《创世纪》天顶画下的祭坛壁面上绘制《末日的审判》。用了近 6 年的时间，米开朗琪罗创作了伟大的教堂壁画《末日审判》。

完成《末日审判》后，米开朗琪罗便一直生活在罗马，主要艺术活动转向建筑。他除负责圣彼得大教堂的建筑工程外，还参与了法尔内塞宫、皮亚城门和罗马市议会所在的卡值托广场建筑的设计。他为圣值得大教堂设计的覆盖大厅中央部分的大圆顶，体现了他固有雄伟有力的艺术风格的典范。为日后欧美各国的大教堂和政府大厦的圆顶建筑树立了样板。

1564 年 2 月 12 日，米开朗琪罗站了一整天再一次创作《哀悼基督》。14 日，他开始发烧。18 日下午 5 时，这位杰出的雕塑家兼画家永远地离开了人间，享年 89 岁。

· 简 评 ·

  米开朗琪罗致力于解剖人体，研究人体的结构和运动，这使他成为充分发挥人体表现力的美术家之一。在他的雕塑上、在他的绘画中，一个个巨人般的宏伟形象挺立起来，就连他塑造的女性形象，也都具有刚勇的气概，仿佛是神话中的阿玛宗女子。米开朗琪罗是人类的天才、智慧和勇气的结晶，他的光荣与成就属于全人类。

小结

米开朗琪罗·迪·洛多维科

国籍：意大利

身份：雕塑家、建筑师、画家

代表作品：《哀悼基督》《大卫》《创世纪》《末日审判》

语录：睡眠是甜蜜的，成了顽石更是幸福，只要世上还有羞耻与罪恶存在着的时候，不见不闻，无知无觉，便是我最大的幸福，不要来惊醒我

> **读一读** 让·弗朗索瓦·米勒（1814年10月4日~1875年1月20日），法国最杰出的农民画家，被称为"乡下佬中的但丁"。

让·弗朗索瓦·米勒

让·弗朗索瓦·米勒

让·弗朗索瓦·米勒，生于法国诺曼底省格鲁什村一个耕读家庭。童年时，米勒常跟随父母在田间劳动，对田间生活有着深刻的感受。12岁时，他被父亲送往一位牧师那里学习拉丁文。但不久，他便跑回家中，原因是不愿拿父亲的血汗钱。此后，他开始一个人自修从小就喜欢的画画。17岁时，他终于画出了一幅大画《牧羊人在看守他的羊群》。第二年，他又画了《驼背的人》。这两幅画震惊了他的父母，也震惊了全村。23岁时，在家里的全力支持下，米勒被送往巴黎师从画家德拉罗什。

在巴黎，画室里的同学都瞧不起米勒，说他是"土气的山里人"。老师也看不惯他，常斥责他："你似乎全知道，但又全不知道。"除了画画受人侮辱，米勒的生活也不好过，非常贫困。据说，他为了生存，用素描去换鞋子穿，用油画去换床睡觉，还曾为接生婆画招牌去换点钱。为了迎合一些人的感官刺激，他还画过庸俗低级的裸女。有一次，他听到人们议论他说："这就是那个除了画下流裸体，别的什么也不会画的米勒。"他深受打击，从此下决心不再迎合任何人，坚决走自己的艺术道路。

1849年，米勒搬到巴黎附近的巴比松村。在这里，他结识了柯罗、卢梭等画家，与他们一起形成了欧洲绘画史上著名的巴比松画派（以写实手法表现自然的外貌，致力于探索自然界的内在生命，力求在作品中表达画家对自然的真诚感受）。这时，米勒的画作以描绘农民的劳动和生活为主，具有浓郁的乡土气息。他试图把观看者引入土地深处，在开阔而静穆的景观中去感受她的厚重与踏实，倾听她那深沉而宁静的呼吸，体会农民的坚忍与谦卑、质朴与勤劳。

《播种者》

1850年，米勒画成到巴比松村后的第一件作品《播种者》。《播种者》用一种雕塑般的单纯而简练的形象，概括地表达出耐人寻味的思想内容。

《拾穗者》

作家雨果说过，他从这幅画中看到了对人民创造力量的赞美，看到了一种强有力的内在反抗力量。

1857年，米勒创作了他最有名的作品《拾穗者》。《拾穗者》的画面安静而又庄重，牧歌式地传达了米勒对农民艰难生活的深刻同情，以及米勒对农村生活的特别挚爱。画中的三位农妇被誉为"法国的三女神"。整个作品的手法极为简洁朴实，晴朗的天空和金黄色的麦地显得十分和谐，丰富的色彩统一于柔和的调子之中，展现在我们面前的是一派迷人的乡村风光。

1859年，米勒的又一幅经典之作《晚钟》问世了。这幅作品流露出一种悲天悯人的博大情怀。通过颜色与景物的搭配，米勒把对土地的热爱和对农

《晚钟》

民的怜爱融入到凝固的真实之中，从而产生一种令人震撼的效果。

此外，米勒还画了《牧羊女与群羊》《扶锄的男子》《喂食》《嫁接树木的农夫》《春》等杰作。这些画，米勒绝不虚构画面的情景，每一幅画都是从耕耘着、放牧、劳动着、生活着的法国农民的真实生活中来。

一幅又一幅杰作问世，米勒的作品在一次次拒绝后终于获得认可。1867年，在巴黎博览会上，米勒与柯罗一起展出田园自然风格的画作，人们逐渐认识了米勒艺术的真正价值。在他死后，为购回《晚钟》，法国政府竟花了80多万法郎。现在，米勒成为法国近代绘画史上最受人民爱戴的画家。他那淳朴亲切的艺术语言，尤其被广大法国农民所喜爱。

简评

米勒是西方画坛上少数的几个贴近农民生活的画家，更是直接把流汗的农民形象引入画坛的画家。在他的画笔下，疲惫、穷苦、终日操劳的贫困者衣衫褴褛、肌肤黝黑、佝偻着身躯、有着粗大手掌，"他们日复一日地劳动，来养育这伟大的民族；他们日复一日地劳动，来缔造这美丽的国家（罗曼·罗兰语）"。这便是米勒要为之呕心沥血地赞美歌颂的法兰西农民的形象。

小结

让·弗朗索瓦·米勒

国籍：法国

身份：画家

代表作品：《播种者》《拾穗者》《晚钟》

成就：巴比松画派代表人物之一

读一读 文森特·威廉·梵高（1853年3月30日~1890年7月29日），荷兰后印象派代表性画家，表现主义的先驱。

文森特·威廉·梵高

文森特·威廉·梵高，生于荷兰布拉班特省的津德尔特镇的一个牧师家庭。梵高自幼性格孤僻且腼腆羞涩，并没有表现出任何独特的艺术天赋。24岁前，梵高曾在海牙、伦敦、巴黎等地画店当店员，这才有机会接触到艺术。到27岁时，梵高在事业和爱情上屡经失败后，决定投身绘画，以寻求精神的解脱。

刚开始画画时，梵高到处求学，最后还是决定自学，努力按自己的认识来表现世界。在画了大量素描写生

文森特·威廉·梵高自画像

和习作后，他完成了第一幅著名作品——《吃土豆的人》。这幅作品深受现实主义画风的影响，画面深沉，有极强的乡土气息。

1886年，梵高随担任古匹尔画店高级职员的弟弟来到巴黎。在巴黎，梵高结识了高更、毕沙罗、修拉、塞尚等印象派画家。受其影响，梵高的画开始由沉闷、昏暗，而变得简洁、明亮和色彩强烈，他创作了《唐吉老爹》，并开始绘制《向日葵》。

《吃土豆的人》

《向日葵》

1888年，梵高和高更在印象主义的观点上发生了分歧，对表现主义和象征主义发生了浓厚的兴趣。梵高把他的作品列为同一般印象主义画家的作品不同的另一类，他着意于真实情感的再现，他要表现的是他对事物的自我感受，而不是他所看到的视觉形象。为了更有力地表现自我，他在色彩的运用上更为随心所欲。其实，不仅是色彩，连透视、形体和比例也都变了形，以此来表现与世界之间的一种极度痛苦但又非常真实的关系。《向日葵》《收获景象》《夜间咖啡馆》等是这一时期的代表作。

1889年5月，梵高因长期所患间歇性精神错乱症加重，几乎每隔几个月发一次病，被弟弟送到圣保罗精神病院接受治疗。虽然病情严重，但梵高并没有颓废，而是画出了一幅幅更加成熟，更加大胆，更加令人震撼的作品。《星月夜》《柏树》等作品给人以强烈的情绪和视觉冲击，让人感到画家复杂强烈的感情和表达的冲动。值得一提的是，正是这时，评论家开始评论梵高，而且他卖出了生前唯一一张油画。

1889年7月27日下午，梵高外出作画，因旧病复发，开枪自杀。29日黎明，梵高离开人世，年仅37岁。他最后的一幅作品是油画《麦田群鸦》。

虽然梵高的绘画生涯只有短暂的时间，但他却创作了超过2000幅画，包括约900幅油画、1100幅素描。他的作品虽很难被人接受，却对西方20世纪的绘画艺术有深远的影响，同时对现代人也有着积极的影响。法国的野兽主义、德国的表现主义以及20世纪初出现的抒情抽象主义等，都从他的作品中得到启发，形成了各自不同的绘画流派。现在，梵高的作品，如《星月夜》《向日葵》《麦田群鸦》等已跻身于全球最著名、广为人知与昂贵的艺术作品的行列。

· 简 评 ·

梵高很晚才作为一位极具个性化的画家而崭露头角，他以其独树一帜的画风、令人惊讶的举止和对艺术的执著甚至狂热追求而闻名于世。意大利艺术评论家小文杜里认为：梵高对后来的野兽派和表现派都有极大影响，他的艺术成就比马奈和塞尚有更大的影响作用。

小结

文森特·威廉·梵高

国籍：荷兰

身份：画家

代表作品：《吃土豆的人》《向日葵》《星月夜》《麦田群鸦》

语录：不少画家害怕空白画布，但空白画布也害怕敢冒风险的、真正热情的画家

> **读一读**
>
> 巴勃罗·鲁伊斯·毕加索（1881年10月25日~1973年4月8日），立体画派创始人，人们称他为"人类艺术史上罕见的天才"。

巴勃罗·鲁伊斯·毕加索

巴勃罗·鲁伊斯·毕加索

巴勃罗·鲁伊斯·毕加索，生于西班牙南部的马拉加。他的父亲是一位美术教师。受父亲影响，毕加索从小就喜欢绘画，并显示出了非凡的艺术才能，他会做惟妙惟肖的剪纸，还创作了许多惊人的绘画作品。左邻右舍都惊叹不已，称他为神童。

然而，这个"天才"却不是一个优秀的学生，他的每门功课成绩都很差，以致同学们经常捉弄他。同学们常常喜欢跑到他的课桌前逗他玩："毕加索，2加1等于几？"然后看着毕加索呆呆的样子，哈哈大笑。就连老师也经常在毕加索父母面前，绘声绘色地描绘毕加索的"痴呆"。几乎所有人都认为，毕加索是一个傻瓜。只有毕加索的父亲坚定不移地相信：儿子虽然读书不行，但他是绘画天才。在父亲的鼓励下和教导下，毕加索的绘画天赋日益突显。13岁时，他就举办了首次个人画展。16岁时，他的油画作品《科学与慈善》获马德里全国美展荣誉奖，后来又在马拉加得到金牌奖。此后，毕加索的名字渐渐被人皆知，极有表现力的画作不断涌现。

毕加索一生留下了数量惊人的作品。据统计，他的作品总计近3.7万件，包括油画1885幅、素描7089幅、版画2万幅、平版画6121幅等。虽然毕加索是立体画派的创始人，但他一生都在追求不断变幻的风格，充满非凡的创造性，主要有以下五个风格时期：

《亚维农的少女》

1. 蓝色时期（1900年～1904年）

这一时期，毕加索受表现主义的影响，充满忧郁，作品中描绘的对象主要是乞丐、残疾人、妓女及一些流浪者，主要色调是低沉的蓝色。作品主要有《蓝色的屋子》《弹吉他的老人》《蹲着的女人》《盲人的饭食》《犹太老人与男孩》等。

2. 玫瑰时期（1904年～1906年）

1904年，毕加索邂逅费尔南德·奥利维叶，爱情的滋润使毕加索的作品色调逐步变为柔和的黄、褐、粉红，描绘对象也变为年轻、漂亮的马戏演员、街头歌手。代表作品有《街头艺人之家》《二裸妇》《丑角一家与猴子》等。

3. 立体主义时期（1907年～1916年）

1907年，毕加索结识布拉克，开始立体派风格创作，试图在画中创造结构美。他努力地消减其作品的描述性和表现性的成分，力求组织起一种几何化倾向的画面结构。1907年，毕加索画出了一幅具有里程碑意义的著名杰作——《亚维农的少女》。这幅巨幅油画，不仅标志着毕加索个人艺术历程中的重大转折，而且也是西方现代艺术史上的一次革命性突破，它引发了立体主义运动的诞生。到1910年，毕加索的立体主义风格已趋成熟。当时，他为画商朋友卡恩威勒所作的肖像，是成熟时期的代表作。

《格尔尼卡》

4. 新古典时期（1917年~1924年）

1917年，毕加索居于意大利，生活安逸。毕加索的创作进入新古典时期，作品主要有《欧嘉的肖像》《三角帽》《海边奔跑的两个女人》。

5. 超现实主义时期（1925年~1973年）

20世纪20年代中期起，毕加索的绘画风格，又转向了超现实主义。这一时期，西班牙内战爆发，佛朗哥政权倒向法西斯，毕加索站在共和国一边，并欣然接受马德里共和政府的任命，担任普拉多博物馆的馆长。在这一时期，毕加索最有名的画作是《格尔尼卡》。这幅画是毕加索最著名的一幅以立体主义、现实主义和超现实主义手法相结合的抽象画，剧烈变形、扭曲和夸张的笔触以及几何彩块堆积、造型抽象，表现出了毕加索对法西斯战争暴行的激愤控诉。这是他最富有传奇色彩的反战作品，被誉为"抗议地球上所有战争的永恒纪念碑"。

除了绘画，毕加索还制作了大量的雕塑、版画和陶器等，亦有杰出的成就。20世纪50年代，为呼吁世界和平，毕加索创作了石版画《鸽子》系列，从此和平鸽用来代表和平。

毕加索从19世纪末从事艺术活动，一直持续到20世纪70年代。他是整个20世纪最具有影响力的现代派画家，他的作品深深影响着现代西方各艺术流派。

· 简 评 ·

在20世纪，没有一位艺术家能像毕加索一样，画风多变而人尽皆知。毕加索以极富表现力的各类绘画作品，不断地用自身的艺术哲学阐释着对人生的认知和对社会的解读，对西方及世界当代绘画有着极大的推动作用。作为艺术革新家，毕加索已经载入世界艺术史册，被后人永久铭记。

小结

巴勃罗·鲁伊斯·毕加索

国籍：西班牙

身份：画家

代表作品：《亚维农的少女》《格尔尼卡》《鸽子》

语录：只有最广泛的平凡灌注着最强烈的情感时，一件伟大的、超越所有派别和种类的艺术作品才能诞生

> **读一读**
>
> 路德维希·冯·贝多芬（1770年12月16日~1827年3月26日），集古典主义大成的德意志古典音乐家，"维也纳古典乐派"的最后一位代表人物，与海顿、莫扎特一起被后人称为"维也纳三杰"。他为人类留下了一笔永恒的音乐宝藏，对世界音乐的发展产生了巨大的影响，被后人尊称为"乐圣"。

路德维希·冯·贝多芬

路德维希·冯·贝多芬

路德维希·冯·贝多芬，生于德国莱茵河畔的波恩城一个音乐世家。他的祖父曾任当地宫廷乐长，父亲是个男高音歌手。因从小受音乐熏陶，贝多芬从小就具有十分敏锐的乐感。他的父亲发现这一点后，便决心把他培养成另一个莫扎特式的音乐神童。

但是，贝多芬的父亲让他学习音乐只是想让他变为摇钱树，再加上他的父亲嗜酒如命，贝多芬的童年毫无幸福可言。从4岁起，他便在父亲棍棒的毒打下整天练习羽管键琴和小提琴。尽管童年生活很严酷，不过贝多芬很早就显露了音乐上的才华，8岁时便尝试作曲，并首次登台演出，获得巨大的成功，被人们称为第二个莫扎特。11岁时，贝多芬就开始在剧院的乐队里工作，并师从风琴师尼福，开始学习作曲，发表了第一首作品《钢琴变奏曲》。

1787年，经尼福引导，贝多芬到维也纳求教于著名的音乐家莫扎特。据说，刚开始的时候，莫扎特想看看贝多芬的能力，让他即兴演奏音乐。听过的贝多芬演奏之后，莫扎特当即预言，贝多芬有朝一日将震动全世界。跟随莫扎特学习一段时间后，贝多芬便接到母亲的死讯，他不得不立即赶回波恩。

由于家庭的拖累，一直到1792年秋他父亲死后，他才第二次来到维也纳，但这时莫扎特却已不在人世了。贝多芬第二次来到维也纳后，很快地便赢得了维也纳最卓越的演奏家（特别是即兴演奏）的称谓。在这里，他先跟海顿学习音乐，后跟申克、阿勃列希贝尔格和萨利耶里等人学习。另外，他在同知识分子勃莱宁的交往中，接触到了当时许多著名教授、作家和音乐家，并从他们那里受到"狂飙运动"的思潮影响，民主思想日渐成熟。

1789年，法国资产阶级革命爆发。受资产阶级进步思想启发，贝多芬深信人类平等，追求正义和个性自由，憎恨封建专制的压迫，并用他的音乐号召人们为自由和幸福而斗争。随之，他创作了《悲怆》《月光》《第三钢琴协奏曲》《约瑟夫二世之死》等作品。虽然这些作品大都是一些小型的钢琴曲、重奏曲和歌曲，但为贝多芬的作品开启"英雄年代"作了很好的准备。

1800年左右，正当贝多芬迎来创作的成熟期，一件可怕的事情降临到了他身上。他患了耳聋病，病情逐年恶化。病魔妨碍了他的钢琴演奏，这对于一个钢琴家来说，是没有比失聪更可怕的灾难了。就是在这样的境况下，贝多芬扼住命运的咽喉，于1803年完成了《第三交响曲》(也称《英雄交响曲》)，充满乐观激情，开始了他创作的"英雄年代"。从1819年起，贝多

贝多芬的钢琴

芬创作了5首钢琴奏鸣曲、5首弦乐四重奏，还有最伟大的《第9交响曲》(也称《合唱交响曲》，取材于德国诗人席勒的《欢乐颂》，现在已经成为欧盟的盟歌)，等等。可以说，贝多芬最杰出的作品，几乎都是在他后半生30年的耳聋状态中创作的。

贝多芬的作品集中体现了他那巨人般的性格，反映了那个时代的进步思想，它的革命英雄主义形象可以用"通过苦难，走向欢乐；通过斗争，获得胜利"概括。同时，贝多芬的音乐集中体现了他那个时代人民的痛苦和欢乐、斗争和胜利，既壮丽宏伟又极朴实鲜明，易于为听众所理解和接受，因此深

深激励、鼓舞着人们的斗志，即使在现在也使人们感到亲切和鼓舞。

　　1826年12月，贝多芬患重感冒，导致肺水肿。1827年3月26日，贝多芬在维也纳咽下最后一口气。据说，在他临终前的最后一刻，风雪交加，雷声隆隆，似乎连上天也为这位伟大音乐家的去世而哀悼。贝多芬的葬礼非常隆重，有2万多人自动跟随灵柩出殡，遗体葬于圣麦斯公墓。他的墓碑上铭刻着奥地利诗人格利尔巴采的题词："当你站在他的灵柩跟前的时候，笼罩着你的并不是志颓气丧，而是一种崇高的感情；我们只有对他这样一个人才可以说：他完成了伟大的事业"

· 简　评 ·

　　贝多芬既有卓越的音乐天赋，深刻锐利的眼光和坚强的性格，又有不屈不挠的意志和对社会的强烈责任感。他的作品反映了那个时代伟大的人民运动和最进步的思想，表现了从斗争到胜利，从黑暗到光明，从苦难到快乐的资产阶级上升时期的精神历程，具有鲜明的社会性和深刻的哲理性。从这来说，贝多芬的贡献就不仅仅是音乐本身，更重要是由音乐而带来的思想革命。

小结

路德维希·冯·贝多芬
国籍：德国
身份：作曲家、钢琴演奏家、指挥家
代表作品：《第三交响曲》《第9交响曲》
语录：我没有校改曲子的习惯（一旦完成后），我从来不这样做，因为我深信即便是部分的改动也会令作品变质／我要扼住命运的咽喉，它妄想使我屈服，这绝对办不到

> **读一读**
>
> 约翰·塞巴斯蒂安·巴赫（1685年3月31日~1750年7月28日），成功地把西欧不同民族的音乐风格浑然溶为一体的开山大师，被尊称为"西方音乐之父"。

约翰·塞巴斯蒂安·巴赫

约翰·塞巴斯蒂安·巴赫，生于德国图林根的一个美丽的小镇——爱森纳赫。他生长在一个人丁兴旺的音乐家族。巴赫家族从16世纪中叶就开始出现音乐家，一直延续到19世纪末，300多年中共出现了52位音乐家。他的祖父、父亲、叔叔都是音乐家，哥哥是一名出色的管风琴手。生长在这样的家庭中，巴赫从小就受到音乐的熏陶，他也特别喜欢音乐。

大概10岁左右，巴赫的父母相继去世，他由哥哥带养，并受他指导学习音乐。

约翰·塞巴斯蒂安·巴赫

此后，巴赫把所有的精力都倾注到小提琴、古钢琴，特别是管风琴的演奏练习上。因为有一口好嗓音，管风琴演奏得非常好，再加上刻苦勤奋、不屈不挠的品格，巴赫到24岁时即名噪柏林。不过，他的出名主要是以一位卓越的风琴演奏家而闻名，虽然他还是一位作曲家、教师以及乐队指挥。

巴赫是一位多产的作曲家。他的作品包括有将近300首的大合唱曲、组成《平均律钢琴曲集》的一套48首赋格曲和前奏曲、至少140首前奏曲、100多首大键琴乐曲、23首小协奏曲、4首序曲、33首奏鸣曲、5首弥撒曲、

3首圣乐曲，等等。总计起来，巴赫谱写出了800多首严肃乐曲。

巴赫的作品深沉、悲壮、广阔、内在，充满了18世纪上半叶德国现实生活的气息。在他的作品中，巴赫作为一个虔诚的新教教徒，通过宗教音乐形式抒发对人类灾难、痛苦的怜悯、同情，以及对和平与幸福未来的渴望。与前人的作品相比，巴赫这种充满宗教内容及复调音乐思维的作品更为广阔地揭示了人的内心世界，但同时他的音乐从来没有脱离德国的音乐传统。其中，《马太受难曲》《b小调弥撒》是最有影响的作品。《平均律钢琴曲集》是巴赫在"纯音乐"领域留下的重要遗产之一，有音乐圣经之誉。它体现出了严谨的德国式思维，被作为一部具有德意志精神的作品。

就音乐形式而言，巴赫没有什么创新，但是他谙熟他的时代的所有音乐形式，并对其中任何一种都运用自如，达到了炉火纯青的地步。例如：他对旋律组合法（同时演奏两种或两种以上不同曲调的方法）在艺术上的精通程度堪称前无古人、后无来者。此外，巴赫的管弦乐作品逻辑性强，变幻多样，主题贴切感人，旋律丰富多姿，倍受后人赞颂。

巴赫的作品如此之多，思想如此深刻，却不为当时人们所理解，大部分作品都没有得到出版。当时，人们只承认巴赫是一个演奏家、乐器鉴定家。甚至，巴赫死后的半个世纪里，他的音乐也大体上无人问津。因新的古典音乐风格兴起，巴赫的"旧式"乐曲一时声消音灭。但是值得注意的是，那个时代最伟大的音乐家极为欣赏巴赫的天赋。莫扎特曾在听完巴赫的经文歌后，赞叹：现在，终于出现值得学习的对象了！"贝多芬更是从小就学习巴赫的平均律，称巴赫"不是小溪，而是大海"。

直到1800年以后，浪漫乐派的作曲家舒曼在莱比锡的图书馆发现了巴赫的《受难曲》，并由孟德尔颂指挥演奏后，巴赫的音乐才重见光明。从此，人们对巴赫乐曲重新发生了浓厚的兴趣，巴赫的声誉和名望与日俱增。现在，一般认为他是超乎时空的最伟大的两三位作曲家之一，甚至有些人认为他是其中最伟大的作曲家。

· 简 评

虽然直到19世纪，巴赫音乐才具有真正的影响力，但是这种影响力一旦产生，便对欧洲音乐的发展产生了深远的影响。可以说，巴赫的音乐是构成欧洲音乐殿堂的一根重要支柱。对于我们后人来说，没有研究过巴赫，就不可能理解欧洲音乐；未能深入研究过巴赫的作品，就难以成为一个严谨的、精通其专业的音乐家。

小结

约翰·塞巴斯蒂安·巴赫
国籍：德国
身份：作曲家、风琴演奏家
代表作品：《马太受难曲》《平均律钢琴曲集》
语录：我非勤勉不可，有谁能像我一样的勤勉，就能有同样的成就

> **读一读**
>
> 彼得·伊里奇·柴可夫斯基（1840年5月7日~1893年11月6日），俄罗斯最伟大的作曲家，被誉为"俄罗斯乐圣"。

彼得·伊里奇·柴可夫斯基

彼得·伊里奇·柴可夫斯基

彼得·伊里奇·柴可夫斯基，生于俄罗斯维亚特卡省卡沃特金斯克城一个富裕家庭。他的父亲是一位冶金厂的厂长兼工程师，母亲是一个法裔俄罗斯人，爱好音乐。受母亲教导，柴可夫斯基从5岁开始学习钢琴。10岁时，他进入圣彼得堡法律学校接受基础教育，并选修音乐课，继续学习钢琴。1859年从法律学校毕业后，柴可夫斯基进入司法部任职，同时钻研音乐。1862年，柴可夫斯基进入圣彼得堡音乐学院，走上接受真正的专业音乐教育的道路。1866年，他就任莫斯科音乐学院教授，从此全心投入教学和创作，历时11年。

1877年7月18日，柴可夫斯基与以自杀威胁的女学生安东妮雅·米露可娃结婚。这是一个不幸的婚姻。婚后两周，柴可夫斯基极为痛苦，曾自杀跳河却未能成功。不久，两人分居，柴可夫斯基住到乡下或国外，多半在瑞士或意大利，但一直到1917年安东妮雅病逝两人的婚姻关系还保持着，柴可夫斯基定期寄生活费给她。

芭蕾舞《天鹅湖》

梅克夫人

1876年,柴可夫斯基经人介绍,与热爱音乐且十分慷慨的富孀梅克夫人结识。梅克夫人非常喜爱柴可夫斯基的作品,她从1877年开始,每年给予柴可夫斯基优厚的经济资助,直到破产。据说,两人在14年间一直是书信交往,通信有1000多封,但两人始终未见面。梅克夫人提供的资助意义重大,使得柴可夫斯基终于辞去音乐学院的教职,把自己的全部精力都投入到音乐创作中,从而在创作上获得辉煌的成就。

从1877开始到去世,柴可夫斯基陆续创作了第4、第5、第6交响曲及标题交响曲《曼弗雷德》,歌剧《叶甫盖尼·奥涅金》《玛捷帕》《黑桃皇后》《伊奥兰特》,舞剧《睡美人》《胡桃夹子》《天鹅湖》,以及《小提琴协奏曲》《意大利随想曲》《1812序曲》等作品。其中,3部芭蕾舞剧《睡美人》《天鹅湖》《胡桃夹子》被视为他的经典之作,至今盛演不衰。

柴可夫斯基生活的年代正处于沙皇专制制度腐朽没落的时期,他在生活中深深感受到俄国政治的黑暗与腐败,这促使他对祖国的前途、社会的出路、人生的意义进行深刻思考,并把这种生活感受融化到创作中去。柴可夫斯基虽不直接选取现实的政治生活、社会冲突等作为自己创作的题材,但却通过自己对于时代悲剧性的感受,深刻揭示了对光明理想的追求以及对生活意义的理解。

柴可夫斯基的作品旋律纯属俄罗斯风格,凄绝美艳。他重视向民间音乐学习,又注意吸取西欧音乐文化发展的经验,把高度的专业创作技巧和俄国民族音乐传统很好地结合起来，把清晰感人的旋律、强烈的戏剧性冲突和浓郁的民族风格富于独创性地有机融合在作品中，为俄国音乐文化和世界音乐文化的发展作出了重要贡献。

· 简 评·

柴可夫斯基的作品常被世界各国剧院演奏，他的风格直接和间接地影响了很多后来者。透过他的艺术珍品，人们会感受到柴可夫斯基心灵中洋溢着的强烈民族意识和民主精神。从此来看，柴可夫斯基不仅是一位将现实主义和浪漫主义相结合进行音乐创作的大师，还是一位擅长以音乐描绘心理活动的大师。

小结

彼得·伊里奇·柴可夫斯基

国籍：俄罗斯

身份：作曲家、音乐教育家

代表作品：《天鹅湖》《胡桃夹子》《睡美人》

语录：意见和感情的相同，比接触更能把两人结合在一起；这样子，两个人尽管隔得很远，却也很接近

> **读一读**
>
> 沃尔夫冈·阿玛多伊斯·莫扎特（1756年1月27日~1791年12月5日），欧洲歌剧史上四大巨子之一（其他三位是格鲁克、瓦格纳、威尔第），维也纳三杰之一（其他两位是海顿、贝多芬），被人认为是音乐世界的天才神童。

沃尔夫冈·阿玛多伊斯·莫扎特

沃尔夫冈·阿玛多伊斯·莫扎特，生于奥地利的萨尔茨堡一位宫廷乐师的家庭。他的父亲是萨尔茨堡宫廷天主教乐团的小提琴手，也是一个作曲家。他的母亲也酷爱音乐，会拉大提琴和小提琴。

莫扎特是一个天才音乐神童。3岁时，他就显示出了过人的音乐才能，有着惊人的听觉和音乐记忆力，他时常走到钢琴面前，按着琴键仔细听，并努力弹出他曾经听到过的音乐。6岁时，他在父亲的带领下开始了漫游整个欧洲大陆的旅行演出。

沃尔夫冈·阿玛多伊斯·莫扎特

他们到过慕尼黑、法兰克福、波恩、维也纳、巴黎、伦敦、米兰、波隆那、佛罗伦萨、那不勒斯、罗马、阿姆斯特丹等许多地方，所到之处无不引起巨大的轰动。莫扎特的羽管键琴演奏、视奏能力及运用各种乐器的即兴表演和作曲，使音乐家和有识之士惊叹不已。1765年，英国伦敦一家报纸刊登了这样一条音乐会预告："沃尔夫冈·阿玛多伊斯·莫扎特是能使全欧乃至全人类感到自豪的神童。"在维也纳，莫扎特被皇帝请进王宫进行表演。

1772年，16岁的莫扎特结束了长达10年之久的漫游生活，回到萨尔茨堡，在大主教的宫廷乐队里担任首席乐师。然而在这里，尽管莫扎特享有极高的音乐荣誉，可在大主教眼中，他不过是一个普通的奴仆。每天，莫扎特在前厅穿堂里，恭候主人的吩咐，随时都有可能遭到大主教的斥责辱骂，甚至严厉的惩罚。与海顿不同，莫扎特具有很强的自尊心和独立不羁的果敢精神。为摆脱大主教的侮辱与控制，他于1777年再次外出旅行演出，期望能找到一个落脚之处，永远离开萨尔茨堡。

1781年6月，莫扎特终于与大主教公开决裂。他毅然辞职离去，成为欧洲历史上第一位公开摆脱宫廷束缚的音乐家。在当时的社会条件下，这种举动无疑极其大胆而英勇。因为这意味着艰辛、饥饿甚至死亡。此后，莫扎特定居维也纳，走上了艰难却很自由的音乐家道路。但很不幸，这位才华横溢的音乐家的生命太短暂了，他于1791年在贫病交加中逝世，享年仅35岁。

莫扎特虽然英年早逝，却为后人留下了数量惊人的音乐瑰宝。他毕生创作了549部作品，其中包括22部歌剧、41部交响乐、42部协奏曲、一部安魂曲以及奏鸣曲、室内乐、宗教音乐和歌曲等作品。其中，最出名的歌剧是《费加罗的婚礼》《唐璜》和《魔笛》，最著名的交响曲是第三十九、四十、四十一交响曲，最有名的钢琴协奏曲是第二十、二十一、二十三、二十四、二十六、二十七钢琴协奏曲，最著名的小提琴协奏曲是第四、第五小提琴协奏曲，《安魂曲》是宗教音乐中一部非常有名的杰作。

莫扎特广泛采用各种乐曲形式，成功地把德、奥、意等国的民族音乐和欧洲的传统音乐有机的联系在一起，为德国民族歌剧奠立了基础，同时也创造出一种现实主义音乐剧的新体裁。他的音乐典雅秀丽，赋予以歌唱优美欢乐性，如同珍珠一样玲珑剔透，又似阳光一般热情温暖，洋溢着青春的生命力。他的音乐深刻反映了18世纪的时代精神，尤其是体现在歌剧作品中的市民阶层的思想，洋溢着追求民主自由的思想，这无疑在当时具有非常进步的意义。

· 简 评 ·

　　莫扎特把18世纪的音乐艺术提升到一个新的高度，为西方音乐的发展开辟了崭新的道路，对后世音乐创作产生了极大的影响。莫扎特的一生是短暂的，但他的名字永远铭刻在全世界人民的心中。

小结

沃尔夫冈·阿玛多伊斯·莫扎特

国籍：奥地利

身份：作曲家

代表作品：《费加罗的婚礼》《魔笛》《安魂曲》

语录：人们以为我的艺术得来全不费工夫。实际上，没有人会像我一样花这么多时间和思考来从事作曲；没有一位名家的作品我不是辛勤地研究了许多次

第六部分　文学、艺术巨匠

> 读一读
>
> 迈克尔·杰克逊（1958年8月29日~2009年6月25日），全名为迈克尔·约瑟夫·杰克逊，简称MJ。他从20世纪80年代起为整个现代流行音乐史缔造了一个传奇时代，被吉尼斯世界纪录认定为是世界历史上最伟大的艺术家与世界舞王。

迈克尔·杰克逊

迈克尔·杰克逊

迈克尔·杰克逊，生于美国印第安纳州的工业小城加里市的一个黑人家庭中，兄弟姐妹有九个，排行第七。杰克逊的父亲在铸造厂和钢铁工厂工作，母亲是收银员，家中经济非常拮据，因此杰克逊和他的兄弟姐妹在小的时候没有受到很好的正规教育。但是，他们都有着很好的音乐天赋，尤其是杰克逊最为突出。

一次，杰克逊和他的兄弟姐妹因弄坏了父亲吉他的弦，而被要求演奏一段音乐，结果一鸣惊人，使得父亲产生了"造星"的念头，希望他们能在音乐界有所造诣。

1964年，迈克尔和四个哥哥在父亲的组织下成立了演唱R&B音乐的《The Jackson 5》（杰克逊五兄弟，又称杰氏五兄弟），这个组合以迈克尔为主唱。乐队的前4支单曲，先后成为冠军单曲。杰克逊五兄弟的歌曲动用了众多的歌曲作者和唱片制作人。在摩城唱片公司，杰克逊五兄弟发行了14张专辑，并且让杰克逊作为独唱歌手发行了4张个人专辑（1971年，杰克逊成功开始独唱生涯)。很快，The Jackson 5 乐队和杰克逊的名字传遍美国及世界各地。

作为一名极为优秀的艺术家，杰克逊在作词、作曲、布景、编曲、制作、演唱、乐器等方面都有着卓越的成就，在舞蹈创意、即兴发挥、舞台表演等方面也有着不俗的感染力和非凡的震撼力，他被公认为是有史以来最伟大的男艺人，亦是全世界为人所公认最受欢迎和最多支持者的男歌手。

1979 年，杰克逊发行的首张个人专辑《Off The Wall》被誉为 DISCO 音乐经典之作。

1982 年，专辑《Thriller》是世界上唯一一张总销量过亿的专辑（该唱片在 2006 年吉尼斯世界纪录认定销量已达 1.04 亿张），融合了各种音乐风格，满足了无数乐迷的喜好，涵盖流行乐、摇滚乐、HIP HOP、R&B 等多种元素，不仅突破了种族界限，而且打破了当时白人垄断流行音乐界的局面，还把正处于亚文化的黑人音乐

《Thriller》唱片

推向主流，为后来黑人表演者的从艺之路铺下了星光大道。

历史上最著名公益单曲《We Are The World》正是由杰克逊与莱昂纳尔·里奇共同创作完成的。

杰克逊开创了现代 MTV，把音乐视频从宣传工具转换成一种带有音乐故事情节的艺术表达形式。被视为有着"文化、历史、艺术上的重要价值"的单曲《Thriller》的音乐录像带是全球第一支现代 MV，被誉为史上"最伟大的音乐影像"，成为第一个被美国国会图书馆收藏的 MV，空前提升了 MTV 在现代音乐工业的地位，而《Billie Jean》的音乐录影带更是使杰克逊成为历史上第一个出现在 MTV 电视台上的黑人男歌手，摧毁了商业电视台上绵延数个世代的种族隔离制度。如今，现代 MTV 这种音乐形式被广泛应用，几乎遍布整个现代流行音乐界。

月球漫步

杰克逊的现代舞，例如机械舞和月球漫步，成为无数音乐爱好者的最爱，还被众多明星竞相模仿。

在 2006 年国际唱片工业协会公布的"全球唱片销量排行榜"中，杰克逊名列第一，全球唱片销量超过 7.5 亿张，个人拥有全球 2.15 亿张的专辑销量认证，这使他成为流行音乐史上最畅销的男歌手。2012 年，官方公布杰克逊唱片销量已接近 10 亿张。

杰克逊获得诸多荣誉，拥有 15 座格莱美奖、26 座全美音乐奖（全美音乐奖历史上获奖最多的艺人，包括"世纪艺术家之一"），拥有 17 首美国 Billboard 榜冠军单曲（包括四首 The Jackson 5 时期的歌曲），独一无二地三次入选摇滚名人堂。他还荣获了多项吉尼斯世界纪录，包括"世界历史上最成功的艺术家""一年赚钱最多的流行乐歌手""最成功的流行乐家庭"。

2009 年 6 月 25 日，杰克逊因被注射过量异丙酚等药物陷入深度昏迷送入医院，下午抢救无效，被宣告死亡，终年 50 岁。他生前原定于同年 7 月 13 日开始的 10 场复出演唱会，门票在数小时内销售一空，随后加到 50 场，总共 115 万张票，添加的 40 场门票也在开放售票的四个小时内全部售空，但演唱会随杰克逊的不期而别未能如期开唱。他的逝去震惊了全球，亿万歌迷伤心落泪，其追悼会共吸引了全球数十亿观众通过不同形式观看。追悼会现场还包括了数百位欧美歌手、影视明星，收视率创下了吉尼斯世界纪录。

· 简　评 ·

作为一位百年难遇的艺术家，杰克逊改变了流行音乐和音乐影像上的艺术，在现代流行音乐造就了自己的王国。杰克逊独特的音乐风格、唱腔、舞蹈，影响了流行乐、R&B、摇滚乐、HIP HOP 等不同风格的众多音乐家。虽然他也曾饱受媒体污蔑，因患有白癜风和红斑狼疮使皮肤黑色素不稳定一直被媒体争相报道，引发争议。但是，有史以来没有一个人能如他在音乐界拥有如此影响力的世界成就。

小结

迈克尔·杰克逊

国籍：美国

身份：艺术家、歌手

代表作品：《Thriller》

成就：世界历史上最成功的艺术家

第七部分　其他人物

> **读一读**　欧几里得（约前330年~前275年），古希腊最负盛名、最有影响的数学家之一，被称为"几何之父"。

欧几里得

欧几里得生于希腊雅典。当时，雅典是古希腊文明的中心。浓郁的文化气氛深深感染了欧几里得，尤其是"柏拉图学园"研究数学的理论和思想深深吸引了他，他还是个十几岁的少年时，就迫不及待地想进入柏拉图学园学习。后来，他终于有幸进入了柏拉图学园。此后，他便全身心地沉潜在数学王国里。

在学园里，欧几里得经过深入探究，得出结论：所有一切现象的逻辑规律都体现在图形之中。对智慧的训练，就应该从

欧几里得

图形为主要研究对象的几何学开始。因此，他把几何学的研究作为自己的终生研究的主要任务，并最终取得了世人敬仰的成就。

在欧几里得以前，人们已经积累了许多几何学的知识，但这些知识缺乏系统性，大多数是片断、零碎的知识，公理与公理之间、证明与证明之间并没有什么很强的联系性，更不要说对公式和定理进行严格的逻辑论证和说明。在前人研究基础上，欧几里得汇集其所有成果，采用前所未有的独特编写方式，先提出定义、公理、公设，然后由简到繁地证明了一系列定理，讨论了

平面图形和立体图形，还讨论了整数、分数、比例等，终于在前300年左右完成了数学史上的光辉巨著《几何原本》。此书问世，使几何学研究第一次实现了系统化、条理化，进入了一个全新的研究领域——欧几里得几何学，简称欧氏几何。

《几何原本》共分13卷，465个命题。其中，有8卷讲述几何学，包含了现在中学所学的平面几何和立体几何的内容。但是，《几何原本》的意义绝不限于其内容的重要，或者对定理出色的证明，真正重要的是欧几里得在书中创造的一种被称为公理化的方法。

公理化方法，就是在一个数学理论系统中，我们尽可能少地先取原始概念和不加证明的若干公理，以此为出发点，利用纯逻辑推理的方法，把该系统建立成一个演绎系统。

以往，人们在证明几何命题时，每一个命题总是从前一个命题推导出来，而前一个命题又是从再前一个命题推导出来。这样，命题便被无限地推导下去，而没有一个起点。深知其害，欧几里得决定跳出以往的证明方法，于是创造了公理化方法。在证明几何命题时，他先摆出公理、公设、定义，然后有条不紊地由简单到复杂地证明一系列命题。就这样，他以公理、公设、定义为要素作为已知，先证明了第一个命题。然后，他又以此为基础，证明了第二个命题。他的论证精彩，逻辑周密，结构严谨。以此类推，他证明了大量的命题，零散的数学理论被他成功地演绎为一个从基本假定到最复杂结论的系统，为数学发展史树立了一座不朽的丰碑。

虽然用现代的标准来衡量，《几何原本》的公理化方法还存在着不少缺点。但是，其公理化方法已经几乎渗透于数学的每一个领域，公理化结构已成为现代数学的主要特征。

欧几里得和他的《几何原本》对后世的影响是不可估量的。《几何原本》的出现使以前的几何教学书黯然失色，它很快便取代了它们的位置。《几何原本》作为教科书使用了两千多年，在形成文字的教科书之中，无疑它是最成功的。牛顿、伽利略、开普勒、罗素、斯宾诺莎、爱因斯坦这些名人以及他们取得的成就，我们都耳熟能详、万分敬仰，但是他们都深受欧几里得和

《几何原本》的影响,并对其推崇备至。牛顿的《数学原理》一书,就是按照类似于《几何原本》的"几何学"的形式写成的。爱因斯坦说:"一个人当他最初接触欧几里得几何学时,如果不曾为它的明晰性和可靠性所感动,那么他是不会成为一个科学家的。"爱因斯坦的狭义相对论自然有欧氏几何的影子。1600年,欧几里得被介绍到中国,欧氏几何逐渐被我们接受。

至于在当时,欧几里得也是很受欢迎。他30岁就成了有名的学者,深悉柏拉图的学说。前300年左右,在埃及国王托勒密一世邀请下,来到亚历山大,长期在那里工作,学生无数。据说,著名的古希腊学者阿基米德,是他"学生的学生"——卡农是阿基米德的老师,而欧几里得是卡农的老师。

《几何原本》是用希腊文写成的,后来被翻译成多种文字。它一直以手抄本流传了上千年,而首次印刷出版于1482年,即德国古登堡发明活字印刷术30多年之后。自那时以来,《几何原本》出了上千种不同的版本,广为流传和普及,以至在19世纪成为中学教科书。至今,欧几里得的学术光芒仍然闪耀在数学发展领域。

· 简 评·

虽然亚里山大大帝、拿破仑等生前的声望远比欧几里得高得多,但没有谁能够像伟大的希腊几何学家欧几里得那样,声誉经久不衰。欧几里得的伟大贡献在于整理了前人的成果,著成了《几何原本》一书,并在书中作了全面的系统阐述。即使没有多少创造,但就凭这也足以使欧几里得成名百世。

小结

欧几里得

国籍:希腊

身份:数学教师

代表作品:《几何原本》

语录:在几何学里,没有专为国王铺设的大道

> 读一读
>
> 亚当·斯密（1723年6月5日～1790年7月17日），现代西方经济学的创立者，被尊称为"现代经济学之父"和"自由企业的守护神"。

亚当·斯密

亚当·斯密

亚当·斯密，生于苏格兰法夫郡的可可卡地（Kirkcaldy）。他的父亲是位当地有名的律师，还担任过军法官和海关监督，但不幸的是他在斯密出生前6个月就去世了。斯密由母亲抚养成人，一生与母亲相依为命，未婚。

斯密天资聪明，且勤奋好学，他14岁时就进入了格拉斯哥大学。在这里，斯密完成了拉丁语、希腊语、数学、哲学和伦理学等课程。17岁时，斯密转入牛津大学。在这里，他大量阅读了许多格拉斯哥大学没有的书籍。

从牛津大学毕业后，斯密先在爱丁堡大学讲授修辞学与文学，后返回格拉斯哥大学讲授逻辑学和道德哲学，还兼负责学校行政事务。在格拉斯哥大学讲授期间，斯密于1759年出版《道德情操论》，获得学术界极高评价。

《道德情操论》所阐述的主要是伦理道德问题，寄重托于同情心和正义感。在本书中，斯密竭力证明：具有利己主义本性的个人（主要是追逐利润的资本家）是如何在资本主义生产关系和社会关系中控制自己的感情和行为，尤其是自私的感情和行为，从而建立一个有必要确立行为准则的社会而有规律的活动。

除了讲授课程，斯密在这一时期对研究政治经济学产生了极大兴趣。他经常实地观察当地人们的经济生活，并积极参与一些社会活动，尤其是经济学会的活动。在格拉斯哥，他与城镇居民和大学师生都有来往，并且约见过许多银行家、商人和政治家。他尝试着弄明白商人到底是怎么经营的。

1764年，斯密毅然辞退了大学教授的职务，继续他的经济学研究。随后，他开始着手写《国民财富的性质和原因的研究》(简称《国富论》)。1776年，《国富论》终于问世。《国富论》是现代经济学的奠基之作，也是最伟大的经济学著作。它的劳动价值论、分工与专业化是经济效率之源的理论；"看不见的手"的经济自由主义理论，睥睨古人、下开百世。《国富论》的出版后引起大众广泛的讨论，影响所及除了英国本地，连欧洲大陆和美洲也为之疯狂。据说，《国富论》的观点成了英国国会议员常用的论据，甚至连当时的英国首相皮特也自称是斯密的学生。斯密一时成为最受欢迎的经济学家。

1787年，斯密被选为格拉斯哥大学荣誉校长，并被任命为苏格兰的海关和盐税专员。1784年，斯密出席格拉斯哥大学校长任命仪式，因其母亲于当年5月去世而迟未上任，直到1787年才担任校长职位，至1789年。1790年7月17日，斯密与世长辞。去世前，他将自己的手稿全数销毁，其原因至今仍是个迷。

简 评

对经济学的贡献，斯密堪比牛顿对物理学的贡献。虽然他并不是经济学说的最早开拓者，他最著名的思想中有许多也并非新颖独特，但是他首次提出了全面系统的经济学说，为该领域的发展打下了良好的基础。斯密的接班人，包括托马斯·马尔萨斯、大卫·李嘉图等对他的经济学体系进行了精心的充实和修正（没有改变基本纲要），建立了经典经济学体系。在一定意义上说，甚至马克思的经济学说都可以看作是经典经济学说的继续。因此完全可以说，斯密和他的《国富论》是现代政治经济学研究的起点。

小结

亚当·斯密
国籍：英国
身份：经济学家、哲学家
代表作品：《国富论》《道德情操论》

> **读一读**
>
> 约翰·杜威（1859年10月20日～1952年6月1日），实用主义的集大成者，他是当时传统教育的改造者，是新教育的拓荒者，提倡从儿童的天性出发，促进儿童的个性发展。

约翰·杜威

约翰·杜威，生于美国佛蒙特州柏林顿市附近的农村，祖先三代都是农民。杜威小的时候有点害羞，并不是很聪明的小孩，不过他很喜欢看书，是大家公认的书虫。中学毕业后，他就进入当地的维蒙特大学就读。在大学，杜威修过希腊文、拉丁文、解析几何及微积分，大三开始涉猎自然科学的课程，大四时他才更广泛地接触到社会科学各领域的知识，并且喜欢上了哲学。

约翰·杜威

1879年大学毕业后，杜威开始了他一直想要从事的教职工作，并且继续研读哲学。在长期的从教中，杜威形成了自己的实用主义哲学思想，并将其运用教育当中，他提出：

1. 教育即生活，即经验，即生长

杜威认为，教育就是儿童现在生活的过程，而不是将来生活的预备。他说："生活就是发展，而不断发展，不断生长，就是生活。"因此，最好的教育就是"从生活中学习、从经验中学习"。

由于生活就是生长，儿童的发展就是原始的本能生长的过程，因此杜威又强调说："生长是生活的特征，所以教育就是生长。"在他看来，教育不是

新文化运动的领袖之一——胡适，是杜威的学生

把外面的东西强迫儿童去吸收，而是要使人类与生俱来的能力得以生长。

2.学校即社会

杜威认为，人们在社会中参加真实的生活，才是身心成长和改造经验的正当途径。所以，教师要把教授知识的课堂变成儿童活动的乐园，引导儿童积极自愿地投入活动，从活动中不知不觉地养成品德和获得知识，实现生活、生长和经验的改造。

3.教育无目的

在杜威的心中，在不民主、不平等的社会中，教育只是外力强加于受教育者的目的的。在民主的社会中就不同了，应当奉行无目的论。

4.从做中学

在教学方法上，杜威主张"从做中学"，他认为儿童不从活动而由听课和读书所获得的知识是虚渺的。

5.道德教育

杜威说："道德是教育的最高和最终的目的。""道德过程和教育过程是统一的。"在杜威看来，德育在教育中占有重要地位。杜威极力强调道德才是推动社会前进的力量。在实施方面，杜威首先主张"由活动中培养儿童的道德品质"，其次是要求结合智育达到德育的目的，再就是他很注重教育方法的道德教育作用。

6.以儿童为中心

杜威认为，传统教育把教育的重心放在教师和教科书上面，而不是放在儿童的本能和活动中，儿童只能受到训练、指导和控制以及"残暴的专制压制"。因此，他主张把教育的重心从教师、教材那里转移到儿童身上，这就是杜威倡导的"新教育"（或"进步教育"），也就是"以儿童为中心"的教育。

杜威的主要教育著作有：《我的教育信条》（1897年）、《学校和社会》（1899年）、《儿童与课程》（1902年）、《民主主义与教育》（1916年）、《明日之学校》（1915年）、《经验与教育》（1938年）和《人的问题》（1946年）等。其中，《民主主义与教育》最为有名，该书全面反映了杜威对教育的深刻认识，对美国和世界20世纪的教育理论和教育实践产生了深远影响，被西方学者公认为是与柏拉图的《理想国》、卢梭的《爱弥儿》齐名的人类三大教育瑰宝之一。

简 评

近代美国教育思想家、实用主义哲学家，恐怕没有一个能够比得上约翰·杜威对美国及世界教育思想与实施的影响和贡献。他的思想，不仅形成了美国继实用主义之后而起的实验主义哲学体系，而且也是间接影响到新教育——所谓进步主义教育——实施与理论的的形成。

杜威反对传统的灌输和机械训练的教育方法，主张从实践中学习，提出"教育即生活""学校即社会"的著名口号，对世界教育发展的影响深远。在我国，蔡元培、晏阳初，以至毛泽东等都受过杜威思想的影响，胡适、陶行知、郭秉文、张伯苓、蒋梦麟等都曾是杜威的学生。

小结

约翰·杜威

国籍：美国

身份：哲学家、教育家

代表作品：《民主主义与教育》

语录：教育是生活的过程，而不是将来生活的预备／儿童是中心

第七部分　其他人物

> ●●●● 西格蒙德·弗洛伊德
> （1856年5月6日 ~ 1939年9月23日），精神分析学派的创始人。

西格蒙德·弗洛伊德

西格蒙德·弗洛伊德，生于奥地利摩拉维亚（现属捷克）的弗莱堡市的一个犹太家庭。在上中学以前，弗洛伊德是在家里接受父亲的教育，尽管父亲的文化程度很低。当弗洛伊德9岁的时候，由于具备了过人的智力，加上平时的努力自修，他以优异的成绩比入学年龄提前一年通过了中学入学试，17岁时以全优的成绩毕业于吉姆那森学校。

1881年，他在维也纳大学获得医学学位。之后，他本打算在大学继续从事神经医学的深入研究，但因犹太人背景而未能如愿，于是在一个精神病诊所行医，个人开业治疗神经病，同时致力于生理学的研究。

1885年，在艾内斯特·布吕克教授推荐下前往巴黎在沙可门下学习催眠。跟随沙可期间，弗洛伊德被沙可的思想所鼓舞。在这一时期他从一个神经学家转变为一名精神病理学家，从对躯体的研究转向对心理的研究。他还结识了医生约瑟夫·布洛伊尔，其帮助弗洛伊德学习用催眠及宣泄疗法治疗歇斯底里病

精神分析大师——西格蒙德·弗洛伊德

（也叫癔病），使弗洛伊德终于发现催眠疗法的奥秘，揭示出了催眠疗法的使用范围及其与人的内在精神状态的关系。

1895年，弗洛伊德将自己与布洛伊尔共同研究歇斯底里病的成果写成《歇斯底里研究》一书。这本书的出版，为弗洛伊德的精神分析学的创立奠定了理论基础。在研究歇斯底里症的过程中，弗洛伊德在医学史和心理学史上第一次使用了"精神分析学"这个概念。

1897年，在父亲去世后的一年，弗洛伊德开始了他的自我分析，进行自我分析的主要方法是对自己的梦进行解析。他认为心理障碍是由于性紧张累积而引起的，这种分析结果导致1900年《梦的解析》一书的出版，该书现在被许多人推崇为弗洛伊德最伟大的著作。然而，这本书也遭到大量批评，出版后的8年间只售出600册。而弗洛伊德从中只获得相当于209美元的稿费。不过，随着《梦的解析》的出版，精神分析运动逐渐发展起来。这时在弗洛伊德周围聚集着一批年轻的学者，成立了星期三心理研究小组，也称维也纳精神分析小组，1902年发展成立心理分析学会，当时参加的人后来都变成了杰出的分析学家，包括A.阿德勒、O.兰克、费登和C.荣格。此后，弗洛伊德一直坚持自我分析，每天工作的最后半小时用于自我分析。

1904年，弗洛伊德出版《日常生活中的心理病理学》，这是他流传最广的一本著作。这本书探讨了种种有缺陷的心理作用，比如遗忘、失言、笔误、错放东西等。弗洛伊德在书中作出的结论，现在已被人们广泛接受。

1913年弗洛伊德的《图腾与禁忌》出版发行，这本书的重要性仅次于《梦的解析》。通过对乱伦恐惧、情感矛盾等许多特征的研究，弗洛伊德声称发现了三大真理：梦是无意识欲望和儿时欲望的伪装的满足，俄狄浦斯情结是人类普遍的心理情结，儿童具有性爱意识和动机。这些发现为精神分析学奠定了基础。

1923年春，弗洛伊德被诊断患了口腔癌，这与他每天抽20支雪茄的习惯有关，即使在癌症被发现后他也没改变这一习惯。1923年~1939年，他接受了33次手术。虽然非常痛苦，但由于他拒绝使用止痛药，他的头脑仍然十分清醒，并继续为病人诊疗和著述。1933年纳粹执政后迫害犹太人，他们在柏林公开烧毁弗洛伊德的著作，理由是他夸大性问题来毁灭灵魂。

1938年，83岁的弗洛伊德由于女儿被捕，房屋屡遭纳粹匪徒抢劫，被迫逃往伦敦。1939年9月23日，弗洛伊德卒于伦敦。

· 简 评 ·

西格蒙德·弗洛伊德创立了一个涉及人类心理结构和功能的学说。他的观点已经形成弗洛伊德主义和新弗洛伊德主义，不仅影响了精神病学的研究和发展，而且对西方当代的文学艺术、宗教、伦理学、历史学等也产生了深远的影响。尤其是在文艺领域，可以夸张地说，随便翻开西方任何一本文艺评论的书，我们能够找到弗洛伊德的名字或看到他的影子，因为许多艺术家正是以弗洛伊德理论所提供的原则去指导自己的创作实践。

尽管对弗洛伊德的学说一直存在着争论，他的学说从未赢得过科学界的普遍承认，但他仍不愧为是人类思想史上的一位极其伟大的人物。

小结

西格蒙德·弗洛伊德
国籍：奥地利
身份：精神病医生、精神分析学家
代表作品：《梦的解析》《日常生活精神病理学》
成就：开创精神分析学说
语录：梦是愿望的满足

> **读一读**
>
> 皮埃尔·德·顾拜旦（1863年1月1日～1937年9月2日），现代奥林匹克运动的发起人，终生倡导奥林匹克精神，被誉为"现代奥林匹克之父"。1896年～1925年，他曾任国际奥林匹克委员会主席，并设计了奥运会会徽、会旗。

皮埃尔·德·顾拜旦

皮埃尔·德·顾拜旦，生于法国巴黎一个贵族家庭，拥有男爵称号。他从小聪明伶俐、勤奋好学，并对体育有着广泛的兴趣，喜爱拳击、划船、击剑、骑马等项运动。

中学毕业后，顾拜旦进入巴黎大学攻读法律、政治，后又去英国留学深造。在英国留学期间，顾拜旦受当时英国的户外体育活动影响很大，他立志要改变法国对体育的漠不关心，更向往的是扩大世界的体育交流。从英国回来后，顾拜旦没有听从其父母的规劝，涉足军界、法律界，毅然选择了从事

皮埃尔·德·顾拜旦

教育和体育的道路。他陆续发表了《1870年后的法国史》《教育制度的改革》《运动的指导原理》《运动心理之理想》《英国与希腊回忆记》《英国教育学》等一系列著作，提出了不少改革教育和发展体育的建议，引起法国人民的注意，并产生了一定的国际影响。

1875年～1881年，在欧洲考古工作者们的努力下，处于毁坏之中的、不朽的古代奥运会的遗址不断被挖掘出来，这引起了顾拜旦的兴趣和关注。1890年，他有幸访问了希腊的奥林匹亚山和古代奥林匹克运动的发源地，萌

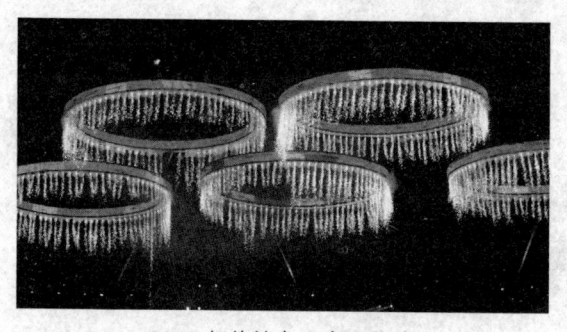
2012年伦敦奥运会开幕式

生了应以古代奥林匹克精神来推进国际体育运动的想法，以创办现代奥运来弘扬奥林匹克精神。于是，一种举办世界性的奥林匹克运动会的设想使顾拜旦开始积极投入到创办现代奥运会的工作之中。

1892年12月25日，法国田协在巴黎索邦大学举行成立5周年纪念大会，秘书长顾拜旦首次在大会演讲中提出"复兴奥林匹克运动"的口号，发表了自己恢复和创办现代奥运会的想法。

1893年，通过顾拜旦的努力，恢复奥林匹克运动代表大会在巴黎索邦圆形剧场召开。大会上，来自12个欧美国家的代表一致通过了恢复奥林匹克运动的宪章，确定了现代奥运会的宗旨。这次会议还决定于1896年4月在奥林匹克运动发祥地希腊举行第一届现代奥运会，以后则按照古希腊传统每4年举行一次。

1894年6月23日，国际奥林匹克委员会成立，当时著名希腊文学家泽·维凯拉斯任首任国际奥委会主席，顾拜旦当选为秘书长。

经顾拜旦的多方奔走、积极努力，在希腊富商乔治·阿维罗夫资助下，首届奥运会于1896年4月5日在雅典胜利召开。会后，维凯拉斯辞去奥委会主席职务，顾拜旦当选第二任国际奥委会主席。此时，顾拜旦又有新的想法，要求运动会能在世界各地举行，反对把希腊作为运动会的永久会址。他认为古代奥运会的光辉历史是希腊民族的，也是全人类的，只有使它在不同国家、不同地区广泛传播，成为国际性活动，才能使奥林匹克精神发扬光大，更具生命力。

1912年，顾拜旦在斯德哥尔摩奥运会期间，发表了他的名作《体育颂》，热情讴歌了体育，抒发了他的奥林匹克理想。为此，他荣获了该届奥运会文学艺术比赛的金质奖章。

1913年，顾拜旦为国际奥委会设计了会徽、会旗。会旗图案白底、无边、上面有蓝、黄、黑、绿、红 5 个环环相扣的彩色圆环，象征着 5 大洲团结以及全世界运动员以公正比赛和友好精神相聚在奥林匹克运动会。此外，他还倡议燃放奥林匹克火焰、设立奥林匹克杯等。在确定奥林匹克运动会口号的问题上，顾拜旦最初觉得应以"团结、友好、和平"的口号来指导比赛。后来，他的一个朋友狄东神甫提出了"更快、更高、更强"的口号，得到顾拜旦的赞赏，认为它体现了人类永远向上、不断进取的伟大精神，以后便倡议它作为国际奥林匹克运动会的口号。

1925 年，顾拜旦辞去了国际奥委会主席的职务。在他任职期间（1896 年~1925 年），国际奥委会成员由 14 个增加到 40 个，并先后成立了 20 多个国际专项运动联合会。卸任后，他被终身聘为国际奥委会名誉主席。

1937 年 9 月 2 日，顾拜旦在瑞士日内瓦去世，随后被安葬在国际奥委会总部所在地瑞士洛桑。按照他的遗嘱，他的心脏安葬在奥林匹克运动发源地——希腊奥林匹亚的科罗努斯山下。

· 简 评 ·

在复兴奥林匹克运动中，可以说是遇到了重重困难，可顾拜旦执著地发展体育事业的意志从不动摇。他坚忍不拔，顽强苦奋。正如他所说："对人生而言，重要的决不是凯旋，而是战斗。"经过一次次战斗，顾拜旦倡导的奥林匹克精神传遍了全球，奥林匹克运动会已成为现在世界规模的体育盛会。顾拜旦为奥林匹克作出了不朽的功绩。

小结

皮埃尔·德·顾拜旦
国籍：法国
身份：体育活动家
成就：现代奥林匹克运动的奠基人

> 读一读
>
> 比尔·盖茨（1955年10月28日~），全球个人计算机软件的领先供应商——微软公司的创始人、前任董事长和首席执行官，他在2012年的资产净值达610亿美元，是世界巨富。

比尔·盖茨

比尔·盖茨

比尔·盖茨，生于美国西海岸西雅图的一个上层家庭，父亲威廉·亨利·盖茨是当地著名律师，母亲玛丽·盖茨是华盛顿大学董事。比尔·盖茨在青少年时期曾就读于西雅图的公立小学和私立的湖滨中学，是一名出色的学生。在那里，他开始了自己个人计算机软件的职业经历，13岁时便开始编写计算机程序。

1973年，盖茨考入哈佛大学，与同住一楼层的现在微软首席执行官史蒂夫·鲍尔默结成了好朋友。在哈佛期间，盖茨为第一台微型计算机——MITSAltair开发了BASIC编程语言。

在大学三年级时，盖茨毅然从哈佛退学，把全部精力投入到他与童年伙伴保罗·艾伦在1975年创建的微软公司中。他深信个人计算机将是每一个办公室和家庭中最为重要的工具，并为这一信念所指引，开始为个人计算机开发软件。盖茨的远见卓识以及他对个人计算的先见之明成为微软在软件产业成功的关键。在盖茨的领导下，微软持续地发展改进软件技术，使软件更加易用，更省钱，更富于乐趣。

1995年，盖茨编写了《未来之路》一书，在书中，他认为信息技术将带动社会的进步。在《纽约时报》的最畅销书排名中，《未来之路》连续7周位列第一，并在榜上停留了18周之久。《未来之路》在20多个国家出版，仅在中国就售出40多万册。

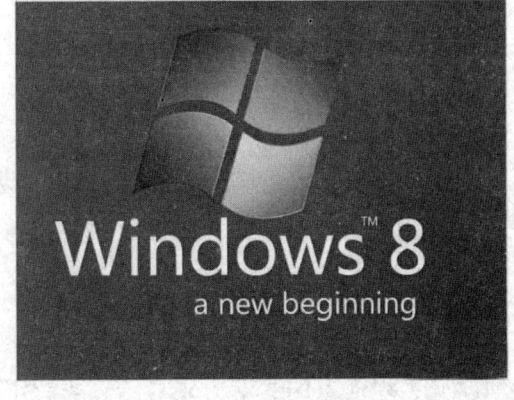

windows8 视窗

1999年，盖茨又撰写了《未来时速》一书，向人们展示计算机技术是如何以崭新的方式来解决商业问题的。这本书有60多个国家，以25种语言出版。《未来时速》赢得了广泛的赞誉，被《纽约时报》《今日美国》《华尔街日报》列为畅销书。

对于稿费收入，盖茨全部捐给了一个非盈利基金，用于支持全世界将计算机与教学相结合的教师。对于盖茨来说，慈善事业是非常重要的。从微软公司上市起，盖茨和他的妻子建立的比尔与梅林达·盖茨基金会已经将25亿多美元用于全球的健康事业，将14亿多美元用于改善人们的学习条件，包括为盖茨图书馆购置计算机设备、为美国和加拿大的低收入社区的公共图书馆提供互联网培训和互联网访问服务，将超过2.6亿美元用于西北太平洋地区的社区项目建设，将超过3.8亿美元用在一些特殊项目和每年的礼物发放活动上等，所捐财产超过了250亿美元。

在福布斯排行榜上，盖茨1995年~2007年蝉联世界首富，2008年排名世界第三，2009年又一次成为世界首富，2010年以微弱劣势降至世界第二，2011年位列最富有美国人榜首（这已经是他连续第18年名列排行榜首富）。对于自己的财产，盖茨全数捐给比尔与梅琳达·盖茨基金会，一分一毫不留给自己子女。

> 简 评

比尔·盖茨是一个天才，13 岁开始编程，并预言自己将在 25 岁成为百万富翁；他是一个商业奇才，独特的眼光使他总是能准确看到 IT 业的未来，让微软永远保持活力；他的财富更是一个神话，39 岁便成为世界首富，不过他明白"在巨富中死去，是一种耻辱"，98% 的财产都捐给了慈善事业；他改变了现代人的生活方式，给人类留下了宝贵财富，是一个为众人崇拜、坐在世界之巅的人。

小结

比尔·盖茨

国籍：美国

身份：微软公司董事长（2008 年退位）

代表作品：《未来之路》《未来时速》

成就：创办微软公司

语录：从这个复杂的世界中找到解决办法，可以分为四个步骤：确定目标，找到最有效的方法，发现适用于这个方法的新技术，同时最聪明地利用现有的技术，不管它是复杂的药物，还是最简单的蚊帐